山西地方文献及地方史论集

SHANXI DIFANG WENXIAN JI DIFANG SHI LUNJI

仝建平 著

黄河出版传媒集团
宁夏人民出版社

图书在版编目（CIP）数据

山西地方文献及地方史论集 / 仝建平著. -- 银川：宁夏人民出版社，2022.12

ISBN 978-7-227-07706-0

Ⅰ. ①山… Ⅱ. ①仝… Ⅲ. ①山西 - 地方史 - 文集 Ⅳ. ① K292.5-53

中国国家版本馆 CIP 数据核字（2023）第 001342 号

山西地方文献及地方史论集 仝建平 著

责任编辑 管世献
责任校对 杨敏媛
封面设计 姚欣迪
责任印制 侯 俊

黄河出版传媒集团
宁夏人民出版社 出版发行

出 版 人 薛文斌
地　　址 宁夏银川市北京东路 139 号出版大厦（750001）
网　　址 http://www.yrpubm.com
网上书店 http://www.hh-book.com
电子信箱 nxrmcbs@126.com
邮购电话 0951-5052104 5052106
经　　销 全国新华书店
印刷装订 宁夏银报智能印刷科技有限公司
印刷委托书号 （宁）0025173

开本 720 mm × 980 mm 1/16
印张 23.75
字数 350 千字
版次 2023 年 10 月第 1 版
印次 2023 年 10 月第 1 次印刷
书号 ISBN 978-7-227-07706-0
定价 56.00 元

序

仝建平最近将他多年来研究山西地方史志的文章，集为一书，取名为《山西地方文献及地方史论集》，嘱予写序。

建平是我招收的最后一届宋史研究生，为弟子论著写序，本来是很常见的事，而我却为近年来发生的事而烦心。2007年，我应中华书局资深编辑之约，为一位年轻人撰的宋人年谱作序，我用心写了。有人写书评，指出书中存在几处瑕疵，然后笔锋一转，说我难道看不出这些毛病，还为它作序？显然别有用心。我知道，当前的情况，书评的好坏，会影响到评职称、评奖，这只要看现在绝大多数书评都在说好话，即可知其作用。我的书，有人曾撰文挑毛病，编辑竟然因此提职称受阻，幸而有人作解释，我又发表反驳文章，才转危为安。我不怕有人挑我的毛病，特将自己的论著目录公布到网上，就怕因为作序，殃及无辜。有鉴于此，我的研究生（包括建平）写的宋史论著，我都谢绝写序。略感欣慰的是，我为其他领域的学术著作写过几篇序，都没有掀起什么风浪。我的苦衷，建平是知道一些的，所以，这次拿来的是与宋史无关的地方史领域的书稿，态度很恳切，要求也不高，只希望我谈谈研究地方史的心得体会。我是以研究断代史为主，但也关注地方史研究，下过二十多年功夫，参与山西几十部新修地市县志的评审，有一些心得体会，借此机会，与同仁们交流一下，未尝不是一件好事，既然建平没有顾忌，我是经历过大风大浪的，更不在乎，那就敞开谈一谈吧!

地方史是国史的组成部分,对它作深入研究,有助于提高国史研究的水平。其重要性是不言而喻的。

目前地方史的研究条件不错,就资料而言非常丰富,地方志、碑刻、家谱,已经大量影印出版,除此以外的史部、子部、集部书数以万计,也已问世。能涉足此领域的人员也相当可观,有历史学者、修志工作者,还有大量乡土历史的爱好者。就成果而言,出版了不少研究论文和著作。粗看起来,非常兴旺,细查一下,高水平的成果太少。究其原因,历史学者偶尔涉足者多,深度介入者少,地方志工作者主要关注与所修志书相关的问题,乡土历史的爱好者缺乏研究的基本功训练且大多只重视本乡本土的历史,这样很难形成共同关注点,也就难以展开讨论和交流,以致研究水平处于止步不前的境地。一些人在对历史的认识上、研究方法上有误区,要前进必须扫除这些障碍。

有的人分不清历史与传说的区别。万荣县有后土祠,古人崇拜天地等自然神,祭天上泰山,祭地到后土。二十年前,万荣县领导想发扬后土文化,委托我邀请先秦史专家参观有关文物古迹,在座谈会上,专家一致认为值得开一次全国性的学术会议。此时,一位省社科院的文艺评论家发言,坚称不能叫后土,应该叫女娲,并说他家就在后土祠边,群众传说后土就是女娲,万荣就是女娲的故乡,传说是最真实的历史。一番高论,让人惊掉大牙。闹得县领导不知所从,后土研究就此画上了休止符。还有一位研究文学的省社科院的研究员,根据《静乐县志》的记载,断言孙悟空是静乐人,建议静乐县开发花果山旅游。

地方史的研究和其他历史研究一样,不能凭想象,必须凭材料说话。而材料有真有假,有可信不可信之分,需要作考证,认真鉴别。如何考证?简言之,分清是第一手材料,还是二手、三手材料,材料早的、第一手材料可信度高,材料越晚可信度越差,所以辨别材料的时间至关重要。我参加过一次国际家谱研讨会,一位年轻学者根据清代地方志和家谱去纠正新旧《唐书》,我就指出完全错了,资料必须区分早晚,不能根据清代的方志和家谱去纠正一千年前的新旧《唐书》,相反,应该是用早出的《唐书》去纠正晚出方志和家谱之误。盂县的张士贵墓是假的,真墓已在陕西发现,出土的墓志证明《唐书》记载是对的。

下面主要谈谈,当你掌握了有关的地方史资料时,应该怎样下手做研究。

研究地方史,自然首先要找材料最集中的地方志了,如何利用地方志?这需要分清哪些可靠、哪些有问题,如果分辨不清而照抄,那么它错你就跟着错了。现略举三个例子。

1. 地方志的作者往往对自己的家底闹不清楚,只照搬现存的志书的话。三十年前,我参加几次新修县志审稿,发现其序一开始就说错了,说本县县志始修于某时,今县志是第某次县志。这都是沿袭现存旧志说法得出的,实际上早在此前有过多次修志。这几乎是新修县志的通病,于是,我下功夫研究已佚志书,并作了辑佚(《山西古方志辑佚》《晋志钩沉》)给各地作参考,以后此类错误得到纠正。

2. 各地开篇的建置沿革,隋、唐以前部分往往多疏漏、讹误。先秦普遍简单摘引《禹贡》的话,魏晋南北朝变化繁多,原有郡县制外,又多设侨置州郡,更是说不清楚。我在审稿时,均一一指出,对情况比较复杂的,则写成论文,如平遥县,旧志说始于周宣王建的京陵,我根据金文结合文献与考古发掘,证明周宣王伐严允在今陕西,不在山西。平遥境内最古的城邑叫中都,是汉初刘恒封为代王时所建。平遥的前身名平陶,它本在今文水南,改名为平遥后才迁到今址。为什么改名?旧志都说是避魏太武帝讳而改。实际上,此说有误,与平陶同时的馆陶、定陶都没有改。北魏时的《水经注》仍然称之为平陶。(《平遥县建置沿革考》,《学术论丛》2000 年第 6 期)

3. 雍正《山西通志》记载宋代进士，龚延明等新编《宋登科记考》几乎全部照录，实际上有一大部分是错的。如根据这个名单去研究宋代山西的进士状况，就会得出一个匪夷所思的结论：经济文化落后的盂县、陵川的进士人数，远超经济文化先进的太原和晋南。我查了明代的成化《山西通志》和嘉靖《山西通志》，都没有记载宋代进士，说明这些名单没有更早的依据，它应是从明、清之际的家谱或县志中抄来的。如盂县的张象贤、张象仪，官为尚书右仆射和尚书左仆射(即右宰相、左宰相)。这类高官，《宋史·宰辅表》及《宋宰辅编年录》有详尽记载，根本没有张象贤二人。陵川崔有孚、乐平魏时中都是“及第第一”。按宋代状元在《梦粱录》卷十七《宋历科状元录》中有详细记载，根本没有上述二人。我仔细梳理宋代资料，找出可靠的宋代进士，再作对比，结论是，今运城市和太原人数最多，占全省进士总数一半以上。(《山西人才为何从北宋开始跌向低谷》，《河东学刊》1999年第1期)

家谱是研究家族史必不可少的资料。要利用它做研究，必须了解它的历史。家谱可分两个阶段：五代以前和宋以后。魏晋南北朝隋唐的家谱，是世家大族官位、权势的象征，通婚的依据，各家谱在中央有存档，他人伪造不得。唐末五代，天下大乱，强宗大族灰飞烟灭，其谱也随之消亡。到宋代只有刘姓尚存一份自家的谱，刘太后想看一下，好攀宗亲，还被拒绝了。考古发掘出土有北朝家谱的残件，大致可以看出，当时的家谱主要是罗列世系，有个人简历及夫人姓氏，没有后世家谱中的族规、祠堂之类的内容。(《北朝家谱研究》，《谱牒学研究》第3辑，书目文献出版社，1992年)

到宋代，中央编有赵氏皇室的谱牒，如今尚存部分残卷。民间偶有修谱者。北宋中期，有范仲淹、欧阳修、苏洵、王安石出来修新谱，欧阳修、苏洵还制定了新谱的体例，对后世影响甚大。由于唐谱已见不到，仅凭世代口传与记忆，追记往事，世系已无法一一厘清。现存宋元家谱极少，主要是明清时期编写的。所以今日要想单凭这些家谱去研究宋以前家谱或家族，很难得出正确的结论。如清代的《裴氏世谱》虽然内容丰富，但唐以前基本上抄自史书，《宋史》可抄者少，所记非常简略，如载宋代进士四人，我作了一下考证，至少有二十二人，如仅根据《裴氏世谱》去研究宋代裴氏家族的历史，就会得出其时已没落得不成样子的结论。我搜集材料作了一番比较系统的研究，得出的结论与此完全不同。（《宋代裴氏家族研究》，《史志集刊》2019 年第 1 期）

还需要提醒的是，明、清家谱中往往保存了宋人所作的诗文，其中有真有伪，必须严格鉴别，不可盲目辑佚。需要看这些家谱是否始修于宋、以后陆续补充而成，有没有序跋做证，渊源有自的比较可信，说不清来历者不可轻信。如今人所辑崔与之的诗文，有四诗三文乃伪作。（《崔与之生平诗文丛考》，《崔与之与岭南文化研究》，人民出版社，2010 年）代县《杨氏族谱》中的范仲淹等人的作品亦是伪作。

现存山西家谱，修于 1949 年以前的有一千来种，其中明代不过寥寥数种，最早修于明弘治时，若想研究元以前家族及有关历史，不能依赖它。

碑刻，是第一手资料，可信度高，可据以证史、补史，需要我们去作大量的考证工作。山西现存汉碑极少，只有两通。最早的是两汉之际的地界碑，在繁峙县东南神堂乡大寨村口北一公里的山崖上，刻二十四字："冀州常山南行唐北界去其廷四百八十里，北到卤城六十里。"表明这里是汉朝代郡与常山郡的分界线。可纠正《史记》以及《中国历史地图集》之误。（《汉代南行唐地界碑与卤城的考察》，《考古与文物》2007 年增刊）

我在参观平遥镇国寺时发现一通半截碑，清人题记误以为是金代的碑。我考证，确认是一通北汉碑，碑主人是北汉主刘崇之孙刘继钦。继钦任大内都点检兼归义府都督，掌握军权，被从弟北汉帝刘继元害死，然后给予厚葬，碑文中还叙其与刘继元之间的友情，由此可以看出当权者残酷与虚伪的两面性。(《北汉刘继钦碑考》,《山西文物》1986 年第 1 期)

山西现存碑刻不少，有人据以研究古戏台等，颇多收益。其他方面，尚多欠缺。如果能像陕西碑林博物馆那样每年出版集刊，必将推动山西地方史的研究，上一个更高的台阶。

以上谈了地方志、家谱和碑刻三类资料。还必须指出，这三类资料有一定的局限性，要全面深入研究地方史，绝对不能离开其他史部、子部和集部书。按时代而论，先秦史得靠古文字、文献和考古。两汉也得靠文献和考古，魏晋南北朝碑刻稍多些，也离不开文献。地方志、家谱基本上都是明、清的，碑刻也以明、清为多，即使明、清，仍然离不开《明实录》《清实录》，明、清档案以及其他文献。

建平研究生毕业已经十几年了，他的特点是治学勤奋，能踏踏实实在文献上下功夫，本书中多篇文章介绍山西各类文献，有许多是长期辛苦收集到的，其中有一些是内部出版物，却很有参考价值。他是山西人，又长期在山西工作，用颇多的精力去研究家乡历史，这是爱乡之情的表现，值得赞许。本书是他研究山西的起步之作，难免会有不够精细之处，相信持之以恒，将来会有更好的作品问世。

李裕民

2022 年 2 月 26 日于西安

前　言

山西是一块历史文化积淀厚重的地方。在漫长的古代，表里山河的地形，易守难攻，长期毗邻京城所在，向为乱世强藩、治世重镇；北部横亘的两道长城大致划分了农区和牧区，民族交往和融合频繁。古代山西在中国历史上具有举足轻重的地位。

山西处于北方古文化区与中原古文化区的衔接地带，地域文化具有古老性、多样性。序列完整的考古发现，存量较大且品质典型的古建、碑碣、雕塑、壁画，内涵丰富的方言、地名、姓氏、习俗、地域信仰，以及存量巨大的地方文献，使得山西地域历史文化研究既有广阔前景，也有取之不竭的潜质。

作为山西的史学工作者，对地方历史的关注、挖掘、研究、传播是一种义不容辞的社会责任。从2007年年底我发表第一篇关于山西地方历史文化的文章开始，迄今15年时间，每年或多或少总有文章发表，包括没有正式发表的，约有40篇。从中选出31篇，近30万字，结集出版，内容分为山西地方文献、山西地方史、《弟子规》、书评4类，取名为《山西地方文献及地方史论集》。

山西地方文献部分共有10篇，集中写的是山西地方文献、历史文化图书，聚焦方志、碑刻、家谱、文集，力图梳理近40年来的整理出版。历史文化图书是承载地方文化的重要媒介，图书编撰出版本身就是地方历史挖掘的表现。山西地方史部分共有11篇，侧重历史文化，从历史地位、文化区域到历史人物，从尧舜文化、大槐树移民文化到晋商文化，也涉及文化旅游。《弟子规》部分7篇，这是我最近六七年来颇为用力的一个研究课题，包括《弟子规》前身《训蒙文》文本、《弟子规》作者及成书流传、内容系统，这些成果对廓清这部清代山西学者编纂的童蒙读物的来龙去脉、科学认识其文化价值和教化功能有一定贡献。书评部分3篇，对山西史志图书喜闻乐见，略加评说。

上述文章的内容，既有涵盖全省范围，也有关注某一行政区域；既有针对某一门类，也有个案研究。半数以上是应邀参加各类学术会议提交的论文，后来修改发表。主体内容与地方文献、历史文化图书有关，反映了我的学术兴趣，喜好收藏、翻看这类图书的倾向清晰可见。近15年来，我专心致志、想方设法收集山西区域历史文化书籍、期刊等，已有两三千册，大致包括地方志、碑刻、家谱、文集、丛书、著作、论文集、工具书、期刊，还有不算多的一点民间文书，自娱自乐。文章的议题约有1/3是有关临汾地域的，可谓因地制宜，靠山吃山靠水吃水，也是高校教师服务工作单位所在地的见证。一些文章提供了不少山西省内文化部门及个人内部编行的图书信息，对区域外的研究者来说或许略有助益。明显的研究特点是勤于图书收集、文献梳理、史事考订，劣于理论建构、宏观提升，研究短板也是显而易见的。

由于写作及发表时间的关系，现在看来内容也有诸多不合时宜之处，多浮于表面，深度不足，有的有坐井观天、杞人忧天之嫌，有的文章内容略有重复，但这些文章总是记录了自己在山西地方文献及地方历史研究方面的足迹。学术成长之路和人生一样，总会留有或多或少的遗憾，适时总结过去是为了再出发。我们家乡有句老话说，不怕慢就怕站。随后我定尽力在研究上扬长补短，写出令自己满意的地方历史文章来。

本次结集,删除了中英文摘要、关键词,统一改为脚注,并在每篇文章之后标注了发表刊登的报刊名称及时间、期数;正文内容局部作了修改,主要是增补了一些出版信息,但考虑到发表时间的因素,除了《山西历史文化书目举要》这篇略作新补外,其余文章未能跨越时限增补。

目　录

序 …………………………………………………………… 001
前　言 ………………………………………………………… 001

山西地方文献

山西地方文献及其整理述略 ……………………………………… 003
晋学研究资料利用问题 …………………………………………… 021
山西历史文化书目举要 …………………………………………… 025
浅谈山西碑刻书籍的收集与利用 ………………………………… 053
山西碑刻书目简编 ………………………………………………… 063
临汾地域文献及其整理述略 ……………………………………… 082
山西省临汾市旧志整理述略 ……………………………………… 092
乾隆《景毛小记》考略 …………………………………………… 104
清末山西安邑《仝氏丙申谱》述略 ……………………………… 121
从地域文化图书出版看改革开放 40 年山西文化发展 ………… 132

山西地方史

山西历史地位及文化区域刍议 …… 143
近 20 年山西区域文化研究的回顾与反思 …… 154
山西长城文化研究及旅游开发的几点思考 …… 167
宋代河东路经略安抚使研究中的几个问题 …… 176
金状元王纲生平及诗文辑考 …… 188
金代平阳史事考订二题 …… 196
山西洪洞大槐树移民的几点思考 …… 203
平阳商人研究浅议 …… 210
山西南部清代碑刻题名“封首”考论 …… 224
临汾尧文化研究开发的几点思考 …… 243
浅析洪洞地域的舜文化遗存 …… 252

《弟子规》

贾存仁与《弟子规》成书 …… 265
贾存仁改订《训蒙文》成《弟子规》的自身因素 …… 280
从序跋看《弟子规》的传播及内容系统 …… 284
《弟子规》新探 …… 298
同治初年三原贺瑞麟绛州之行的文化影响 …… 307
《弟子规》前身《训蒙文》考析 …… 318
《儒家〈弟子规〉义理探寻》序 …… 335

书 评

山西历史地理研究的大视野与小视野
——从“大晋学”与“介休历史乡土地理”研究说起
…… 343
晋城建市20余年历史的全面写照
——《晋城市志》(1985—2008)读后 …… 348
瑜瑕互见的学术著作
——十卷本《山西通史》读后 …… 354

后 记 …… 363

山西地方文献

山西地方文献及其整理述略

正史、方志、家谱，向被称为研究历史的三大主体资料。正史（此处指官修的全国性史书，非指文献学所谓的纪传体史书）研究全国，方志研究地域，家谱研究家族。而研究地方的资料，可以称为地方文献，一般认为以方志、碑刻、谱牒三类为主。

山西是中华民族重要的发祥地之一，地处北方草原与中原的衔接地带，对邻近的河北、中原、关中而言，山西海拔较高，其四边有黄河、太行山、长城之阻隔，易守难攻，向为独立的地理单元，在古代中国占有重要地位，所谓"治世之重镇，乱世之强藩"。研究山西，对于华北乃至中国历史研究具有重要意义。

研究山西的资料，产生并集中留存于山西地域，可以统称为山西地方文献。以新文化史的研究视域，从广义上来说，方志、碑刻、谱牒、文集、日记、文书、档案、书信、口述资料、图像、传说、实物遗存、报纸杂志等，均应属于这一范畴。从狭义上来讲，主要包括方志、碑刻、谱牒、文集四类。

山西特殊的地理形势，域内保存了较为丰富的地方文献，尤其以现存碑刻资料全国领先。在区域社会史研究如火如荼推进的过程中，一批又一批省内外以及国外学者关注及投身山西研究，因而山西地方文献的收集利用及研究无疑具有积极的现实意义。由于山西地方文献体量庞大，目前所见探讨的文章较少。故笔者不揣浅陋，结合自身十多年收集、研究山西地方文献的经历，粗撰浅文，不足之处敬请方家指正。

本文所谓的山西地方文献，仅从狭义来讲，聚焦方志、碑刻、谱牒、文集四大类，同时基于研究古代山西历史（秦统一到1912年清朝灭亡）及山西地域社会具有资料利用价值。

一、方志

1949年以前编撰的地方志，称为旧志。据1998年出版的刘纬毅主编《山西文献总目提要》一书，负责方志部分提要的李裕民先生统计，山西现存旧志中的政区志有458种，专志有20余种。[①] 20年过去了，发现《山西文献总目提要·地方志》所列现存方志也有不实者，如万历《乡宁县志》和顺治《乡宁县志》实为一种，而多种现存方志陆续被发现，如民国《石膏山志》、民国《七岩山志》、民国《沁县启蒙乡土志》、乾隆《景毛小记》、乾隆《湾里庄志》、同治《湾里庄续志》。加上私人及国外收藏的，笔者推测山西现存旧志不会少于500种[②]，占全国现存旧志的二十分之一强。主要是明代后期、清代、民国成书的，其中清代最多。

山西旧志，现存者均已列入珍贵古籍，少见流传。有两套方志丛书集中收录。台北的成文出版社出版《中国方志丛书》（山西省）62种，江苏南京的凤凰出版社出版《中国地方志集成》山西府县志辑173种、省志辑2种。

山西旧志的整理，包括影印、排印、点校、点注、标点、翻译、辑录

---

①另据祁明编著《山西方志要览》一书统计，山西旧志现存529种，见第16页“统计表”，山西省地方志编纂委员会办公室内部印行本，1986年。

②据刘益龄著《山西地方志史》（三晋出版社，2014年）一书统计，山西现存明代方志68种、清代349种、民国78种，唐宋山水志3种，蒙古时期志文2种，合计500种。

几种方式，或正式出版或内部印行，或线装或胶装，或铅印或油印。(1)影印。如嘉靖《山西通志》(中华书局线装影印本，2017年)，雍正《朔平府志》(内部1996年线装影印本、中华书局2015年线装影印本、三晋出版社2016年影印本、三晋出版社2020年影印本)，乾隆《汾州府志》(中华书局2014年线装影印本、三晋出版社2016年影印本)，嘉靖《太原县志》(广陵书社2009年线装影印本)，万历、顺治、乾隆四年、乾隆三十年、咸丰、光绪、民国《太谷县志》(三晋出版社线装影印本，2015年、2016年、2017年、2018年、2016年、2019年、2021年)，康熙《阳曲县志》(阳曲县史志办2002年线装影印本)，雍正《岳阳县志》(中华书局线装影印本，2015年)，民国《永和县志》(三晋出版社影印本，2016年)，乾隆《重修盂县志》(盂县政协文史资料研究委员会线装影印本，2005年)，乾隆《泫志拾遗》(高平历史文化资料丛书，民革高平市支部委员会影印本，2014年)。(2)排印。主要是原晋东南地区，现长治和晋城两市，在20世纪80年代将域内的府州县志绝大部分都已经排印线装出版，内部印行。(3)点校。省志如成化、万历、康熙、雍正、光绪《山西通志》(中华书局1998年、2012年、2014年、2006年、1990年)；府志如雍正《朔平府志》(东方出版社，1994年)，万历、乾隆《汾州府志》(山西人民出版社，1994年)；州志如弘治《潞州志》(中华书局，1995年)、万历《应州志》(应县县志办公室1994年内部印行、应县三晋文化研究会2011年内部印行)；县志如万历《繁峙县志》(内蒙古人民出版社，2003年)、雍正《岳阳县志》(安泽县史志办内部印行，2010年)、民国《安泽县志》(安泽县史志办内部印行，2010年)。(4)点注。如万历《太原府志》(山西人民出版社，1991年)，万历《潞安府志》(山西古籍出版社，2006年)，道光《大同县志》(山西人民出版社，1992年)，光绪《蒲县志》(蒲县志编委会内部印行，1986年)，民国《襄陵县新志》(襄汾县志编委会内部印行，1986年)，光绪《太平县志》(襄汾县志编委会内部印行，1986 年），民国《翼城县志注释》（山西古籍出版社，2004 年）。（5）标点。如顺治、乾隆《潞安府志》（中华书局，2002 年），康熙《平阳府志》（山西古籍出版社，1998 年），乾隆《蒲州府志》（山西省运城地区地方志办公室内部线装印行，1985 年），万历《代州志》（远方出版社，2004 年），万历《泽州志》（北岳文艺出版社，2009 年），民国《洪洞县志》（山西人民出版社，1992 年；洪洞县志编委会 2003 年内部印行）。（6）翻译。如乾隆《浑源州志》（浑源县志办公室内部印行，1983 年），民国《翼城县志今译》（三晋出版社，2011 年），民国《永和县志全译》（三晋出版社，2016 年）。（7）辑录。如《太原府志集全》中的《永乐太原府志》（山西人民出版社，2005 年）就是辑录《永乐大典》残本中的《太原府志》；《汾州府志·平遥编》（三晋出版社，2013 年），辑录了万历和乾隆《汾州府志》点校本中的平遥内容；《宁武旧志集成》（巴蜀书社，2010 年）中的《三关志·宁武地理总考》就是辑自明代廖希颜《三关志》。此外，《静乐旧志集成》（康熙、雍正、同治 3 种，静乐县县志编委会内部印行，2011 年）和万历《忻州志》（忻州市忻府区地方志办公室内部印行，2014 年）是影印和标点相结合，一页分成上下两栏，下栏为影印一页，上栏为对应的简体文字，标点竖排，优点是可以逐页对照影印版。

利用山西方志，当然刻本或影印本最好，但刻本越来越珍稀少见；影印本成本较高，过去印量小，有的也不易找寻。可见编辑影印出版现存山西方志全集是绝对利好的一件文化盛事。近年来出版的《山西文华·史料编》（三晋出版社）影印了数种山西旧志，如嘉靖《霍州志》、万历《潞安府志》、康熙《平阳府志》、雍正《朔平府志》、雍正《泽州府志》、雍正《朔州志》（附万历《马邑县志》）、乾隆《太原府志》、乾隆《大同府志》、乾隆《汾州府志》、乾隆《蒲州府志》、乾隆《平定州志》、光绪《山西通志》、光绪《代州志》、光绪《解州志》、光绪《直隶绛州志》、光绪《永宁州志》。两套山西旧志丛书《中国方志丛书》(山西省)和《中国地方志集成》(山西府县志辑、省志辑)除去重复者仅有100余种,只占山西现存方志的四分之一,且版本均是清代、民国的,早期版本少。好在一些国内外图书馆(如中国国家图书馆)、文化学会网站可以在线阅读部分珍贵的山西方志原版图片。在原件及影印本见不到的情况下,点校本或标点本就派上用场了,这也是山西旧志整理的主要方式。任根珠先生《西樵志语》一书中所收的文章《山西新方志事业综述》统计①,截至2002年,山西旧志点注或标点的有101种。刘益龄《山西地方志史》统计整理点校的山西旧志有129种,时间显示截至2010年。据笔者收集,截至目前,山西旧志点校或标点本(不包括影印)有200余种,加上整理的专志,有230种以上,约占山西现存旧志的五分之二。如果加上影印单行本,足有一半以上。

山西旧志整理以长治市最有功效,20世纪80年代曾将府州县志多数版本均标点排印,线装内部出版,本世纪前后新加点校、标点整理,除却长治、平顺两县外,其余市县的府州县志现存旧志所有版本均已正式出版,均是合订一两册。太原市及辖县点校或标点出版《太原府志集全》(山西人民出版社,2005年)4种、《太原古县志集全》(三晋出版社,2012年)12种,前者合订1册,后者合订3册,实现了旧志中的政区志全部正式整理出版。此外,介休市、寿阳县、静乐县、汾阳市、孝义市、交城县、广灵县、应县、代县、繁峙县、翼城县、乡宁县、霍州市、吉县、隰县、永和县、稷山县、沁水县均已将辖区内的旧志标点整理出版,其中交城、静乐、广灵、隰县、沁水、稷山合订1册,寿阳合订2册,翼城1套5册。加上影印,绝大部分县市均整理出版至少1种旧志,但也有极个别县到目前为止尚未整理出版任何1种旧志。

---

①任根珠.西樵志语[M].北京:方志出版社,2003:10—11.

山西旧志编撰过程中，涌现出修志名家、晚清乡宁人杨笃，一生修志（包括参订）13种，山西11种、河北2种，是公认的中国古代修志最多的个人，其中山西11种为光绪《山西通志》、光绪《代州志》、光绪《壶关县续志》、光绪《长子县志》、光绪《续修黎城县志》、光绪《屯留县志》、光绪《长治县志》、光绪《潞城县志》、光绪《天镇县志》、光绪《繁峙县志》、光绪《五台县志》。山西旧志中的名志有成化《山西通志》、光绪《山西通志》、康熙《平阳府志》、乾隆《汾州府志》、光绪《五台新志》等。山西旧志整理过程中，大概以李裕民先生点校整理最多，如成化《山西通志》（中华书局，1998年）、万历《汾州府志》、雍正《朔平府志》、天启《文水县志》（山西古籍出版社，1996年）、康熙《宁乡县志》（中阳县志编委会内部印行，1995年）、万历《繁峙县志》、雍正《岳阳县志》、民国《安泽县志》、光绪《山西通志·古迹考》（中华书局，1990年）。利用旧志编撰的资料书，有：李裕民《山西古方志辑佚》（山西省地方志编委会内部印行，1985年）和《晋志钩沉》（山西省地方志编委会内部印行，1990年），《山西方志物产综录》（山西省农业厅农业志编写组内部印行，1995年），《山西省地震历史资料汇编》（地震出版社，1991年）。利用山西旧志的工具书，有：李裕民《现存山西地方志总目提要》[①]，刘纬毅主编《山西文献总目提要》（山西人民出版社，1998年）、《山西方志概述》（吉林省地方志编委会、吉林省图书馆学会内部印行，1988年），祁明《山西地方志综录》（山西省地方志编委会内部印行，1986年）、《山西方志要览》（山西省新闻出版局内部批准印行，1997年），池秀云《〈山西通志〉人物传索引》（山西省地方志编委会内部印行，1984年），张国淦《山西方志考》[②]，赵保平《晋中地方志总目提要》（三晋出版社，

①抽印本。

②张国淦. 张国淦文集三编·方志卷[M]. 北京：北京燕山出版社，2004.

2019年)等。整体研究山西旧志,新近出版的代表性的学术成果是刘益龄《山西地方志史》(三晋出版社,2014年),全面梳理山西地方志发展史、编撰史,总结特点,辑佚志文,附录现存及亡佚志书目录,形成最新的研究成果。

山西整理的旧志,除去影印的,主体是点注或标点,按通行古籍整理规范点校的较少,且在整理过程中录文、标点诸方面,错误屡见,利用时一定要仔细,最好查对原刻本印本或影印本。可见,全部影印很有必要,影印同时或随后再委托专业人士认真点校出版,将极大方便社会大众阅读利用。

二、碑刻

山西境内碑刻受到重视,古已有之。如成化《山西通志》卷十七即为《碑目》,分17类,载碑刻600余通简目,包括碑名、时代、撰者姓名。清末光绪间山西巡抚胡聘之主持编纂《山右石刻丛编》,收北魏到元末840余年720通碑刻,录尺寸、字体、地点、碑文及考证。光绪间方志家、乡宁人杨笃编纂《山西通志》的《金石记》(后辑为《山右金石记》单行问世),共有7卷,收录汉至元山西碑刻1550余通,列碑名、时代、撰者姓名、地点、考证按语,所收碑刻现已大多亡佚。民国间,山西各地编辑多种《金石志》、《金石记》、《金石考》、《金石类编》,如《阳城县金石记》、《汾阳县金石类编》、《定襄金石考》、《介休金石略》,多收录碑文,略加考证,为时人及后人研究山西地域文化保存了弥足珍贵的资料。

山西现存的碑刻年代久远、序列完整、数量庞大,支撑了山西区域社会史受到学界的普遍关注及研究持续深入推进。最早有东汉碑碣,尤其是唐宋辽金元时期的碑刻在同期全国数量领先,明清民国时期的碑刻比比皆是。现存1949年之前的碑刻有3万通以上。三晋名碑如太原晋祠《晋祠之铭并序》、临猗《密云太守霍扬碑》、闻喜《玄宗御书裴光庭碑敕》和《平淮西碑》、夏县《司马温公神道碑》、新绛《碧落碑》、稷山《姚天福神道碑》、万荣《汾阴二圣配飨铭》、浮山《大唐龙角山庆唐观纪圣铭》、翼城《裕公和尚道行碑》、大同《大金西京大慈恩寺重修大殿记碑》(俗称《朱弁碑》)等。

利用碑刻,最好查看原碑、拓片及碑文较清晰的照片,如果尚不具备这些条件,那么使用出版的碑刻书籍就成为最主要的途径。山西出版的碑刻合集,首推《三晋石刻大全》,从 2009 年《三晋石刻大全·临汾市洪洞县卷》出版开始,现已出版 70 个县(市、区),山西有 119 个县(市、区)(最新整合为 117 个),占六成多一点。基本是每县 1 册,5 个县(市、区)洪洞县、襄汾县、孝义市、泽州县、朔城区是上下两册;仅有吕梁市汾阳市为上中下三册;有的县出版了续编,如大同市浑源县、灵丘县,长治市平顺县,临汾市浮山县、曲沃县、古县。《三晋石刻大全》分县(市、区)编排,书首有全省、全市、全县(市、区)碑刻总况说明,可以先行了解,内容包括现存及亡佚碑刻,有标点的录文,简要解题,附录部分拓片及拓片局部,但不少碑文未录碑阴题名,如捐资村里、商号、会社、个人及资金,实为缺失遗憾。当时编撰原则不收墓碑,大多县却收了不少近些年刊立的纪念碑。所谓大全,其实也不可能齐全,如大同市灵丘县和浑源县,临汾市曲沃县、浮山县和古县,长治市平顺县均已出版续编 1 册。《三晋石刻大全》出版之前,曾编撰出版过《三晋石刻总目》9 册(山西古籍出版社,1998—2006 年),除了忻州、吕梁均有,每市 1 册,算是清家底,但《三晋石刻总目》错误更多,利用时也要注意。但《三晋石刻大全》毕竟成为研究利用山西现存碑刻时优先使用的碑刻资料书,其价值是毋庸置疑的。《三晋石刻大全》出版工作中,晋城市 6 县(市、区)全部出版;临汾市出版数量最多,17 县(市、区)已经正式出版 15 县(市、区),3 县内部印行了续编;忻州市出版最为迟缓。

《三晋石刻大全》独领风骚后，全省碑刻总汇还出版过《明清山西碑刻资料选》（山西人民出版社，2005 年）及《明清山西碑刻资料选续一》（山西古籍出版社，2007 年）、《明清山西碑刻资料选续二》（山西经济出版社，2009 年）3 册，以及选萃类的《山西碑碣》（山西人民出版社，1997 年）与《山西碑碣续编》（三晋出版社，2011 年）。市域碑刻汇编如《晋城金石志》（海潮出版社，1995 年），市域碑刻选萃如《晋中碑刻选粹》（山西古籍出版社，2001 年）、《临汾历代碑文选》（延边大学出版社，2005 年）、《河东百通名碑赏析》（山西人民出版社，2002 年）。县域碑刻汇编如《泽州碑刻大全》（中华书局，2013 年）、《高平金石志》（中华书局，2004 年）、《灵石碑刻全集》（河北大学出版社，2014 年）、《灵石古韵·碑石卷》（三晋出版社，2013 年）、《偏关古碑文集》（北京燕山出版社，2011 年），选编如《乡宁碑文选·上集》（乡宁县老龄文史研究会内部印行，1996 年）、《乡宁古碑文集》（山西人民出版社，2021 年）、《尧都历代碑刻选萃》（山西人民出版社，2016 年）、《临县碑文大观》（三晋出版社，2013 年）、《沁水碑刻蒐编》（山西人民出版社，2008 年）、《尖草坪区碑碣》（三晋出版社，2013 年）。村域碑刻全集，如《古村郭峪碑文集》（古村郭峪历史文化研究室内部印行，2003 年）。流域碑刻汇编，如《盂县乌河石刻》（盂县三晋文化研究会内部印行，2015 年）。古代行政区碑刻选萃，如《晋阳古刻选·北朝墓志卷》（山西人民出版社，2008 年）、《晋阳古刻选·隋唐五代墓志卷》（文物出版社，2013 年）等。

山西出版的专题碑刻之书，如《山西地震碑文集》（北岳文艺出版社，2003 年）、《晋祠碑碣》（山西人民出版社，2001 年）、《河东盐池碑汇》（山西古籍出版社，2000 年）、《河东出土墓志录》（山西人民出版社，1994 年）、《河东水利石刻》（山西人民出版社，2004 年）、《洪洞介休水利碑刻辑录》(中华书局,2003 年)、《广胜寺文献碑刻汇编》(临汾市三晋文化研究会内部印行,2011 年)、《五台山碑文》(忻州市文物局编,三晋出版社,2016 年;五台山佛教协会编,山西人民出版社,2018 年)、《五台山佛教·繁峙金石篇》(内蒙古人民出版社,2005 年)、《五台山碑文选注》(北岳文艺出版社,1995 年)、《三晋石刻大全·长治市长治县炎帝碑陵卷》(三晋出版社,2012 年)、《晋城佛教金石录》(新文丰出版股份有限公司,2016 年)、《阳城汤庙碑拓文选》(文物出版社,2012 年)、《太行山成汤庙碑刻资料集》(三晋出版社,2018 年)。《中古陇西牛氏碑刻集录》(三晋出版社,2018 年)卷三收近年晋东南出土的唐宋上党牛氏墓志 81 方。市县文史资料也有碑刻专辑,如《忻州文史》有《古碑文录》5 辑 5 册(忻州市政协内部印行,2009 年),介休、襄汾文史资料也出版过碑碣专辑。还有碑刻工具书可供利用,如《〈山右石刻丛编〉〈山西通志·金石记〉石刻分域目录》(山西人民出版社,1990 年;三晋出版社,2018 年)。[①]

分市县的《三晋石刻大全》和其他山西碑刻书籍,整理工作都相当不易,但录文及断句常有错误,利用时务必注意。利用碑刻时,如果能亲临碑刻放置的现场原址,综合考量碑刻、建筑及场域、地域的相互联系,更有助于理解领悟碑刻反映的文化信息。

三、谱牒

魏晋隋唐是门阀社会,谱牒流行,但几乎散亡不见。赵宋以来,聚族、修谱大受提倡,新的谱牒被陆续修撰,记录了千年历史。中国南方家族谱牒数量多、质量精于北方。山西现存的谱牒,宋金元代罕见流传,以明清及民国为多,尤其是清代民国最多。尽管历代战争、自然灾

①仝建平. 山西碑刻书籍收集与利用[J]. 山西档案,2015(5).

害及其他原因损毁许多，但辗转遗留保存下的谱牒数量也不少。或刻本或铅印或抄写，多数藏于私家，现在图书馆、博物馆也有不少收藏，如山西省社科院家谱研究中心、闻喜县档案馆、山西大学图书馆等。至于数量究竟有多少种，没有确数，《山西文献总目提要》著录的“谱牒”有461种，分现存、待访、亡佚3类，附简要提要。一些未被著录的家谱、族谱陆续被发现，抄本多、印本少，多为残本，数量不小。

《中国家谱目录》（山西人民出版社，1992年）及《中国家谱总目》（上海古籍出版社，2008年）收录山西家谱较多。著名者如代县《冯氏族谱》、代县《杨氏族谱》、代县《崔氏世谱》、五台《徐氏宗谱》、五台《赵氏宗谱》、崞县《徐氏宗谱》、定襄《邢氏宗族世系图谱》、忻州《朱氏家谱》、忻州《陈氏族谱》、繁峙《宫氏族谱》、太原《王氏家谱》、榆次《常氏家乘》、灵石《王氏族谱》、灵石《陈氏家乘》、灵石《何氏族谱》、灵石《梁氏家谱》、寿阳《祁氏世谱》、徐沟《乔氏家谱》、祁县《罗氏族谱》、祁县《温氏家谱》、离石《于氏宗谱》、交城《安定王氏宗谱》、石楼《杨氏家谱》、襄垣《连族谱牒》、武乡《信义程氏族谱》、沁县《吴氏人物志》、沁县《东山赵氏家谱》、沁县《魏氏宗谱》、阳城《黄城村陈氏家谱》、盂县《续修张氏族谱》、平定《窦氏族谱》、平定《周氏家谱》、平定《郗氏族谱》、洪洞《韩氏家谱》、洪洞苏堡《刘氏宗谱》、曲沃《靳氏族谱》、乡宁《石涧村杨氏家谱》、闻喜《裴氏世谱》、闻喜《赵氏家谱》、闻喜《郭氏家谱》、河津《平原薛氏族谱》、荣河《徐氏家谱》、稷山《段氏家谱》、夏县《涑水司马氏源流集略》、运城《河东路氏谱牒》、运城安邑《仝氏族谱》。譬如民国定襄《邢氏宗族世系图谱》卷二为《墓志文》，汇录了邢氏历代先人的碑铭墓志百余篇，[①]价值就很高；光绪运城安邑《仝氏族谱》抄本对于廓清山西晋南及豫西女真族后裔仝氏价值较高。近些

①刘纬毅．山西文献总目提要［M］．太原：山西人民出版社，1998：64．

年，一些旧谱牒被陆续发现，并被影印、复印，尤其是一些新修的家谱族谱全部或部分承用老谱内容，也算老谱牒继续得以传承。但总体来看，1949年以前编纂的家谱损毁的远多于现存的，成为山西地域文化研究的一大缺憾。看来非常有必要由山西省级文化部门出面组织或规划设立一个大课题，逐步收集山西现存家族谱牒，也可分地区进行普查，编撰总目、内容提要，最好能先影印再点校，最后出版《山西现存谱牒汇编》或《山西现存谱牒合辑》，这必将是嘉惠学界、社会大众的文化功业。

利用家谱资料，除查找新旧谱牒外，山西还出版过多种家谱文化的书，可以参看，如《临县家谱文化》（临县老年学学会、临县史志办内部印行，2014年）、《盂县家族文化》（盂县三晋文化研究会内部印行，2016年）、《山西盂县姓氏源流考略》（三晋出版社，2011年）、《娄烦文史资料》第六辑《娄烦碑谱文化》（娄烦县政协内部印行，2007年）、《关氏三千年》（山西省侯马市关公文化学会内部印行，2001年）、《洪洞大槐树寻根》（山西古籍出版社，2003年）收录了不少当地的谱序。山西学者张海瀛、李吉在山西家族、谱牒研究方面较有成就，张海瀛著有《族谱姓氏研究集》（天马图书有限公司，2003年）、《源晋姓氏与寻根》（山西人民出版社，2017年）、《太原王氏史略》（山西古籍出版社，2003年）、《太原张氏史略》（山西古籍出版社，2003年），还有《缅晗集：张海瀛谱牒研究文选》（山西人民出版社，2012年），主编过《中国族谱集成》（巴蜀书社，1995年）；李吉著有《姓氏族谱与寻根文化》（天马图书有限公司，2003年）、编著《郭氏史略》（山西古籍出版社，1997年）。研究山西家族的成果，如周征松研究河东裴氏，著有《魏晋隋唐间的河东裴氏》（山西教育出版社，2000年）、《中国姓氏谱：裴》（现代出版社，2002年）、《家族史研究及其他》（山西人民出版社，2009年），利用了大量碑刻谱牒资料；李红《隋唐河东柳氏家族研究：以世系、迁移、婚宦、家族文化为中心》(文物出版社,2016 年);谢振中《河东望族 万荣薛氏》(三晋出版社,2013 年)。山西省社科院曾建立家谱资料研究中心,收藏家谱资料近 3000 种,还有缩微胶卷近千盘,出版过《中国家谱目录》,影印出版《中国族谱集成》(全 100 册,巴蜀书社,1995 年)、《山西省社会科学院家谱资料研究中心藏名人家谱丛刊》(全 285 册,北京燕山出版社,2013 年)、《山西省社会科学院家谱资料研究中心藏早期稀见家谱丛刊》(全 137 册, 北京燕山出版社,2013 年)、《历代姓氏文献丛刊》(全 93 册,北京燕山出版社,2017 年),先后出版期刊《谱牒学研究》4 辑 4 册、《谱牒学论丛》7 辑 8 册。

明初,晋南洪洞大槐树移民、晋北马邑圪针沟移民,均是政府组织的移民活动,后裔遍及全国诸多省市县,所以有很多谱牒都自称是大槐树移民后裔,洪洞大槐树成为全球华人老家、汉民族的精神家园,这是山西及各地谱牒常见的现象。[①] 其实,山西古代长期地处边防地带,因为做官、驻军、经商、逃荒而移入的民众历代有之。如晋南、晋东南多有河南、山东、安徽移民;晋南人因经商移居西北五省尤其是甘肃、宁夏,晋中人因经商移民外地,晋北、晋西北民众"走西口"及新中国成立初期移居内蒙古很多,1949 年前晋中、晋南、晋东南南下干部留居华中、华南、西南的人数也有一批。尤其在两省交界处,移民活动更是频繁。通过阅读相关谱牒,上述历史信息及特点均能清晰呈现。

谱牒的通病,记载常有夸大溢美的成分,追溯远祖,往往攀附高贵贤能,利用的前提务必要考证鉴别、去伪存真。但谱牒集中记述家族,是为一家的历史,可以弥补正史、方志记载不足,是研究姓氏家族渊源、迁转、家规、世系、成员功业事迹、地方社会的珍贵资料。

---

①仝建平.临汾地域文献及其整理述略[J].忻州师范学院学报,2018(1).

四、文集

文集也称别集，是个人所撰诗文总汇。对于研究人物的生平经历、家族世系、交游师承、思想主张、学术成就、政治作为、区域社会具有极高的资料价值。尤其是古代那些未能通过科举进入仕途而长期居于民间基层从事文教事业的文士，他们的文集对于研究地方社会更是不可多得的珍贵资料。[①]这里所说的文集，立足于对研究山西地域文化有价值，故而也把晋人诗文总集及选集包括在内。晋人文集，以明清及民国留存为最多，这是和全国一样的普遍现象。

《山西文献总目提要》著录的“别集”有687种、“总集”68种，部分亡佚不存，这些数据也不会准确，其中有些书严格来讲不算诗文集，收录有些宽泛，但也大致能反映晋人诗文集现存状况。

晋人诗文集，收入丛书中的，如民国《山右丛书初编》（山西人民出版社1986年影印本、上海古籍出版社2014年点校本）收录十余种，如《潞公文集》、《松龛全集》、《庄靖先生遗集》、《西台集》、《常评事集》等。近年山西出版的大型丛书《山西文华》（三晋出版社），已经出版的文集有《王绩全集》、《温庭筠全集校注》、《元好问全集》、《薛瑄全集》、《祁寯藻集》、《祁韵士集》、《陈廷敬集》、《吴雯集》、《张慎言集》、《于成龙集》等；山右历史研究院编辑出版的《山右丛书二编》（上海古籍出版社点校本，2017年），收的文集有《忠正德文集》、《拙庵集》、《敝帚集》、《梁园寓稿》、《涂水先生集》、《孔文谷集》、《孔文谷续集》、《孔文谷诗集》、《大椿堂诗选》、《条麓堂集》、《条麓堂续集》、《仰节堂集》、《苍雪轩全集》、《大司马张海虹先生文集》、《张忠烈公存集》、《张司隶初集》、《句注山房集》、《孙忠靖公全集》；山右历史研究院编辑出版的

①仝建平.临汾地域文献及其整理述略[J].忻州师范学院学报，2018(1).

《山右丛书三编》（上海古籍出版社点校本，2021 年），收的文集有《韩忠定公集》、《虎谷集》、《乔庄简公集》、《刘凤川遗书》、《刘凤川遗稿》、《巢云诗集》、《紫岩文集》、《慎修堂集》、《王鉴川文集》、《王明甫先生桂子园集》、《王明甫先生桂子园集近稿》、《龙坞集》、《复宿山房集》、《刘宫詹文集》、《张毅敏公集》、《白云巢集》、《傅文恪公初集》、《丛筱园集》、《桑晖升先生遗集》、《王太史遗稿》、《苗晋侯先生文集》。晋城市三晋文化研究会出版的《晋城历史名人文存》（山西古籍出版社、三晋出版社、中州古籍出版社，2006—2016 年），收录《鹤楼堂诗集》、《陵川集》、《庄靖集》、《西北文集》、《午亭文编》、《常评事集》、《泊水斋集》、《六砚草堂集》、《艳雪堂诗集》、《东谷集》。李豫主编《阳城历史名人文存》（三晋出版社，2010 年）共收录明清时期阳城 28 人 37 部著述，另收入阳城诗歌总集 7 部，收录明清阳城诗人 130 余人作品近千首，包括《泊水斋文钞》、《泊水斋诗钞》、《东谷集》、《归庸集》、《桑榆集》、《午亭文编》等。徐永忠主编《高平历史文化资料》（民革高平市支部委员会内部印行，2009—2014 年），收录高平籍文士文集，有《司昌龄诗文集》、《高平祁氏三世遗稿》、《张立本诗集》、《知常先生云山集》、《蒲溪吟社三家诗抄》、《刘宫詹天先生文集》、《毕振姬文集》。田同旭主编《沁水历代名家文存》（三晋出版社，2019 年）收沁水古代 8 位名家 11 种文集，包括《常伦卷》、《孙居相　张五典卷》、《张铨卷》、《张道濬卷》、《刘东星　霍润生　赵凤诏卷》，另附《沁水历代名家散佚诗文辑萃》。

单行的晋人文集，如《郭弘农集校注》（山西人民出版社，1991 年）、《司马光集》（四川大学出版社，2010 年）、《文彦博集校注》（中华书局，2016 年）、《文潞公集》（山西人民出版社，2008 年）、《文潞公诗校注》（三晋出版社，2014 年）、《元好问全集》（山西古籍出版社，2004 年）、《元遗山诗集笺注》（人民文学出版社，1958 年；山西古籍出版社，

2005年,影印线装本)、《郝文忠公陵川文集》(山西人民出版社、山西古籍出版社,2006年)、《薛瑄全集》(山西人民出版社,1990年)、《王家屏诗词译注》(北岳文艺出版社,2011年)、《王家屏奏疏译注》(北岳文艺出版社,2009年)、《王家屏尺牍译注》(北岳文艺出版社,2012年)、《王琼集》(山西人民出版社,1991年)、《霜红龛集》(山西人民出版社,1985年)、《傅山全书》(山西人民出版社,1991年;山西人民出版社,2016年)、《傅山全书补编》(山西人民出版社,2004年)、《西北文集》(山西古籍出版社,1997年)、《午亭文编》(中州古籍出版社,2011年)、《孙嘉淦文集》(山西古籍出版社,1999年)、《于成龙集》(山西古籍出版社,2008年)、《于成龙诗文选注》(三晋出版社,2017年)、《康基田和折遇兰诗集笺注》(天马图书有限公司,2005年)、《泊水斋诗文钞》(山西人民出版社,1992年)、《吴琠文集》(山西人民出版社,1990年)、《六砚草堂诗集》(三晋出版社,2014年)、《砚樵山房诗稿》(山西古籍出版社,2007年)、《程昆仑先生诗文集》(三晋出版社,2008年)、《徐继畬集》(山西高校联合出版社,1995年)、《张瑞玑诗文集》(北岳文艺出版社,1998年)、《曹润堂诗集》(三晋出版社,2013年,影印本)、《晚香诗钞存稿》(黑龙江人民出版社,2006年)、《吴庚诗文选》(乡宁文化研究会内部印行,2010年)、《杨笃诗文选》(乡宁文化研究会内部印行,2010年)、《卧虎山人感慨集》(三晋出版社,2010年)、《陈敬棠诗文辑》(忻州市忻府区地方志办公室内部印行,2008年)、《敬业文集》(香港银河出版社,2010年)等。

还有一些家族、地域诗文汇编,如《皇城陈氏诗人遗集》(山西古籍出版社,1998年)、《夏门梁氏诗歌集释》(灵石政协文史资料丛书,灵石政协内部印行,2009年)、《润城古代诗文选编:润城、西坡、北音、上庄、中庄、下庄、屯城、上伏、下伏卷》(共4册,山西人民出版社,2003年)、《沁水历代文存》(山西人民出版社,2005年)、《潞安诗钞》

（中华书局影印本，2014 年）、《河汾诸老诗集》（中华书局，1958 年；山西古籍出版社，1996 年；三晋出版社，2017 年）、《秀容诗文存》（忻州市忻府区地方志办公室内部印行，2008 年）、《忻县古迹名胜诗文录》（忻州市忻府区地方志办公室内部印行，2008 年）等。

上述晋人诗文集，基于研究山西地域有价值而言，主要是那些多年生活于山西的官员、文士，所记所写多关涉晋人晋地，利用价值自然较高。而一批常年在外地为官的晋人文集，对研究山西地域文化的价值反而不高了。反而，一大批曾经为官、寓居山西的外省籍官员、文士，他们的诗文集，也应多加关注，尤其是他们在晋地任职寓留时为晋人撰写的序跋、志铭及唱酬、观瞻诗文，对研究山西区域社会历史具有重要的资料利用价值。

山西的地方文献，除却上述 4 种，比较集中的还有地方史著，也可以单独归为一类，集中记录晋地历史，价值也很高，整理出版的如《晋乘蒐略》（山西古籍出版社，2006 年；三晋出版社，2015 年）、《晋政辑要》（三晋出版社，2015 年）、《交山平寇本末》（山西古籍出版社，2001 年）、《牧爱堂编》（商务印书馆，2017 年）、《河东盐法备览校释》（中国社会出版社，2012 年）、《河东盐法备览合集简注》（中州古籍出版社，2020 年）、《山西宁武府忠义孝弟祠观法录》（巴蜀书社《宁武旧志集成》本，2010 年）、《晋游日记　同舟忠告　山西票商成败记》（山西人民出版社，1989 年；山西经济出版社，2003 年）等。

上述方志、碑刻、谱牒、文集四大类山西地方文献，多是正式出版的，也包括部分内部编印的，仅是列举笔者所藏及所知，不可能齐全完备，难免挂一漏万，但肯定具有一定代表性。加上地方文献的整理出版，多有作者后裔及地方文化爱好者参与，收集有一定难度，有时需要亲临当地寻访。山西研究地方文化的机构，主要是省市县各级三晋文化研究会、地方志办公室、政协文史委、档案馆、图书馆，民间地方文献收藏者、爱好者及书商书贩也广有存藏，这些都是征集时应优先考虑的对象。

近40年来，一批批山西地方文献得到整理出版，为研究古代山西历史及中国历史提供了系统的基础资料，但整理过程中存在的不规范、错误也是不容忽视的。现实的文化发展需要，亟待将山西地方文献科学整理乃至总体编辑出版，编印《旧志集成》、《石刻大全》、《家谱总汇》、《文集汇编》等等之类总集、汇编性质的地方性丛书，这必将是嘉惠当代、利在千秋的文化盛事。①

（发表于《晋阳学刊》2020年第6期）

①仝建平. 临汾地域文献及其整理述略[J]. 忻州师范学院学报，2018(1).

晋学研究资料利用问题

晋学研究的深入、研究水平的提高离不开对资料的利用。在广泛收集资料的基础上，善于利用资料，分析资料的可靠程度，进而剔除不可信的资料成为研究工作能否逐步提升的关键环节之一，否则盲目地使用资料会削弱晋学研究的科学性和生命力，影响其研究水平的提高，甚至会使研究走入歧途。

作为研究晋地的学问，晋学研究的资料最主要产生和保存于山西这一区域，其中以碑刻、地方志、家谱三者为大宗。山西现存明清及民国的碑刻与地方志、清代民国的家谱较为丰富，为国内外学界所瞩目。碑刻、地方志、家谱的史料价值高低具有相对性，在研究中必须认真鉴别，要具体内容具体分析，以求合理利用。但在近年来的晋学研究中，对碑刻、地方志、家谱资料不加辨析地盲从却经常能够见到，这种倾向在外省的地方文化、地方学建设和研究中也屡见不鲜，务必引以为戒。

一、对碑刻的利用

山西民间现在散存着许多明清和民国碑刻，但大部分是寺庙宫观（民国年间废庙兴学，许多改建为学堂）内的功德碑，其中多有精品。如现存于临汾市安泽县府城镇高壁村的通玄观（主体为清代建筑，已严重损毁），现存金代石碣 2 方、元碑 1 通、清碑 3 通、民国残碑

1通,合成一组道教历史资料。其中1方金代石碣为兴定元年(1217)尚书礼部赐通玄观牒文;元大德三年(1299)碑碑阴之“通玄观记”,记有当时周边6县的13处道观名称,成为研究元代该区域道教历史的珍贵资料。现存的碑刻可以从不同的角度进行研究,但绝对不敢把碑文所记完全等同于历史真实。比如晋城市阳城县山头村的水草庙(新中国成立前期在庙内办过学校),主要为纪念广禅侯(当地人指传说中当地两宋之交的一位民间兽医常顺)而闻名,其庙始建年代已不可考,现存的系列碑刻都是清代民国的,最早为顺治十六年(1659)。据曾在此教学的一位教师回忆,庙内原有大小碑刻60余通,1976年全部拆毁改建成教室;他于1959年曾抄录过其中的几通碑文,其中的一通明代碑刻(碑现已不存)碑文称元太宗七年(1235)修广禅侯大殿,至明成祖十六年(1418)又整修大殿,并称宋徽宗政和四年(1114),宋金交战于平阳年余,宋军战马万匹生病,常半村牧医常顺将其治愈,宣和二年(1120)钦封广禅侯。(详见阳城县广禅侯学术讨论会筹备组编《全国首届广禅侯学术讨论会资料汇编》,1987年9月)这通抄录的明代碑文所记的宋代和元代的事,值得琢磨,其中关于1114年宋金大战于平阳一带的历史记述是明显错误的,其时金还没有建国,再者北宋末年宋金也未曾大战于平阳。过去就曾有人轻信此碑文写过历史研究文章。这通抄录的碑文对于研究民间信仰、民俗文化有一定价值,已有学者写过研究文章《广禅侯与元代山西之牛王崇拜》(《山西师范大学学报(社科版)》,2003年第4期);进行文化开发也可以,阳城县与山西电视台联合拍摄了电视连续剧《广禅侯传奇》,编著出版了历史小说《兽医广禅侯》(山西科学技术出版社,1993年)。可见,有的碑记内容从属于民俗文化现象,应该用民俗文化学的视角去思考,不符历史实际的碑文内容千万不敢用作史料研究历史。

二、对地方志的利用

地方志是研究地方历史文化最基本的资料，内容最为详尽。像全国其他省份一样，山西现存的地方志（省、府、州、县志）主要是明清及其以后的。一般来说，地方志记载编纂时代的内容时可信度相对就高些，某些资料可以补充它书记载之缺失或疏略。但利用后代编纂的地方志来研究前代历史时，就得小心谨慎，甄别辨析材料。比如，辑自《永乐大典》的洪武《太原志》之“古迹目”载有榆次县金代有煤窑 30 座，并有具体地点，这是极为少见的金代煤窑史料，是研究山西乃至中国煤炭开采史珍贵的资料。再如，北宋著名的史学家刘恕（1032—1078）曾在宋仁宗时任和川（今属临汾市安泽县）令，而现存的雍正《岳阳县志》、民国《新修岳阳县志》和民国《重修安泽县志》俱作“英宗时以进士知和川”，当误。（详见李裕民师《刘恕年谱》，载氏著《宋史新探》，陕西师范大学出版社，1998 年。李先生推算刘恕始知和川的时间大致在宋仁宗至和元年即 1054 年前后。北宋知县的任期一般为三年。宋英宗到 1063 年四月才即位）现存明清两代及民国时的地方志在记述前代历史时属于二手资料，研究时不妨查找更早的资料，以早期资料为主，当时的资料最好，适当参考后代编成的资料，以免以讹传讹。当然，对地方志的史料价值要具体内容具体分析，不可一概而论。

三、对家谱的利用

山西民间现存清代、民国家谱较多，对家谱内容史料价值的判断也应区别对待。大致距离家谱编撰时代较近的内容信息准确度较高，如世系、族人年龄、履历、婚姻、墓地，对于研究基层社会结构较有价值。某些收录、保存于人物传和艺文中的诗文整篇或残句对于文学研究具有积极的作用。有的内容可以起到补史的作用。如笔者不久前从地摊上寻得的民国二十二年(1933)续修襄陵(今属临汾市襄汾县)《李氏家谱》抄本,谱中抄录康熙六十年、嘉庆二十三年所修家谱内容,始祖李岩,其中记八世李本隆第二子李宦"乙亥地震殇"、九世李宠长子李寄德"地震殇",可以作为研究康熙乙亥年(1695)平阳府大地震灾情的资料。但家谱中追述远代祖宗名人的事迹时,主观感情因素往往较重,牵强附会、夸大其词者甚多,比如攀附历史名人当远代祖宗、夸大家族贤能者功绩;远代祖宗情况不详时,往往均称其祖先明朝初年自洪洞大槐树移民而出,是洪洞大槐树移民后裔。因此使用时应慎之又慎。如笔者所见临汾市乡宁县七郎庙村杨氏后代所编的《重修杨氏家谱》,谱中尽管转录了明清两代《杨氏家谱》的一些内容,但罗列的家族远代祖宗仍然包括杨宗保在内。代县杨忠武祠所藏道光和光绪版《杨氏族谱》,杨宗保仍列为杨业孙辈,正如新编《杨氏族谱》序言所称该谱的部分内容具有一定的史料价值,而绝非全部,可见主编者的态度是严谨理智的。

由于有山西各级党委政府重视、专家学者积极参与,近年来的晋学研究取得了积极的进步。但与此同时,研究中存在的问题也不容忽视,除上述的对碑刻、地方志、家谱等资料不加辨析地盲从外,还有混淆历史与文化现象,研究中的主观感情压倒理性思辨等等,这些不良倾向的存在对晋学研究具有极大的负面作用,不仅会损害学术本身,还会造成巨大的资源浪费。只有坚持科学,崇尚学术,科学规划,扬长补短,晋学研究才能再上新台阶,晋学才能立足中华学术文化之林,才能实现文化兴晋的发展目标,惠及后世。

(发表于《光明日报》2009年12月15日第12版)

山西历史文化书目举要

山西是中华文明发生发展的核心区域之一，历史文化悠久，积淀厚重、内容丰富；革命战争年代为抗日胜利和全国解放做出了突出贡献，地位重要。境内文化遗址、古代建筑保存较多，加上现存丰富的民居、民俗、方言、碑刻、革命遗迹，使得山西地区近年来成为中外学者愈加关注的区域，尤其是研究华北区域社会时聚焦的热点地区。

对山西历史文化的关注和研究，百余年来始终没有被忽视，不断有成果问世。尤其是20世纪80年代以来，省内外知识界开展了多方位的整理研究，使得20多年来山西历史文化研究成果有了相当的积累。因此，对现有研究成果进行系统整理就显得十分重要和必要了。这有助于研究成果的参考利用，有助于寻找研究的空白点，有助于成果的整合和总体研究的规划，可以避免研究工作的重复。但迄今为止，尚未出现对现有成果系统整理的作品面世。有鉴于此，笔者最近几年内一直留心山西历史文化研究论著目录的收集，相信对它们的汇总与分类是系统整理研究成果的重要一步。现不揣浅陋，仅将其中主要的、有代表性的书籍目录予以分类介绍，以期对省内外关心热爱山西历史文化研发的人员有所参考；不足之处敬请方家指正，以待进一步订补完善。

限于个人能力和文章篇幅，下面所提及的书目不具有全面性，多是基于笔者自己收藏及所知，挂一漏万，所列书目有适当重复和交叉,有的类属未必合理,涉及的编著者、出版社和出版时间也未能在文中一一详细列出,读者可以通过其他手段、途径如检索孔夫子旧书网等查找。所列书目基于研究古代山西历史,主体时间下限大致到1912年清朝灭亡,极少部分涉及民国。

一、方志类

地方志是全面记述省、地、市、县情最基本的资料,被誉为地方的“百科全书”。尽管其史料价值参差不齐,尤其是后代所编方志记述前代的内容时错误更多,利用时需要认真鉴别考证,但对于了解和研究地方而言毕竟是最基本、最重要的资料。下述方志类大致分为省志、府州县志、专业志和地情资料书四类。

(一)省志类

山西通志有明代和清代各3种,其中成化《山西通志》、雍正《山西通志》、光绪《山西通志》3种及乾隆《山西志辑要》分别由中华书局1998年、2006年、1990年、2000年点校出版。2006年中华书局点校出版了《山西旧志二种》(宣统《山西乡土志》和民国《山西风土记》)。20世纪90年代,中华书局出版了50卷66册《山西通志》,分类成册,内容主体为近现代。

(二)府、州、县志类

明清两代,山西的府、州、县志大量编撰,现存最多的府、州、县志是清代民国的。20世纪80年代以后,一大批府、州、县志或影印或点校整理,其中部分为内部印行。

1. 府志。如《太原府志集全》(山西人民出版社点校本,2005年);万历《潞安府志》(山西古籍出版社点校本,2007年);万历、乾隆《汾州府志》(山西人民出版社点校本,1994年);康熙《平阳府志》(山西古籍出版社点校本,1998年);雍正《朔平府志》(东方出版社点校本,1994

年);雍正《泽州府志》(山西古籍出版社点校本,2001年);乾隆《大同府志》(大同市地方志办公室点校本,内部印行,2007年);乾隆《蒲州府志》(山西省运城市地方志办公室线装排印本,1985年)。

2. 州、县志。州志如弘治《潞州志》(中华书局点校本,1995年)、嘉靖康熙道光光绪4种《霍州志》(霍县县志编委会办公室1985年油印本,霍州市史志编委会2001年点校本)、万历《代州志》(远方出版社点校本,2004年)、万历《应州志》(应县县志办公室1984年点校本,应县三晋文化研究会2010年点校本)、乾隆《平定州志》(平定县图书馆2000年影印本,线装书局2009年影印本)、光绪《直隶绛州志》(运城市地方志办公室影印本,2007年)均已出版。

县志如天启《文水县志》(山西古籍出版社点校本,1996年)、嘉庆《赵城县志》(山西人民出版社1992年点校本, 洪洞县志编委会2003年点校本)、民国《洪洞县志》(山西人民出版社1992年点校本,洪洞县志编委会2003年点校本)、民国《安邑县志》(山西人民出版社点校本,1991年)、民国《徐沟县志》(山西人民出版社点校本,1992年)、民国《闻喜县志》(现代出版社点校本,1999年)、民国《昔阳县志修编》(山西省昔阳县档案局点校本,1996年)均已出版。

关于旧志,还可以查看两套影印方志丛书:江苏南京的凤凰出版社《中国地方志集成·山西府县志集》(全70册);(台北)成文出版社《中国方志丛书·山西省》。在20世纪80年代开始的第一轮修志中,全省共整理出版旧志(主要是省、府、州、县志)110多种,5000余万字。关于山西旧志的存佚及整理情况,可以参看刘纬毅主编《山西文献总目提要》(山西人民出版社,1998年)之"地方志"部分、山西省史志院编《三中全会以来山西省史志部门编研成果目录》(内部印行,1998年)等工具书;任根珠《山西新方志事业综述》(氏著《西樵志语》,方志出版社,2003年)、李裕民《山西方志综述》(《沧桑》1995年第1

期)、任小燕《山西古今方志撰修与研究述略》(《晋阳学刊》2001 年第 5 期)等专题文章。

在首轮修志过程中,山西规划的地市、县(区)两级志书近 130 部 96%已经完成,绝大部分的市县都正式出版了新修的方志(内容侧重现当代)。2003 年 10 月起开始了第二轮修志工作,主要是第一轮出版县志的续修。

(三)专业志类

省级的如《山西出版志》(山西省出版局内部印行,1983 年)、《山西风物志》(山西人民出版社,1985 年)、《山西市县简志》(山西人民出版社,1990 年)、《山西山河志》(山西科学技术出版社,1994 年)等。山川名胜志中的旧志如《晋祠志》(山西人民出版社 1986 年版和 2003 年版)、《霍山志》(山西人民出版社,1986 年)、《恒山志》(山西人民出版社,1986 年)、《清凉山志》(山西人民出版社,1991 年),新志如《山西旅游景区志丛书》之《五台山志》、《绵山志》、《晋祠志》(山西人民出版社)等。较为普遍编撰的如各市县的乡镇村志、方言志、教育志、山川志、地名志、人物志、文化志、名胜志、交通志、财政志、军事志、旅游景区志、宗教志等,不能一一列举。上述的专业类志书,在研究山西历史文化方面价值不尽相同:比如教育志、军事志、交通志、方言志、文化志、人物志、宗教志中历史文化内容较多而且集中;但其他专业志也有部分内容可供挖掘利用,如名胜志收录的碑文,山川志、乡镇村志收录的历史名人事迹和文物古迹等。这些志书绝大部分为新编,查找时可以参看山西省图书馆编《山西新编方志书目提要》(山西人民出版社,2009 年),部分可以参见梅森、刘辰主编《中国专业志要览》(安徽科技出版社,1997 年)。

据统计, 山西省最近 30 年间共新编各类地方志达 1000 多部,实有将这些志书书目信息逐渐汇总的必要。查找时还可以参看全国地方志资料工作协作组编《中国新方志目录(1949—1992)》(书目文献出版社,1993年)和上海通志馆编《中国新方志5000种书目提要》(上海辞书出版社,2004年)。

(四)地情资料书类

如《山西大观》(山西古籍出版社,1998年)、《山西资料汇编》(山西人民出版社,1960年)、《山西概况》(山西人民出版社,1985年)、《山西山河大全》(山西省地方志编委会办公室内部印行,1987年)、《朔州大典》(山西人民出版社,2000年)、《阳泉百科全书》(山西人民出版社,1997年)、《晋城百科全书》(奥林匹克出版社1995年、山西人民出版社修订本2006年)、《忻州区情》(中共忻州地委办公室内部印行,1986年)、《爱我吕梁》(山西人民出版社,2006年)、《霍州情》(霍州情编委会内部印行,2007年)、《可爱的古交》(山西人民出版社,2005年)等。

二、史地类

史地类拟分为山西历史类和区域地理类两类。

(一)山西历史类

1. 山西通史类。主要有:山西省史志研究院编十卷本《山西通史》(山西人民出版社,2001年);降大任著《山西史纲》(山西人民出版社,2004年);乔志强主编《山西通史》(中华书局,1997年)。其中十卷本《山西通史》是目前内容最为全面的山西通史著述,而《山西史纲》是近年来展示山西历史文化研究成果的一部集大成之作。此外,清人康基田编著《晋乘蒐略》(山西古籍出版社点校本,2006年)是一部先秦至明亡的编年体山西通史长编。

2. 专史类。包括专题史著类和史话类。专题史著类如《近代的山西》(山西人民出版社,1988年)、《山西新闻史》(山西人民出版社,

2001 年)、《山西土地史话》(新华出版社,1999 年)、《山西公路交通史》(第一册：人民交通出版社,1988 年)、《山西财政史》(山西人民出版社,2005 年)、《魂系山西》(山西科学技术出版社 1995 年、山西经济出版社 2012 年)、《山西粮食史话》(山西人民出版社,1988 年)、《山西古籍印刷出版史志》(中央编译出版社,2000 年)、《太原史稿》(山西人民出版社,2003 年)、《太原新闻史》(山西人民出版社,2000 年)。

史话类如《太原史话》(郝树侯编著,山西人民出版社,1956 年;张德一等编著，山西人民出版社,2000 年)、《忻州史话》(山西人民出版社,1997 年)、《原平史话》(山西古籍出版社,2006 年)、《朔州历史与文化》(山西人民出版社,1996 年)、《平阳史话》(山西人民出版社,1987 年)、《临汾史话》(王国正主编,东方出版社,2005 年;周征松编著，山西人民出版社,2006 年)、《河东史话》(山西人民出版社,1986 年)、《昭馀春秋》(山西古籍出版社,2005 年)、《沁水史话纵横》(山西人民出版社,2005 年)等。

(二)山西区域地理类

1. 政区、地名。如刘纬毅编著《山西历史地名通检》(山西教育出版社,1990 年)、《山西历史地名词典》(山西古籍出版社,2004 年);吴锐《历代山西政区通录》(山西古籍出版社,2003 年);张纪仲《山西历史政区地理》(山西人民出版社,1992 年；山西古籍出版社,2005 年);《历史人物与山西地名》(山西人民出版社,1993 年);《临汾地名考略》(天马图书有限公司,2000 年);《长治地名典故》(中华书局,2005 年)。

2. 地图。如《山西历史地图集》(中国地图出版社,2000 年);《中国文物图集·山西分册》(中国地图出版社,2007 年)。

3. 其他。经济地理类如杨纯渊《山西历史经济地理述要》(山西人民出版社,1993 年);历史地理类如《平城历史地理学研究》(书目文献出版社,1994 年);文化地理类如刘影《皇权旁的山西——集权政治与地域文化》(新星出版社,2007 年)。

三、金石类

(一)石刻总集类

如《山右石刻丛编》(山西人民出版社影印本,1977 年); 王汝雕《山西地震碑文集》(北岳文艺出版社,2003 年);分市卷《三晋石刻总目》(山西古籍出版社)。由省三晋文化研究会组织全省各市县编撰《三晋石刻大全》,既附拓片又录碑文,现已出版的分市卷(太原、大同、朔州、晋中、阳泉、临汾、运城、长治、晋城)《三晋石刻总目》是第一步工作,现在寿阳的《寿阳碑碣》(山西古籍出版社,2007 年)、洪洞的《洪洞金石录》(山西古籍出版社,2008 年)已经正式出版。相信这套大型碑文集的问世必将造福中外学界。

(二)文物考古类

如山西省考古研究所编《山西考古四十年》(山西人民出版社,1994 年)、《山西碑碣》(山西人民出版社,1997 年);王天斌、张国栋编著《山西古塔文化》(北岳文艺出版社,1999 年);《晋系青铜器研究:类型学与文化因素分析》(山西人民出版社,2005 年);《山西戏曲碑刻辑考》(中华书局,2002 年);《山西神庙剧场考》(中华书局,2006 年);《山西古戏台》(辽宁人民出版社,2004 年);《黄河漕运遗迹·山西段》(科学技术文献出版社,2004 年);《山西明代建筑》(山西古籍出版社,2005 年);《三晋货币》(山西人民出版社,1994 年);《山西纸币》(山西经济出版社,1998 年);《太原考古》(山西古籍出版社,2003 年);《太原文物》(山西人民出版社,1999 年);《天龙山石窟》(科学出版社,2003 年);《太原隋虞弘墓》(文物出版社,2005 年);《河东出土墓志录》(山西人民出版社,1994 年);《河东百通名碑赏析》(山西人民出版社,2002 年);《河东水利石刻》(山西人民出版社,2004 年);《司马光茔祠碑志》（文物出版社，2004 年）；《垣曲考古》（中国社会出版社，2005 年）；《垣曲古城东关》（科学出版社，2001 年）；《垣曲商城：1985—1986 年度勘察报告》（科学出版社，1996 年）；《夏县东下冯》（文物出版社，1988 年）；《晋南文物》（晋南专区文物管理委员会内部印行，1959 年）；《临汾文物》（临汾市文物局内部印行，2006 年）；《宋金元戏曲文物图论》（山西人民出版社，1987 年）；《临汾历代碑文选》（延边大学出版社，2005 年）；《平阳金墓砖雕》（山西人民出版社，1999 年）；《侯马盟书》（文物出版社，1976 年；山西古籍出版社，2006 年增订本）；《侯马碑记》（政协侯马市文史委内部印行，2005 年）；《襄汾陶寺遗址研究》（科学出版社，2007 年）；《汾阳县金石类编》（山西古籍出版社，2000 年）；《云冈石窟》（文物出版社，1957 年）；《大同南郊北魏墓群》（文物出版社，2005 年）；《雁北古建筑》（东方出版社，1992 年）；《雁门碑钞》（远方出版社，2002 年）；《五台山碑文选注》（北岳文艺出版社，1995 年）；《五台山佛教·繁峙金石篇》（内蒙古人民出版社，2005 年）；《繁峙碑文集》（内蒙古人民出版社，2003 年）；《朔州崇福寺》（文物出版社，1996 年）；《长治金石萃编》（山西春秋电子音像出版社，2006 年）；《沁州碑铭集》（沁县书法协会内部印行，2003 年）；《皇城石刻文编》（内部印行，1998 年）；《晋城金石志》（海潮出版社，1995 年）；《阳城县金石记》（三晋出版社，2009 年）。

四、丛书与期刊类

（一）丛书类

1. 省级丛书。如民国时山西省文献委员会编辑的《山右丛书初编》（山西人民出版社影印本，1986 年），收录较为少见的晋人文集，具体可查《山右丛书初编书目提要》。山西省地方志编纂委员会编辑的《山西地方史志资料丛书》，包括《民国时期山西省各种组织机构简编》(1983年)、《近现代山西政权机构概况》(1984年)、《山西抗日战争大事记》(1984年)、《山西通志人物传索引》(1984年)、《山西古方志辑佚》(1985年)、《山西风俗民情》(1987年)、《山西历史辑览》(1987年)、《晋志钩沉》(1990年)、《山西省志》(1992年)等等,价值高,均为内部印行。20世纪八九十年代省三晋文化研究会编撰的《三晋文化研究丛书》近50种百余册(有单行目录),其中内容较多的如《傅山全书》(山西人民出版社,1991年)、《三晋历史人物》(书目文献出版社,1993年)、《裴氏世谱》(山西人民出版社,1994年)、《蒲州梆子传统剧本汇编》(临汾地区三晋文化研究会内部印行,1993—1995年)、《三晋传统饮食文化丛书》(山西科学技术出版社,1998年)等;世纪之交,省三晋文化研究会编撰的《山西历史文化丛书》(山西人民出版社、山西春秋电子音像出版社、三晋出版社),现已出版31辑310册(《三晋文化研究会会刊》载有全部书目),每册3万字,内容涉及山西历史文化从古到今的方方面面。台北山西同乡会编辑的《山西文献丛书》(如《山西献征》《故乡生活追忆》《尧舜禹出现于甲骨文考》《汾河》《清末山西留学生》《清朝山西进士》《周代山西古钱》等)。山西人民出版社编辑的《三晋古籍丛书》,包括《王琼集》(1991年)、《坚白石斋诗集》(1991年)、《寒松堂集》(1992年)、《石君宝戏剧集》(1992年)等。

2. 市县级丛书。各市县三晋文化研究会编辑的如大同市的《大同历史文化丛书》(山西人民出版社)已出8辑80册、临汾市的《平阳历史文化丛书》(临汾市三晋文化研究会内部印行)已出7辑70册、朔州市的《朔州历史文化丛书》(山西古籍出版社、三晋出版社)已出3辑30册。此外,像太原市的《晋阳文化研究丛书》(山西古籍出版社,2003年)13册,长治市的《魅力长治文化丛书:诗文、历史、民俗、神话、人物、戏曲、名胜、名品、名吃、革命卷》(北京燕山出版社,2005年)10册,临汾市的《临汾方志丛书》(山西人民出版社,2006年)12册,运城市新绛县的《新绛历史文化名城丛书》(山西人民出版社,2004年)5册,临汾市洪洞县的《洪洞文化系列丛书》(董爱民主编,内部印行,2004年)5册和《赵城文化丛书》(李长青等主编,内部印行)6册,晋城市高平市的《高平传统文化丛书》(冯金堆编著),忻州市代县的《雁门文丛》(远方出版社)等。还有《晋北民俗文化丛书》(山西古籍出版社,1999年)10册、《云冈学研究系列丛书》(山西人民出版社,2004年)4册等。像《平阳历史文化丛书》第二、三辑侧重文物考古内容,以便宣传介绍;第四、五辑侧重古村落的内容,以求在新农村建设中注意保护古村落。

(二)期刊类

1. 文史资料类。

由山西省政协文史资料委员会编辑的《山西文史资料》,1961年创刊,32开,出了12辑;“文化大革命”中停刊,1979年复刊(第13辑);2000年改成16开;2001年改名《文史月刊》,现已出版230多期。出过《山西文史资料分类目录(1—66辑)》(1989年)备查;也出过《山西文史资料全编》(山西文史资料编辑部内部印行,1998年)10厚册,1—120辑合订本。《山西文史资料》内容主要以近现代为主,侧重党史、山西地方历史内容。《山西文史资料》编辑部还编辑出版过《山西文史精选》(山西高校联合出版社,1992年)10册、《月光下的山西系列丛书》(中国文史出版社,1999年)12册。

市县各级政协文史资料委员会编辑的市县《文史资料》大多创刊于1985年纪念抗日战争胜利40周年之际,各市县的出版情况不尽相同,但都能陆续出版,初以登载党史、近现代史文章、回忆录为主,后来逐渐刊登地方历史文化方方面面的内容,出过不少专辑。如《忻州文史资料》(第六辑:元好问生平事迹专辑,1990年)、《晋城文史资料》(第二辑:人物专辑,1990年;第三辑:戏曲专辑,1995年)、《介休文史资料》(第七辑:介休碑碣专辑,1997年)、《太原文史资料》(第28辑:太原建城二千五百年专辑,2003年;第29辑:太原历史名人传略,山西古籍出版社,2003年)、《沁水文史资料》(柳氏民居专辑上,世界华人艺术出版社,2000年),对于研究历史文化参考价值较高。有的几次改名,如《临汾文史资料》,首次改名《尧都文史资料》,第二次改名为《尧都文史》,迄今为止总共出版15辑16册。

2. 其它。台北山西同乡会编撰的《山西文献》出版近80辑,刊登台湾地区及大陆学者撰写的山西历史文化研究文章,以及两岸山西文化交流的信息。山西高校、科研院所方面:山西省社科院主办的《晋阳学刊》和《五台山研究》、山西省史志院主办的《沧桑》(原名《山西地方志》)、山西省文物局主办的《文物世界》(原名《文物季刊》)、山西省社科联主办的《学术论丛》、山西大学主办的《山西大学学报》(社科版)、山西师大主办的《山西师大学报》(社科版)等,每期都有山西历史文化研究专栏。此外,《山西大同大学学报》、《忻州师院学报》、《运城学院学报》、《长治学院学报》的社科版都设有学校所在地地域文化特色栏目,也定期刊登山西历史文化研究文章。

五、人物类

(一)文集类

如山西人民出版社点校出版的《霜红龛集》(1985年)、《武则天集》(1987年)、《重订新校王子安集》(1990年)、《吴琠文集》(1990年)、《薛瑄全集》(1990年)、《王琼集》(1991年)、《坚白石斋诗集》(1991年)、《泊水斋诗文钞》(1992年)、《寒松堂集》(1992年)、《石君宝戏剧集》(1992年)、《李寿卿、狄君厚集》(1992年)、《吴昌龄、刘唐卿、于伯渊集》(1993年)、《傅山全书》(1991年)、《傅山全书补编》(2004年)、《文潞公集》(2008年)。山西古籍出版社点校出版的《西北文集》

(1997年)、《河汾诸老诗集》(1996年)、《孙嘉淦文集》(1998年)、《元好问全集(增订本)》(2004年)、《郝文忠公陵川文集》(2006年)。

(二)人物传类

如刘贯文主编《三晋历史人物》(书目文献出版社,1993年)、刘纬毅主编《山西历史人物传》(山西省地方志编委会办公室内部印行,1984年)、山西省史志院编《山西省志·人物志(上册)》(中华书局,2008年)、水天生《山西古代文学家》(山西人民出版社,1984年)、王睿等编《山西古代画家传》(山西人民出版社,1991年),以及《运城地区历史人物传》(运城地区地方志编委会内部印行,1985年)、《将相文武 风流千古:裴氏人物志传》(中国社会科学出版社,2001年)、《朔州历代名人录》(内部印行,1993年)、《朔州人物传》(山西人民出版社,1994年)、《洪洞人物》(洪洞文化系列丛书,内部印行,2004年)、《雁门诗钞·人物篇》(远方出版社,2003年)、《晋国人物评传》(延边大学出版社,2006年)、《太原历史名人传略》(山西古籍出版社,2003年)、《汾阳王郭子仪谱传》(书海出版社,1994年)、《司马光传》(宋衍申著,北京出版社,1990年;杨洪杰等著,山西人民出版社,1997年)、《元好问传》(朱东润著,东方出版中心,1999年;郝树侯等著,山西人民出版社,1990年)、《元好问年谱新编》(中国文联出版社,2000年)、《傅山传》(郝树侯著,山西人民出版社,1981年;侯文正著,山西古籍出版社,2007年)、《陈廷敬史实年志》(山西人民出版社,2009年)、《于成龙传》(山西人民出版社,2001年)等。

六、工具书类

主要有前述的《山西文献总目提要》、《山西历史地名词典》、《山西历史地图集》、《中国文物图集·山西分册》、《三晋石刻总目》、《山西历史人物传》、《三中全会以来山西省史志部门编研成果目录》(山西省史志研究院内部印行，1998年），还有张杰编《山西自然灾害史年表》（山西省地方志编委会办公室内部印行，1988年）、池秀云编《山西通志人物传索引》、山西省图书馆编印《山西省古籍善本书目》（1981年）、祁明编《山西地方志综录》（山西省地方志编委会办公室内部印行，1986年）、王欣欣编著《山西历代进士题名录》（山西教育出版社，2005年）、刘舒侠编《〈山右石刻丛编〉〈山西通志金石志〉石刻分域目录》（山西人民出版社，1990年）、张巩德主编《山西票号综览》（新华出版社，1996年）、王福才编著《山西师范大学戏曲文物博物馆馆藏拓本目录》（山西古籍出版社，2005年）、山西省社科院家谱研究中心编《中国家谱目录》（山西人民出版社，1992年）等。

七、文学与文化艺术类

（一）诗文类

如《山西文学大系》（山西人民出版社，2005年）；刘泽等主编《山西古代文学作品选》（山西古籍出版社，1997年）；姚奠中编《颂晋诗选》（山西古籍出版社，2007年）；崔凡芝主编《颂晋文选》（山西古籍出版社，2002年）；《历代名人咏晋诗选》（中国社会科学出版社，1980年）；《历代名家咏临汾》（远方出版社，2005年）；《古今名人咏朔诗选》（朔州文化系列丛书，内部印行，1995年）；《吟咏吕梁诗词选》（山西人民出版社，2005年）；《恒山诗选》（李跃山选注，华夏文化出版有限公司，2005年）；《白朴词选注》（远方出版社，2000年）；《沁水历代文存》（山西人民出版社，2005年）；《帝王祭霍山文选辑》（霍州市政协内部印行，2003年）。

（二）民间文学

以三套集成为主要代表。由各地市县组织编撰的民间文学三套集成，包括民间故事、歌谣、谚语三种，或分册或合订，绝大部分为内部印行，被视为“原生态的民间文学”、“民间文学的母本”，有详细的口述人、口述时间、口述地点及记录人信息，对于收集整理各地的民间文化资源起到了重要作用。如《安泽民间文学三套集成》（安泽县三套集成编委会内部印行，1989年）、《浮山谚语集成》（浮山谚语集成编委会内部印行，1986年）、《吕梁民间故事》（吕梁地区文艺集成志书编纂领导组内部印行，1990年）等。

（三）文化艺术类

如乔志强《晋文化志》（上海人民出版社，1998年）；刘纬毅《三晋文化》（山西教育出版社，2006年）；冯宝志《三晋文化》（辽宁教育出版社，1991年）；柴建国《山西书法通鉴》（山西人民出版社，1999年）；《后土文化源流》（万荣县地方志办公室内部印行，2002年）；《山西舞蹈史话》（北岳文艺出版社，2004年）；《晋剧音乐》（山西人民出版社，1979年）；《蒲剧音乐》（山西人民出版社，1983年）；《北路梆子音乐》（北岳文艺出版社，1987年）；《晋剧曲牌音乐：中路梆子》（山西人民出版社，1958年）；《蒲州梆子志》（山西教育出版社，2007年）；《晋北道情音乐研究》（人民音乐出版社，1996年）；《山西二人台剧目全编》（北岳文艺出版社，2000年）；《临汾民间舞蹈》（临汾地区行署文化局内部印行，1986—1988年）；《临县道情音乐》（临县老年乐艺学会内部印行，2008年）；《孝义秧歌》（山西省孝义市文学艺术工作者联合会内部印行，1999年）；《浮山地方小剧种剧本汇编》（浮山县三晋文化研究会内部印行，1993年）；《丁村鼓乐文化》（山西人民出版社，2005年）；《威风锣鼓》（王振湖等编著，北岳文艺出版社，1991年）；《孝义皮影》（山西教育出版社，2005年）；《绛州澄泥砚》（天马图书有限公司，2000年）；《吕梁民间剪纸》（山西人民出版社，1993年）；《平阳木版画》（中国艺术出版社，2004年）；等等。

八、经济社会类

（一）经济类

如《山西省赋役全书》（山西大学图书馆影印）、《山西古代经济史》（山西经济出版社，1997 年）、《山西经济史纲要》（山西经济出版社，1993 年）、《山西经济开发史》（山西经济出版社，1992 年）、《山西经济与文化》（山西经济出版社，1994 年）、《山西集市》（山西经济出版社，1990 年）、《山西市场》（山西人民出版社，1990 年）、《山西财政史》（山西人民出版社，2005 年）、《太原古代经济研究》（山西经济出版社，2005 年）、《平遥票号商》（山西教育出版社，1997 年）、《祁帮票号》（山西经济出版社，2003 年）等。

（二）社会类

如《山西风俗民情》（山西省地方志编纂委员会办公室内部印行，1987 年）、《山西民俗》（山西人民出版社，1991 年）、《山西庙会》（山西经济出版社，1995 年）、《山西面食》（山西科学技术出版社，1994 年）、《山西名产》（山西人民出版社，1982 年）、《尧都村镇风情》（临汾市尧都区三晋文化研究会内部印行，2006 年）、《吕梁民俗》（北岳文艺出版社，1998 年）、《尧舜之风今犹在》（中国戏剧出版社，2006 年）、《盘子文化探秘》（山西高校联合出版社，1994 年）、《上党八音会》（北岳文艺出版社，1993 年）、《山西洪洞大槐树》（山西古籍出版社，2004 年）、《静升王氏六百年》（山西经济出版社，1999 年）、《近代山西社会研究——走向田野与社会》（中国社会科学出版社，2002 年）、《环境史视野下的近代山西社会》（山西人民出版社，2007 年）、《村社传统与明清士绅——山西泽州乡土社会的制度变迁》（上海辞书出版社，2007 年）、《山西教育大事记》（山西高校联合出版社，1996 年）、《山西教育史志研究》（山西高校联合出版社，1992 年）、《建国前的山西教育》（山西高校联合出版社，1992 年）、《吕梁教育简史》（山西人民出版社，1994 年）、《吕梁地区招生考试简史》（新华出版社，1993 年）等。其中，《山西教育大事记》有清代山西书院及中科举者情况统计表、《吕梁地区招生考试简史》有明清两代吕梁全区各县中科举者统计表和近代学校教育文件等内容，可供参看。

九、资料汇编、论文集与研究著作

（一）资料汇编

任根珠主编《〈清实录〉山西资料汇编》（山西古籍出版社，1996 年）；李峰等辑《〈明实录〉大同史料汇编》（北京燕山出版社，1999 年、2008 年）；谢鸿喜辑《〈水经注〉山西资料辑释》（山西人民出版社，1990 年）；张有智主编《三晋文献集（先秦卷）》（山西人民出版社，2007 年）；张博文等主编《运城灾异录》（运城市地方志编纂委员会办公室内部印行，1986 年）；《炎帝史料掇拾》（高平市炎帝故里开发管理处内部印行，2002 年）；《晋国故绛资料汇编》（绛县政协内部印行，2002 年）；《山西省地震历史资料汇编》（地震出版社，1991 年）；《晋商史料全览》（分市卷和专题卷，17 册）（山西人民出版社，2006—2007 年）；《山西票号史料》（山西人民出版社，1990 年；山西经济出版社，2002 年）。

（二）论文集

山西师范学院古代史教研组编《山西地方史研究》（第一、二辑）（山西人民出版社，1960 年、1962 年）；山西大学历史系中国古代史教研室、《晋阳学刊》编辑部编《山西地方史论丛》（第一辑）（山西人民出版社，1985 年）；三晋文化研究会学术部编《三晋文化研究论丛》（第一辑）（山西人民出版社，1994 年）；李玉明主编《三晋文化论丛》（第二、三辑）（山西古籍出版社，1995 年、1997 年）；李元庆主编《三晋文化学术研讨会论文专集》（山西古籍出版社，1999 年）；山西省考古学会、山西省考古研究所编《山西省考古学会论文集》(一、二、三、四)(山西省考古所内部印行,1992年;山西人民出版社,1994年;山西古籍出版社,2000年;山西人民出版社,2006年);山西省考古研究所编《三晋考古》(第一、二、三、四辑)(山西人民出版社,1994年;山西人民出版社,1996年;山西人民出版社,2006年;上海古籍出版社,2012年);山西省社科联编《华夏文明看山西论丛》(山西春秋电子音像出版社,2007年);李元庆《晋学初集》(山西人民出版社,2003年);张捷夫《山西历史札记》(书海出版社,2001年);李玉明《引玉集——小石斋序跋文汇》(山西古籍出版社,2006年);张正明《山西工商业史拾掇》(山西人民出版社,1987年);王雪樵《河东文史拾零》(北岳文艺出版社,2002年);史若民《晋商刍议》(中央文献出版社,2006年);安介生《历史地理与山西地方史新探》(山西人民出版社,2008年);《尧舜禹历史文化研讨论文集内部资料选编之一》(临汾市尧都区三晋文化研究会内部印行,2005年);《新田文化研讨会论文集》(山西教育出版社,2005年);《2005年云冈国际学术研讨会论文集》(保护卷、研究卷)(文物出版社,2006年);《建设特色文化名城——理论探讨与实证研究》(北岳文艺出版社,2008年);《傅山研究文集》(山西人民出版社,1985年);《元好问研究文集》(山西人民出版社,1987年);等等。其中,由山西师范学院古代史教研组编、山西人民出版社1960年10月出版的《山西地方史研究》(第一辑)是新中国第一部山西地方历史文化论文集。

(三)研究著作

杨国勇主编《华夏文明研究:山西上古史新探》(中国社会科学出版社,2002年);李孟存、常金仓《晋国史纲要》(山西人民出版社,1989年);李孟存、李尚师《晋国史》(山西古籍出版社,1999年);卫文选《晋国文化十八篇》(延边大学出版社,2005年);马保春《晋国历史地理研究》(文物出版社,2007年);白国红《春秋晋国赵氏家族研究》(中华书局,2007年);张有智《先秦三晋地区的社会与法家文化研究》(人民出版社,2002年);周征松《魏晋隋唐间的河东裴氏》(山西教育出版社,2000年);王波《魏晋北朝并州地区研究》(人民出版社,2001年);王振芳《唐风留韵:盛唐文明与山西》(山西人民出版社,2006年);瞿大风《元朝时期的山西地区》(政治军事经济篇、文化教育宗教篇)(辽宁民族出版社,2005年、2006年);安介生《山西移民史》(山西人民出版社,1999年);《河汾诸老研究》(山西人民出版社,1993年);《河汾道统——河东学派考论》(人民出版社,2009年);《平阳宋金元戏曲文物研究》(延边大学出版社,2005年);《山西乐户研究》(文物出版社,2001年);《乐户:田野调查与历史追踪》(江西人民出版社,2002年);《裴氏人物著述》(山西人民出版社,2002年);《元遗山新论》(北岳文艺出版社,1988年);《元好问研究论略》(社会科学文献出版社,1999年);《运城盐池研究》(山西人民出版社,1991年);《晋盐文化述要》(山西人民出版社,1993年);《云冈石窟文化》(北岳文艺出版社,1998年);《云冈石窟研究》(广西师范大学出版社,2003年);《张居正改革与山西万历清丈运动》(山西人民出版社,1993年);《五台山佛教史》(山西人民出版社,2000年);《晋阳古都研究》(山西古籍出版社,2002年);《明清山西商人研究》(山西经济出版社,2002年);《山西商人研究》(山西人民出版社,1986年);《山西票号史》(黄鉴晖著,山西经济出版社1992年、2002年修订本;卫聚贤著,经济管理出版社,2008年);《晋商兴衰史》(山西古籍出版社,1995年;山西经济出版社,2010年);《票商兴衰史》(中国经济出版社,1992年、1998年);《山西票号研究》(孔祥毅等主编,中国财政经济出版社,2002年;李永福著,中华工商联合出版社,2007年);《中国晋商研究》(人民出版社,2006年);《晋商商贸活动的历史地理研究》(科学出版社,2004年);《平、祁、太经济社会史料与研究》(山西古籍出版社,2002 年);等等。

除了上述列举的,全国性的资料汇编、专题丛书中也会有山西历史文化的研究资料或研究成果,可以查找参看。特别需要指出的是,从省里到各级地方编撰的山西历史文化资料书多有内部印行的,流通范围很窄,加之年代久远,现存数量极其有限,查询时可以设法得到编印单位或编撰者帮助以便利用。

(发表于《兰州学刊》2010 年第 1 期)

补记:

本文写作于 2009 年上半年我在北京大学历史系博士生访学期间,利用、依靠的是我编的个人藏书目录,发表于 2010 年年初。距如今已经整整过去了 12 年。既然篇名为《山西历史文化书目举要》,有点工具性的作用,但已属既往的信息,最近 12 年间,出版了多种好的相关书籍。为了便于读者适当参阅,于此略作增补,以示完整。关于新近出版的山西历史文化书籍,尤其是地方志、碑刻、谱牒、文集,可以参看本论文集之《山西地方文献及其整理述略》和《山西碑刻书目简编》。

一、地方志

(一)旧志

省志主要是万历、康熙《山西通志》(中华书局,2012 年、2014 年)点校出版,嘉靖《山西通志》(中华书局,2017 年)影印出版。府州志主要是《山西文华》(三晋出版社)影印了嘉靖《霍州志》、万历《潞安府志》、康熙《平阳府志》、雍正《朔平府志》、雍正《泽州府志》、雍正《朔州志》(附万历《马邑县志》)、乾隆《太原府志》、乾隆《大同府志》、乾隆

《汾州府志》、乾隆《蒲州府志》、乾隆《平定州志》、光绪《代州志》、光绪《解州志》、光绪《直隶绛州志》、光绪《永宁州志》等,《宁武旧志集成》(巴蜀书社,2010 年)影印;点校如康熙《泽州志》(山西人民出版社,2016 年)、《应州志》(万历、雍正、光绪版,应县三晋文化研究丛书,2011 年)等。县志如万历、顺治、乾隆四年、乾隆三十年、咸丰、光绪、民国《太谷县志》(三晋出版社,2015 年、2016 年、2017 年、2018 年、2016 年、2019 年、2021 年),《太原古县志集全》(三晋出版社,2012 年),雍正《岳阳县志》(中华书局,2015 年),民国《永和县志》(三晋出版社,2016 年),民国《临晋县志》、雍正《猗氏县志》、同治《续猗氏县志》、光绪《续猗氏县志》(临猗县志编委会,2012 年、2015、2012 年、2012 年),《明清稷山县志》(万历、康熙、乾隆、嘉庆、同治、光绪 6 种,中华书局,2018 年),《寿阳县志》(康熙、乾隆、光绪版,三晋出版社,2012 年)影印出版;点校如《翼城古志集成》(嘉靖、顺治、康熙、乾隆李氏、乾隆许氏、光绪、民国版,三晋出版社,2014 年),《介休县志》(康熙、乾隆、嘉庆、光绪、民国版,山西人民出版社,2012 年),《清代文水县志二种》(三晋出版社,2011 年),顺治《高平县志》、同治《高平县志》(山西人民出版社,2015 年、2010 年),民国《临汾县志》(方志出版社,2016 年),万历《太谷县志》、顺治《太谷县志》(三晋出版社,2017 年)。此外,《静乐旧志集成》(康熙、雍正、同治 3 种,静乐县县志编委会,2011 年)和万历《忻州志》(忻州市忻府区地方志办公室,2014 年)是集影印和标点于一体,每页上栏排印标点,下栏影印。尤为可喜的是,发现 3 种清代村志尚有抄本存世,乾隆《景毛小记》、乾隆《湾里庄志》、同治《湾里庄续志》,其中嘉庆《景毛小记》内容为新编《景毛村志》大部分收录,加以标点,乾隆《湾里庄志》和同治《湾里庄续志》内部影印。

(二)新志

省志有新编的《山西省志》(中华书局),出版了几十种。市志如

《晋中市志》(中华书局,2010年)、《临汾市志》(中华书局,2013年)、《运城市志》(中华书局,2018年)。

(三)其他

整体研究山西旧志的有刘益龄《山西地方志史》(三晋出版社,2014年),工具书如赵保平《晋中地方志总目提要》(三晋出版社,2019年)。

二、诗文集

几种丛书性质的诗文集,如点校本《山右丛书初编》(上海古籍出版社,2014年)、《山右丛书二编》(上海古籍出版社,2017年)、《山右丛书三编》(上海古籍出版社,2021年);《阳城历史名人文存》(三晋出版社,2010年);《沁水历代名家文存》(三晋出版社,2019年);《高平历史文化资料》(徐永忠主编,民革高平市支部委员会内部印行,2009—2014年)。

别集如《山西文华》点校的十余种晋人诗文集,《冯济川文集》(中国文史出版社,2016年)。选集如《杨笃诗文选》《吴庚诗文选》《赵圻年诗文选》(乡宁文化研究会,2010年)及《牧爱堂编》(商务印书馆,2017年)等。

三、通史与史话

(一)通史

山西省史志院编《山西通史》(方志出版社,2015年),包括断代、人物、大事记,共22册。《朔州通史》(三晋出版社,2009年)。《朔州简史》(三晋出版社,2009年)。

(二)史话

《三晋史话》(山西人民出版社、三晋出版社,2016年)包括分市卷

11 册和综合卷 1 册,共 12 册。

(三)其他

李镇西《魂系山西》(山西经济出版社,2012 年);杜学文《山西历史文化读本》(山西教育出版社,2013 年);杨茂林《山西文明史》(商务印书馆,2015 年); 降大任《山西史纲(增订本)》(三晋出版社,2016 年);冯潞《山西密码:多维度探索山西地域历史发展的大势》(山西教育出版社,2017 年);杜学文《山西历史举要》(三晋出版社,2017 年);杜学文《开放与融合:山西历史文化的品格》(三晋出版社,2018 年);张焕君《三晋文明十三讲》(商务印书馆,2019 年);张珉等"表里山河三部曲"之《太行——脊天下》《黄河——摇篮曲》《长城——民族魂》(山西科技出版社,2021 年);李广洁《华章晋韵——中国历史上的山西元素》(山西教育出版社,2020 年);李广洁、王杰瑜《河山之间——太行、黄河、长城构架的山西》(三晋出版社,2021 年)。

四、文物考古

(一)文物

《山西省第三次全国文物普查丛书》(三晋出版社,2011 年)包括《河东旌表建筑》《临汾文物集萃》《大同文物集萃》《太原三普新发现集萃》《忻州文物集萃》《晋中遗韵》《运城民居》《忻州古塔》。《晋城文物通览》(山西经济出版社,2011 年)。《五台山文化遗产》之塑像卷、壁画卷(三晋出版社,2017 年、2018 年)。《五台山寺院壁画图汇》(三晋出版社,2019 年)。《五台山寺院塑像图汇》(三晋出版社,2019 年)。《五台山寺院造像稽考》(三晋出版社,2020 年)。《山西省明长城资源调查报告》(文物出版社,2019 年)。《山西古代寺观彩塑》(山西人民出版社,2019 年)。孟来亮主编《数说三晋文物》(山西人民出版社,2017 年)带有工具书性质。

(二)考古

《长治分水岭东周墓地》(文物出版社,2010年)。《垣曲上亳》(科学出版社,2010年)。《屯留余吾墓地》(三晋出版社,2012年)。《丁村旧石器时代遗址群——丁村遗址群1976—1980年发掘报告》(科学出版社,2014年)。《襄汾陶寺:1978—1985年发掘报告》(文物出版社,2015年)。《下川:旧石器时代晚期文化遗址发掘报告》(科学出版社,2016年)。《晋西商代青铜器》(科学出版社,2017年)。《吉县州川河流域区域考古调查发掘报告》(科学出版社,2017年)。《晋阳古城晋源苗圃考古发掘报告》(科学出版社,2018年)。《晋阳古城三号建筑基址》(科学出版社,2020年)。《山西翼城大河口遗址调查报告》(科学出版社,2018年)。《侯马盟书》(三晋出版社,2016年)。《侯马盟书研究论文集》(三晋出版社,2017年)。《倗金集萃:山西绛县横水西周墓地出土青铜器》(上海古籍出版社,2021年)。《霸金集萃:山西翼城大河口西周墓地出土青铜器》(上海古籍出版社,2021年)。《右玉县苍头河流域区域考古调查报告——以马营河北岸为中心》(科学出版社,2020年)。《云冈石窟山顶佛教寺院遗址发掘报告》(文物出版社,2021年)。《云冈石窟的考古学研究》(四川人民出版社,2021年)。《长子西南呈西周墓地》(上海古籍出版社,2022年)。《中国陶寺遗址出土文物集萃》(天津古籍出版社,2018年)。《河东之光:山西酒务头考古成果展》(天津美术出版社,2020年)。《山右吉金:隰县青铜器珍粹》(山西人民出版社,2020年)。《鹿鸣集:李济先生发掘西阴遗址八十周年》(科学出版社,2009年)。杨子荣编著《山西考古学文化与古代文明》(三晋出版社,2013年)。宋艳花《山西旧石器时代考古》(山西人民出版社,2013年)。张庆捷《民族汇聚与文明互动:北朝社会的考古学观察》(商务印书馆,2015年)。《王建考古文集》(科学出版社,2017年)。张庆捷《解读虞弘墓:北朝定居中国的粟特人》(三晋出版社,2020年)。张庆捷《考古杂采》(凤凰出版社,2021 年)。

五、丛书与期刊

(一)丛书

省级最重要的是《山西文华》(三晋出版社),包括史料编、著述编、图录编,已经出版近 120 种 400 册,其中有《山右石刻丛编》、光绪《晋政辑要》、研究运城盐业的《河东盐法备览》《增修河东盐法备览》《续增河东盐法备览》《重修河东运司志》《敕修河东盐法志》《清盐法志·河东(外一种)》《河东盐法调剂纪恩录》等。市域丛书如《晋城历史文化丛书》(中华书局,2010 年)、《晋中历史文化丛书》(三晋出版社,2016 年)、《忻州历史文化丛书》(山西人民出版社,2017 年)、《临汾历史文化研究丛书》(临汾市三晋文化研究会,陆续出版)。县域丛书如《阳曲县历史文化丛书》一、二辑(北岳文艺出版社,2015 年、2016 年)、《人文襄垣丛书》(北京燕山出版社,2011 年)、《绛县名典》系列丛书(山西人民出版社,2015 年)、《人文洪洞》(山西经济出版社,2019 年)。

专题丛书如行龙主编《沁河风韵系列丛书》(山西人民出版社,2016 年)31 册;《山西社科研究与普及书系》(北岳文艺出版社、三晋出版社)包括《太原历史文化》《晋商与明清山西城镇化研究》《山西地域文化散论》《三晋史稿》《纵横且说宋之间》《大同历史文化》《雁北地区乡村寺庙调查研究》《这里最早叫中国》13 册;刘建生主编《晋商五百年》(山西教育出版社,2014 年)14 册;山西财经大学晋商研究院主编《晋商研究经典文库》5 册、《晋商研究当代文库》12 册(经济管理出版社,2008 年);《造父文化丛书》(三晋出版社,2016 年)10 册;《傅山全书》(山西人民出版社,2016 年)20 册;《于成龙文化丛书》(三晋出版社,2017 年)8 册;《忻州古城活化保护丛书》(山西经济出版社,2020 年)7 册;《三晋百位历史文化名人传记丛书》(北岳文艺出版社,

2014—2020年);高专诚等著《三晋 历史文化名人书系》(北岳文艺出版社,2021年)包括《荀子》《卫青 霍去病》《关羽》《司马光》《陈廷敬》《于成龙》6部。

李宏泽、刘士义主编《山西历代著作集成》(北京燕山出版社,2020年),全507册。王婷主编《中国珍稀家谱丛刊:山西家谱》(北京燕山出版社,2019年),全100册。

(二)期刊

云冈石窟研究院主办《云冈石窟研究院院刊》。云冈研究院主办《云冈研究》(季刊)2021年创刊。山西省文物局主办《文物世界》2021年改名为《文物季刊》发行。山西大学中国社会史研究中心主办《社会史研究》(商务印书馆)出版12辑,集中刊登山西区域社会史研究文章。山西财经大学晋商研究院编《晋商研究》(经济管理出版社)出版了4辑。山西师范大学晋学研究中心主办《晋学研究》(第一辑)(商务印书馆)2021年出版。

六、资料汇编

晋商研究资料方面如刘建民主编《晋商史料集成》(商务印书馆,2018年)88册;山西省晋商文化基金会所编《晋商史料系列丛书》(三晋出版社、商务印书馆),包括《合盛元信稿(国内、国外)》《交易须知》《协和信上海三原账簿》《渠仁甫备忘录》《渠仁甫书法集》《日升昌上海总结银账》《晋商茶庄茶器图录》《山西票庄考略》《山西票号史》《杀虎口清代税事奏折》《保定商会档案中新见晋商资料汇编》;《晋商资料汇编》(三晋出版社),包括《晋商碑刻资料选编》(一、二)和《晋中商业人物》《晋中商业家族》《临汾运城商业家族》《长城商贸古道》《晋南李氏家族发家行善史》;高春平主编《国外珍藏晋商资料汇编·第一辑》(商务印书馆,2013年)。

民间文书如郝平主编《清代山西民间契约文书选编》(商务印书馆,2019 年);《上党赛社》(湖南地图出版社,2011 年),《上党赛社民间文本校注》(三晋出版社,2020 年),《中国傩戏剧本集成》之《上党〈迎神赛社礼节传簿四十曲宫调〉·曲沃任庄〈扇鼓神谱〉》(上海大学出版社,2018 年),《上党赛社古钞本辑校》(三晋出版社,2022 年)。

七、著作

乔新华《为什么是洪洞:大槐树下的文化传统与地方认同》(人民出版社,2010 年);胡英泽《流动的土地:明清以来黄河小北干流区域社会研究》(北京大学出版社,2012 年);张友庭《晋藩屏翰——山西宁武关城的历史人类学考察》(上海社科院出版社,2012 年);张月琴《仪式、秩序与边地记忆:民间信仰与清代以来堡寨社会研究》(科学出版社,2012 年),张月琴《从边地到腹里:长城沿线社会变迁研究》(中国书籍出版社,2019 年);姚春敏《清代华北乡村庙宇与社会组织》(人民出版社,2013 年);李书吉《张壁古堡的历史考察》(三晋出版社,2013 年);李书吉、王维平《明代晋城史略》(三晋出版社,2018 年);李海林《明代大同镇边防体系研究》(三晋出版社,2013 年);谢振中《河东望族　万荣薛氏》(三晋出版社,2013 年);郝平《大地震与明清山西乡村社会变迁》(人民出版社,2014 年);范兆飞《中古太原士族群体研究》(中华书局,2014 年);王建华《山西灾害史》(三晋出版社,2014 年);朱文广《庙宇·仪式·群体:上党民间信仰研究》(中国社会科学出版社,2015 年);段建宏《明清晋东南基层社会组织与社会控制》(中国社会科学出版社,2016 年);王潞伟《上党神庙剧场研究》(中国戏剧出版社,2016 年);李红《隋唐河东柳氏家族研究:以世系、迁移、婚宦、家族文化为中心》(文物出版社,2016 年);苏华《清代两渡何家——一个文化世族的递进史》(三晋出版社,2016 年);庞利民《晋商与徽商》(安徽人民出版社，2017年）；赵世瑜《说不尽的大槐树——祖先记忆、家园象征与族群历史》（北京师范大学出版社，2018年）；赵新平《清末民初晋北庙会与地方社会：以忻州为中心的考察》（中国社会科学出版社，2018年）；孙瑜《大同军与雁北社会》（光明日报出版社，2018年）；谢尧亭《晋国兴衰六百年》（三晋出版社，2019年）；张庆捷、张喜斌、王普军《走向大唐——山西北朝文明源流》（三晋出版社，2019年）；郝平、杨波《超越信仰：明清高平关帝庙现象与晋东南乡村社会》（商务印书馆，2019年）；杨强《盐与城：运城城市历史地理研究》（三晋出版社，2019年）；王尚义、张慧芝《历史流域学论纲》（科学出版社，2014年）；王尚义《历史流域学的理论与实践》（商务印书馆，2019年）；高春平、牛三平、高广达《山西与"一带一路"：玉石之路—丝绸之路—茶叶之路》（山西人民出版社，2019年）。

山西大学中国社会史研究中心编的《田野·社会丛书》（商务印书馆，2018年），包括行龙《以水为中心的山西社会》、张俊峰《泉域社会：对明清山西环境史的一种解读》、胡英泽《凿井而饮：明清以来黄土高原的生活用水与节水》、周亚《晋南龙祠：黄土高原一个水利社区的结构与变迁》、苏泽龙《晋祠稻米：农业技术与乡村社会变迁研究》、李嘎《旱域水潦：水患语境下山陕黄土高原城市环境史研究》（2019年）等。长治学院上党文化研究中心编的《浊漳流馨丛书》（中国社会科学出版社），包括段建宏《浊漳河流域民间信仰的生成路径及其泛众化研究》（2020年）、朱文广《佛光留影：浊漳河佛寺演变史》（2021年）等。

八、论文集

张有智、谢耀亭编《晋学探微》（科学出版社，2013年）；张焕君总主编《洵美且异：山西历史文化研究》《云谁之思：山西古代壁画研究》《陟彼阿丘：首届晋学与区域文化学术研讨会论文集》（商务印书馆，

2016年);高春平主编《山西百年史学专题研究综述》(山西人民出版社,2017年);高春平等著《于成龙与山西古今廉政文化研究》(北岳文艺出版社,2017年);陈亚平、王杰瑜主编《长城内外——首届山西长城文化论坛论文集》(北岳文艺出版社,2018年);郝平主编《黄河·长城·太行文旅融合研究》(山西人民出版社,2020年);安介生著《表里山河:山西区域历史地理研究》(商务印书馆,2020年);《讲述晋阳:太原历史文化撷英》(中华书局,2020年)。

行龙主编《教研相长七书》(中国社会科学出版社,2018年)包括《山西区域社会史十五讲》《在田野中发现历史:学生田野调查报告(赤桥篇)》《在田野中发现历史:学生田野调查报告(永济篇)》等。郝平主编《田野逐梦:太行山传统村落调查研究》(教师篇、学生篇)2部(山西人民出版社,2021年)。

浅谈山西碑刻书籍的收集与利用

山西高原整体海拔较高，与邻省有山河之隔，是一个相对独立的地理单元。在战争年代成为周边省份民众躲避战乱的理想移民之地，随着多次移民涌入保存了多元文化。作为中华文明早期的发祥地和集散地之一，北方草原文明和中原农业文明的交错衔接地带，民族融合的大舞台，古代一直毗邻王朝都城所在地，相对封闭的区位环境又保存了多种古老的文化。山西成为国内外学术界研究华北社会历史关注的重要地区。而境域内保存有大量的遗址遗迹、古建民居、金石碑碣、文书档案，又使山西成为研究华北区域社会聚焦的核心地带。

碑刻与方志、谱牒并称为研究地方社会历史最主要的三种资料。但纸质文献流传过程中会有鲁鱼亥豕问题产生，金石资料则相对稳定，因此碑刻资料成为研究社会历史最重要的一种资料。碑刻既有留存至今的，也有原碑亡佚碑文尚存的，还有原碑、碑文均亡只存碑名的。旧志的艺文志部分均收碑记，但多是关注名碑（名人所撰之碑及书法较佳的碑），故多不收题名，尤其是捐资者名录。山西现存最早的省志——成化《山西通志》就编有一卷“碑目”，载碑简目600余通。清末光绪间山西巡抚胡聘之主持编纂《山右石刻丛编》，收北魏到元末840余年720通碑刻，录碑文及考证。光绪间方志家乡宁人杨笃编纂《山西通志》的《金石记》，后辑为《山右金石记》单行问世，收录山西碑刻1550余通，现已大多亡佚。民国间，山西各地编辑多种《金石志》

《金石记》《金石考》《金石类编》，多是收录碑文，为时人及后人研究山西地域历史文化保存了弥足珍贵的资料。历经抗日战争、解放战争及自然损毁，山西毁亡的碑刻数量巨大，无法统计。尽管如此，在表里山河的三晋大地上，现在保存近代以前的碑刻，数量仍很大，尽管向无确数，笔者推测在3万通以上。时代以明清及民国最多，但宋金元及之前朝代的也有不少，远远超过外省同期现存者。大致由北往南越来越多，主要集中在晋东南的长治、晋城和晋西南的临汾、运城，清代金石学家叶昌炽在其《语石》中曾说“大抵晋碑皆萃于蒲、绛、泽、潞四属”不无道理。

既然山西区域历史多为学界关注，且保存的以碑刻为主的地方资料甚多，加之碑刻资料相对稳定，所以山西现存的碑刻就成为关注和研究山西历史文化者多加重视的首选资料。本文就如何搜集山西现存的碑刻资料书籍并用来研究山西区域社会历史略陈管见。就研究社会历史而言，本文所说的碑刻资料姑且不包括造像、摩崖、经幢及部分墓碑（神道碑），也不涉及其体量、造型，仅指有文字者，内容涉及墓志、水利、教育、修桥造路、修建寺庙宫观、祭祀演戏、村规民约、规章制度等等，既包括现存碑刻，也包括碑文传世的亡佚碑刻。

一、山西碑刻书籍的收集

收集山西的碑刻资料，当然最好是实地寻访捶拓，以及阅读碑文拓片，但这些并非每次均能现实可行，最实际最便捷的就是利用山西省内出版的碑刻专书或包括碑文的书籍。就所藏与所见，笔者认为山西出版的碑刻类书籍大约有如下几类：

（一）全省、市级、县域碑刻总汇与选萃之书

1. 全省碑刻总汇与选萃

（1）全省碑刻总汇。全省碑刻总汇首推山西省三晋文化研究会领

导发起，各市三晋文化研究会协同组织，由各县三晋文化研究会或类似文化机构具体承担编撰出版的《三晋石刻大全》（三晋出版社）分市县卷，从2009年临汾市洪洞县卷出版至今，已经出版近50县（市、区），成为名扬海内外且能流芳千古的山西文化盛事。《三晋石刻大全》既收现存碑刻，也录原碑亡佚碑文存世者，还附录原碑及碑文俱亡的碑目。内容编排按照年代先后，最后附分时代、分类统计表，以及分类的存碑与佚碑名目索引。碑文繁体字，加注标点符号，有简单的内容介绍，附录部分拓片（全部或局部）。这套书的不足在于限于捶拓及整理人员水平的原因，部分录文隶定出错，断句也存在错误；所附拓片有的不清楚，多数只是局部而非全文；尤其是未能全部收录题名，成为研究基层社会的一大损失；部分碑文内容介绍不准确；各地所收碑刻下限不一致。尽管这样，组织编撰出版这样一套大型碑刻丛书相当不容易，成为研究山西区域历史文化必备的重要资料就是这套碑刻丛书价值所在的最好诠释。

（2）全省碑刻选萃。前述清末光绪年间编撰的《山右石刻丛编》（山西人民出版社，1988年）和《山西通志·金石记》（《山右金石记》）（中华书局，1990年）均是山西各地碑刻精选，均录碑文，两书均通行易见，前者影印，后者点校出版。山西省考古所编撰的《山西碑碣》（山西人民出版社，1997年）与《山西碑碣续编》（三晋出版社，2011年）也属全省碑刻精选，有录文有拓片，均正式出版。《明清山西碑刻资料选》（山西人民出版社，2005年）及《明清山西碑刻资料选续一》（山西古籍出版社，2007年）、《明清山西碑刻资料选续二》（山西经济出版社，2009年）3册也为明清山西碑刻选萃之书，《明清山西碑刻资料选续二》附有三书所收碑刻总目。

2. 市域碑刻选编

按地级市选编的碑刻书籍有《晋城金石志》（海潮出版社，1995

年)、《长治金石萃编》(山西春秋电子音像出版社,2006年)、《河东百通名碑赏析》(山西人民出版社,2002年)、《河东碑刻精选》(文物出版社,2014年)、《晋中碑刻选粹》(山西古籍出版社,2001年)、《临汾历代碑文选》(延边大学出版社,2005年),均正式出版,《晋城金石志》带有总汇性质,后五书均为选萃。

3. 县域碑刻总集及选编

民国时即有县域碑刻汇集或研究著作问世,如王堉昌编《汾阳县金石类编》(山西古籍出版社,2000年)、杨兰阶和田九德合编《阳城县金石记》(三晋出版社,2009年;《三晋石刻大全·晋城市阳城县卷》亦附录,三晋出版社,2012年)、牛诚修撰《定襄金石考》等。近些年出版的有《寿阳碑碣》(山西古籍出版社,2007年)、《洪洞金石录》(山西古籍出版社,2008年)、《侯马碑记》(侯马政协文史委内部印行,2005年)、《乡宁碑文选·上集》(乡宁县老龄文史研究会内部印行,1996年)、《曲沃三十八通古碑注》(曲沃政协文史委内部印行,2005年)、《沁州碑铭集》(沁县书法协会内部印行,2003年)、《潞水汲古》(山西人民出版社,2011年)、《黎城碑文化赏识》(黎城县文化研究会内部印行,2008年)、《沁源金石志》(三晋出版社,2012年),《高平金石志》(中华书局,2004年)、《沁水碑刻蒐编》(山西人民出版社,2008年)、《泽州碑刻大全》(中华书局,2013年)、《陵川历代碑文集》(陵川县政协内部印行,2002年)、《平鲁石刻图志》(三晋出版社,2009年)、《怀仁石碑石刻集萃》(远方出版社,2007年)、《偏关古碑文集》(北京燕山出版社,2011年)、《繁峙碑文集》(内蒙古人民出版社,2003年)、《雁门碑钞》(远方出版社,2002年)、《古交石刻》(古交市政协内部印行,2009年)、《临县碑文大观》(三晋出版社,2013年)。《三晋石刻大全》分市县卷其实同时也是县域碑刻总汇之书。

此外,还有村域碑文全集,典型者如《古村郭峪碑文集》(古村郭峪历史文化研究室内部印行，2003年）。

（二）专题碑刻之书

专题性质的碑刻书籍也出版多种。如《山西地震碑文集》（北岳文艺出版社，2003年）、《运城抗日战争碑汇》（运城市文物局内部印行，2005年）、《河东盐池碑汇》（山西古籍出版社，2000年）、《河东出土墓志录》（山西人民出版社，1994年）、《河东水利石刻》（山西人民出版社，2004年）、《洪洞介休水利碑刻辑录》（中华书局，2003年）、《晋城出土明皇室墓志铭》（程耀中主编，内部印行，2006年）、《山西戏曲碑刻辑考》（中华书局，2002年）、《山西清代神庙戏碑辑考》（三晋出版社，2012年）、《河东地区书院碑刻辑考》（山西人民出版社，2012年），以及《阳泉叙水诗碑地闻拾迹》（阳泉市自来水公司内部印行，2002年）。

（三）文物古迹、旅游景观碑刻之书

一类全部或主体为碑刻，如《广胜寺文献碑刻汇编》（临汾市三晋文化研究会内部印行，2011年）、《海会寺碑碣诗文选》（山西人民出版社，2002年）、《皇城石刻文编》（皇城历史文化丛书，内部印行，1996年）、《皇城石刻精选》（皇城历史文化丛书，内部印行，2000年）、《应县木塔匾联碑刻集成》（山西教育出版社，1995年）、《鸣条舜陵古碑录》（山西古籍出版社，2003年）、《晋祠碑碣》（山西人民出版社，2001年）、《王家大院　静升文庙　资寿寺碑文汇编》（第一卷）（山西经济出版社，2009年）、《五台山碑文选注》（北岳文艺出版社，1995年）、《五台山佛教》（繁峙金石篇）（内蒙古人民出版社，2005）、《五台山碑文匾额楹联诗赋选》（山西教育出版社，1998年）、《珏山历史文化丛书》之《金石文编》（山西人民出版社，2010年）、《阳城汤庙碑拓文选》（文物出版社，2012年）、《石盘圣母庙碑志》（离市区石盘圣母庙管理委员会内部印行，2013年）、《司马光茔祠碑志图录与校释》（文物出版社，2012年）等。另一类附录大量碑文，如《藏山文化通览》（方志出版社,2005年)、《河东五老峰大观》(山西人民出版社,2003年)、《上伏成汤庙》(《上伏成汤庙》画册编委会内部印行,2011年)、《麻衣仙姑》(文水县博物馆内部印行,2007)以及《山西旅游景区志丛书》(山西人民出版社、三晋出版社,2002—2014年)19种等。

(四)丛书、文史资料的碑刻专书或专辑

山西省内出版的文化丛书包含碑刻的如《晋城文物通览》之《碑刻卷》(山西经济出版社,2011年)3册、《河东文化丛书》第三辑《石刻的历史》(山西人民出版社,2011年)、《清徐历史文化丛书》(三)之《清徐碑碣选录》(《清徐文史资料》第二十七辑)(北岳文艺出版社,2011年)。文史资料如《忻州文史》之《古碑文录》(第12—16辑,忻州政协内部印行,2009年)5辑5册、《介休文史资料》第七辑《介休碑碣专辑》(介休政协内部印行,1997年)、《平遥文史资料》第二辑《平遥古城现存历代碑记辑录》(平遥政协内部印行,2000年)、《潞城文史资料》第十辑《革命烈士碑文专辑》(潞城政协内部印行,2008年)、《襄汾文史资料》第十七辑《碑碣志文录》(政协内部印行,2010年)、《娄烦文史资料》第六辑《娄烦碑谱文化》(娄烦政协内部印行,2007年)。

(五)地方志、地方史中的碑文

前述旧志的艺文部分多收碑文,大致有通志、府州志、县志、村志,以及山水名胜志之《霍山志》《恒山志》《清凉山志》《七岩山志》《龙山志》《石膏山志》《榼山寺志》《晋祠志》等。此外,新编山水志、寺庙宫观志、乡镇志、村志村史、教育志、交通志、城乡建设志、供水志中一般均会收录辖区内的碑文,其中有的碑文为录自他书,有的少见关注,甚为珍贵,应予注意。

(六)碑刻工具书

《三晋石刻大全》编辑的起始,是山西省三晋文化研究会组织各市县编撰的《三晋石刻总目》(山西古籍出版社,1998—2006年)分市卷，山西省11个地级市除却忻州、吕梁外均已正式出版，共9册，算是摸家底工作，但所谓总目既不全也多有错误，有的参编单位未经认真普查而是直接抄录多年前的登记名单，利用时务必应予注意。另有刘舒侠编《〈山右石刻丛编〉〈山西通志·金石记〉石刻分域目录》（山西人民出版社，1990年）、王福才编《山西师范大学戏曲博物馆馆藏拓本目录》（山西古籍出版社，2005年）。

（七）研究著作

大量利用山西碑刻资料出版的研究著作，如董晓萍等《不灌而治：山西四社五村水利文献与民俗》（中华书局，2003年）、冯俊杰《山西神庙剧场考》（中华书局，2006年）、杜正贞《村社传统与明清士绅：山西泽州乡土社会的制度变迁》（上海辞书出版社，2007年）、段建宏《戏台与社会：明清山西戏台研究》（中国社会科学出版社，2009年）、张俊峰《水利社会的类型：明清以来洪洞水利与乡村社会变迁》（北京大学出版社，2012年）、姚春敏《清代华北乡村庙宇与社会组织》（人民出版社，2013年）。此外，有山西大学中国社会史研究中心编《山西水利社会史》（北京大学出版社，2012年）附录胡英泽《山西、河北日常生活用水碑刻辑录》、薛卫荣《南风飞扬：历史文化视野下的河东盐池与池神庙》（北岳文艺出版社，2010年）附录碑文84篇。

此外，还有编辑出版的碑刻期刊。如运城地区石刻研究会曾编辑出版《河东石刻研究》（内部印行，1994年、1995年、2002年）三期。

当然，全国性的、断代的碑刻丛书、书籍及山西周边省份出版的碑刻书籍也会包含一些研究山西区域历史文化的碑刻资料。比如有关做官、求学、经商、寓居、流徙外省的山西人碑刻；售卖流落于外省的山西碑刻，像西安碑林博物馆收购的一大批晋东南出土的隋唐墓志。以上理应引以重视。

二、山西碑刻书籍的利用

《三晋石刻大全》是山西碑刻资料总汇之书，在多方努力下，晋城市所辖6县（市、区）全部出版，临汾市出版数量最多，且17县（市、区）均能按照计划编撰出版，但据笔者了解，仍有一些市县由于种种原因行动缓慢，能否最后出全也不容乐观。利用此书时，可以先行阅读书首的三篇序言，依次为山西全省、市域、县域碑刻概述，以便整体了解把握。另外，书名所谓的“大全”也不可能收全，需要多方寻访辑补，因此书籍出版后仍需要长期的后续工作，比如《三晋石刻大全·大同市灵丘县卷》已出《续编》；《泽州碑刻大全》四巨册所收要多于《三晋石刻大全·晋城市泽州县卷》；《三晋石刻大全·晋城市高平市卷》分为上下两册，收录碑1000余通，已属数量巨大，但实际上据该市新近的碑刻普查，初步统计至少有2000通，可见失收严重。

此外，各地散存、新发现的碑刻还有很多，需要各地持续不断收集。比如临汾一中老校区（原为平阳府衙所在地）车棚原置有一通康熙年间的霍泉分水协约碑，长期无人在意，后被当地报纸记者发现予以报道，文物部门来索要未成，学校迅速转移至库房，笔者前去抄录结果未成。此分水碑原来刊刻两通，同样内容，霍泉置一，平阳府存一，现在霍泉的已经不知所终，笔者初步查对，其他书均未收，对于研究霍泉分水与地方社会无疑具有重要价值，是历代霍泉分水碑的重要一环。

既然已有近50个县（市、区）也已出版“石刻大全”，是否意味着属于辖区内的已被其他书籍收录的碑文可以视而不见？据笔者查对，有的实际未收，或录文有差异，因此研究时还应一同使用比对，以防遗漏或录文有误。

利用上述书籍所收碑文研究山西区域社会历史，需要具体碑刻具体内容合理利用,见仁见智。以下仅简单试举几例。

如《乡宁碑文选》(上集)所收乾隆四十八年(1783)《新建山神土地庙碑记》载,乡宁山大沟深,虎患严重,多伤人畜,竟白昼噬人于路,民惧为神虎,乾隆四十六年(1781)知县葛青组织猎户捕虎,历时二年,“共获虎十,虎子六,豹十二。内有虎孕四子者,剖之,须眉爪牙皆成,将育矣”[①],民众得以免受虎患,特建神祠以谢。从碑文虎多可见乾隆年间乡宁生态植被之好,对于研究清代乡宁社会历史具有重要的史料价值。

又如《龙林山传奇》一书所收《北京龙林山梵宇寺记》为北汉天会十年(966)所撰,为少见的北汉碑刻,1994年于清徐县龙林山丛林中发现,讲述了龙林山梵宇寺唐五代的营造过程,“今以大德志归极乐,年近从心,恐坠芳猷,命书实录叙也”[②]。北汉在太原建国存在30年,存世的北汉碑刻较少,此碑无疑具有文物和文献价值。碑文有几个年号:天祐十五年(918)、长兴三年(932)、乾祐元年(948)、大汉天会十年(966)。天祐为唐昭宗、唐哀帝使用的年号,只使用了4年:904—907年,而此碑却出现十五年,推算已到919年,中原王朝已是后梁。长兴为后唐年号,乾祐为后汉年号,天会为北汉年号。撰碑文者“讲维摩经僧青莲”作为北汉的僧人,大概不认同中原的后梁,反而认同唐朝、后唐、后汉、北汉,可能也是当时太原一带民众的某种共性认识。

再如汾阳市《北关史话》所收《大隋隰城处士梅君墓志》为出土汾阳的隋代墓志,记载了墓志主人梅渊简要生平及家族世系情况。[③]隋朝历时38年,山西出土的隋代墓志数量不多,也弥足珍贵。查《汾阳

---

①郭居明. 乡宁碑文选(上集)[M]. 乡宁:乡宁县老龄文史研究会,1996:17.

②贺灵宝. 龙林山传奇[M]. 太原:山西人民出版社,2008:14.

③靳永义,刘瑞祥. 北关史话[M]. 北京:中国文联出版社,2004:50—51.

县金石类编》,未收此志。

再如《河东出土墓志录》收《明故南京都察院右副都御史北崖赵公墓志铭》,来源于垣曲出土的明朝嘉靖间甘肃巡抚赵载的墓志,墓主赵载《明史》无传,《明实录》有传,他在嘉靖前期在肃州任兵备,又任甘肃巡抚,前后在西北为官20年,“布威覃信,振法励兵”,治理番部恩威并施,屡建边功,受到皇帝嘉奖,去世后“朝廷念功,命吏部谕祭,工部营葬事”①,严嵩撰写神道碑(赵氏《家谱》转录神道碑文)。嘉靖时,明朝面对严重的南倭北虏问题,赵载治理西北20年,御边有功,无形中对朱明王朝经营北方、东南做出了积极贡献。可知该篇墓志对研究明代政治史、军事史、民族关系均具有重要的史料价值。

就所见的山西碑刻书籍而言,整理质量不尽相同,但录文、标点错误较为常见。利用碑文时,如果对碑刻书籍录文有疑义,最好设法查对拓本或亲临原地查看原碑,还应运用专业知识进行考证。

(发表于《山西档案》2015年第5期)

①李百勤.河东出土墓志录[M].太原:山西人民出版社,1994:35.

山西碑刻书目简编

说明:此份简目专收公开出版的山西碑刻书籍,立足于收录碑文方便研究利用而言,书法碑原则不收,内容依次分为古籍(专指1949年之前成书)重印整理、新编(1950年至今)书目、《三晋石刻总目》(分市卷)、《三晋石刻大全》(分县区及专题卷)四部分,按照出版年份先后排列,同年出版者大致依照地域从北往南编排。尽己所知,未尽全面,希冀使用者按图索骥,略微助益。

一、古籍重印整理

1.(清)胡聘之辑:《山右石刻丛编》(全2册),石刻史料新编(第一辑),台北新文丰出版公司影印本,1977年。

2.(清)胡聘之撰:《山右石刻丛编》(全4函24册),中国书店影印本,1980年。

3.(清)胡聘之撰:《山右石刻丛编》(全6册),山西人民出版社影印本,1988年。

4.(清)胡聘之撰:《山右石刻丛编》(全2册),续修四库全书(史部·金石类,第907、908册),上海古籍出版社影印本,2002年。

5.(清)胡聘之撰:《山右石刻丛编》(全7册),地方金石志汇编,国家图书馆出版社影印本,2011年。

6.(清)胡聘之著:《山右石刻丛编》(全2册),中国华北文献丛书

（第七辑：华北考古文献），学苑出版社影印本，2012 年。

7.（清）胡聘之修：《山右石刻丛编》（全 16 册），山西文华，三晋出版社影印本，2018 年。

8.（清）杨笃撰：《山右金石记》（全 2 册），地方金石志汇编，国家图书馆出版社影印本，2011 年。

9.（清）杨笃撰：《山右金石记》（全 5 册），山西文华，三晋出版社影印本，2018 年。

10.（清）罗振玉辑：《山右冢墓遗文》，石刻史料新编（第一辑），台北新文丰出版公司影印本，1977 年。

11.（清）罗振玉辑：《山右冢墓遗文》，中国华北文献丛书（第七辑：华北考古文献），学苑出版社影印本，2012 年。

12.（清）罗振玉辑录：《山右冢墓遗文》，山西文华，三晋出版社影印本，2018 年。

13.（清）夏宝晋撰：《山右金石录》，石刻史料新编（第二辑），台北新文丰出版公司影印本，1979 年。

13.（清）夏宝晋撰：《山右金石录》，中国华北文献丛书（第七辑：华北考古文献），学苑出版社影印本，2012 年。

14.（清）夏宝晋纂：《山右金石录》（外三种：顾燮光《山右访碑记》，宋琦《山右金石存略目录摘要》，《傅公祠石刻叙录》），山西文华，三晋出版社影印本，2018 年。

15.（民国）佚名纂：《山右碑目》，山西文华，三晋出版社影印本，2018 年。

16. 牛诚修辑：《定襄金石考》（全 2 册），地方金石志汇编，国家图书馆出版社影印本，2011 年。

17. 牛诚修辑：《定襄金石考》（全 2 册），山西文华，三晋出版社影印本，2019 年。

18. 王堉昌辑录:《盂县金石志略盂县造像录》,三晋出版社影印本,2019年。

19. 王堉昌著:《汾阳县金石类编》,山西古籍出版社点校本,2000年。

20. 王堉昌编:《汾阳县金石类编》(全4册),山西文华,三晋出版社影印本,2018年。

21. 董重著:《介休金石略》,介休近代艺文丛稿,政协介休市委员会整理本,内部印行,2015年。

22. 贾景德编:《沁水贾氏茔庙石刻文稿》,山西文华,三晋出版社影印本,2018年。

23. 栗守田标点、校注:《阳城县乡土志·阳城县金石记》,三晋出版社点校本,2009年。

24. 杨兰阶、田九德撰:《阳城金石记》,地方金石志汇编,国家图书馆出版社影印本,2011年。

25. 杨兰阶、田九德撰:《阳城金石记》,山西文华,三晋出版社影印本,2018年。

26. 新文丰出版公司编辑部:《石刻史料新编》[第三辑:(清)章嗣衡撰《太谷墓志》;(清)王效尊纂《太谷碑碣志》;(清)王勋祥撰《清源碑碣志》;(民国)董重纂《介休金石考》;(民国)吴命新纂《临县古迹考》;(清)李中白纂《潞安遗碣志》;(清)杨笃纂《长治金石志》;(清)樊兑撰《长子碑碣志》;(清)杨笃纂《长子金石志》;(民国)王维新纂《襄垣金石考》;(清)杨笃撰《潞成金石记》;(清)朱樟纂《泽州金石录》;(清)姚学甲撰《凤台金石辑录》;三韩高铁撰《武乡金石志》;(清)杨笃撰《代州金石志》;(清)杨笃撰《繁峙金石志》;(清)范安治撰《平阳古迹志》;(民国)张其昌撰《临汾金石记》;(民国)赵意空纂《乡临金石记》;(民国)李无逸纂《虞乡金石新考》;(清)赵意空纂《临晋金石记》;

(民国)曲迺锐编《解县金石考》;(清)李友洙撰《绛州石刻志》;(清)胡廷纂《绛县碑志》;(民国)杨田撰《闻喜金石志》;(民国)段金成纂《永和金石考》;(清)王居正纂《蒲县碑铭志》;(民国)兑君著《武州石窟记》],台北新文丰出版公司影印本,1986 年。

27. 国家图书馆出版社辑:《地方金石志汇编》(《山右金石记》;《山右石刻丛编》;《河东道属碑目》;《冀宁道属碑目》;《雁门道属碑目》;《傅公祠石刻叙录》;《大同云冈石佛寺考》;《山西大同武州山石窟寺记》;《浑源出土古物图说》;《定襄金石考》;《盂县造像目录》;《阳城金石记》),国家图书馆出版社影印本,2011 年。

28. 甘肃省古籍文献整理编译中心编:《中国华北文献丛书》[第七辑——华北考古文献;(清)杨笃纂《长子金石志》;(清)鲁燮光著《山右访碑记》;(清)胡聘之著《山右石刻丛编》;(清)夏宝晋撰《山右金石录》;(清)罗振玉辑《山右冢墓遗文》;(民国)吴庚、赵意空纂《乡宁金石志》;(民国)吴命新等纂《临县古迹考》;(民国)曲迺锐等辑《解县古迹考》;(民国)赵意空纂修《临晋古迹记》;(民国)杨兆泰纂《新绛金石考》;王维新纂修《襄垣古迹考》],学苑出版社影印本,2012 年。

二、新编书目

1. 永乐宫文物管理所:《永乐宫碑志选辑》,油印本,1960 年。

2. 永乐宫文物管理所:《永乐宫碑录》,油印本,1960 年。

3. 运城地区博物馆:《运城地区碑刻资料汇编》(第一、二编),油印本,1980 年。

4. 运城行署文化局:《运城地区现存碑刻总目》,油印本,1980 年。

5. 刘舒侠编:《〈山右石刻丛编〉〈山西通志·金石记〉石刻分域目录》,山西人民出版社,1990 年。

6. 刘舒侠编著:《山西遗存七帝王书法石刻》,山西人民出版社,

1993年。

7. 李百勤:《河东出土墓志录》,山西人民出版社,1994年。

8. 杜福主编:《应县木塔匾联碑刻集成》,山西教育出版社,1995年。

9. 崔正森、王志超:《五台山碑文选注》,北岳文艺出版社,1995年。

10. 晋城市地方志丛书编委会编著:《晋城金石志》,海潮出版社,1995年。

11. 黄征、宋富盛主编:《晋祠华严石经石刻选》,山西人民出版社,1996年。

12. 栗守田编注:《皇城石刻文编》,皇城历史文化丛书,1996年。

13. 郭居明编:《乡宁碑文选》(上集),乡宁县老龄文史研究会,1996年。

14. 山西考古研究所:《山西碑碣》,山西人民出版社,1997年。

15. 政协介休市文史资料委员会:《介休文史资料·介休碑碣专辑》,介休文史资料第7辑,介休政协内部印行,1997年。

16. 运城地区河东文化研究中心:《薛瑄茔祠碑文录》,1997年。

17. 周振华等:《五台山碑文匾额楹联诗赋选》,山西教育出版社,1998年。

18. 五台山文化传播中心:《佛教圣地五台山:碑拓集萃》,1998年。

19. 政协平遥县文史资料委员会编:《平遥古城现存历代碑记辑录》,平遥文史资料第2辑,平遥县政协内部印行,2000年。

20. 皇城景区历史文化研究中心:《皇城石刻精选》,皇城历史文化丛书,2000年。

21. 南风化工集团股份有限公司编:《河东盐池碑汇》,山西古籍出版社,2000年。

22. 潘曼成、张钦桂著:《河东碑刻诗文》,群言出版社,2000年。

23. 晋祠博物馆编注:《晋祠碑碣》,山西人民出版社,2001 年。

24. 张晋平编著:《晋中碑刻选粹》,山西古籍出版社,2001 年。

25. 李铭魁主编:《平定碑刻文选》,平定文史资料第 14 辑,平定县政协内部印行,2001 年。

26. 冯俊杰编著:《山西戏曲碑刻辑考》,中华书局,2002 年。

27. 程培甫、冯湘编辑:《雁门碑钞》,远方出版社,2002 年。

28. 阳泉市自来水公司编:《阳泉叙水诗碑地闻拾迹》, 阳泉市自来水公司内部印行,2002 年。

29. 政协陵川县委员会:《陵川历代碑文选》, 陵川县政协内部印行,2002 年。

30. 王小圣编注:《海会寺碑碣诗文选》,山西人民出版社,2002 年。

31. 王大高主编:《河东百通名碑赏析》,山西人民出版社,2002 年。

32. 王汝雕编著:《山西地震碑文集》,北岳文艺出版社,2003 年。

33. 李宏如编撰:《繁峙碑文集》,内蒙古人民出版社,2003 年。

34. 梁晓光主编:《沁州碑铭集》,沁县书法协会内部印行,2003 年。

35. 王小圣、卢家俭主编:《古村郭峪碑文集》,古村郭峪历史文化研究室内部印行,2003 年。

36. 黄竹三、冯俊杰等编著:《洪洞介休水利碑刻辑录》, 中华书局,2003 年。

37. 董晓萍、[法]蓝克利著:《不灌而治:山西四社五村水利文献与民俗》,中华书局,2003 年。

38. 高平金石志编纂委员会:《高平金石志》,中华书局,2004 年。

39. 张学会主编:《河东水利石刻》,山西人民出版社,2004 年。

40. 运城市盐湖区虞舜文化研究会编:《鸣条舜陵古碑录》, 山西古籍出版社,2004 年。

41. 张正明、科大卫主编:《明清山西碑刻资料选》,山西人民出版社,2005 年。

42. 王福才编著:《山西师范大学戏曲博物馆馆藏拓本目录》,山西古籍出版社,2005 年。

43. 李宏如编撰:《五台山佛教：繁峙金石篇》，内蒙古人民出版社,2005 年。

44. 王汝雕、牛文山编著:《临汾历代碑文选》,延边大学出版社,2005 年。

45. 政协侯马市文史委编:《侯马碑记》,侯马政协内部印行,2005 年。

46. 李一标注:《曲沃三十八通古碑注》,曲沃文史资料第 9 期,曲沃政协内部印行,2005 年。

47. 赵参军主编:《运城抗日战争碑汇》,运城市文物局内部印行,2005 年。

48. 王恒著:《云冈石窟名称和铭文碑记》,大同历史文化丛书(第六辑),山西人民出版社,2006 年。

49. 常福江主编:《长治金石萃编》(上、下册),山西春秋电子音像出版社,2006 年。

50. 程耀中主编:《晋城出土明皇室墓志铭》,内部印行,2006 年。

51. 张正明、科大卫、王勇红主编:《明清山西碑刻资料选》(续一),山西古籍出版社,2007 年。

52. 张永涛、安孝文编著:《怀仁石碑石刻集萃》，远方出版社,2007 年。

53. 史景怡主编:《寿阳碑碣》,山西古籍出版社,2007 年。

54. 政协娄烦县第六届委员会编:《娄烦碑谱文化》，娄烦文史资料第 6 辑,娄烦政协内部印行,2007 年。

55. 任清福、武立贵编:《黄文村历代碑文集锦》,内部印行,2007年。

56. 太原市三晋文化研究会编:《晋阳古刻选:北朝墓志卷》,山西人民出版社,2008年。

57. 赵江明、赵满芳编撰:《黎城碑文化赏识》,黎城县文化研究会内部印行,2008年。

58. 政协潞城市文史资料委员会:《革命烈士碑文专辑》,潞城文史资料之十,潞城市政协内部印行,2008年。

59. 贾志军主编:《沁水碑刻蒐编》,山西人民出版社,2008年。

60. 李国富、王汝雕、张宝年主编:《洪洞金石录》,山西古籍出版社,2008年。

61. 运城市盐湖区舜帝陵景区管理局:《鸣条舜陵碑碣录存》,内部印行,2008年。

62. 张正明、科大卫、王勇红主编:《明清山西碑刻资料选》(续二),山西经济出版社,2009年。

63. 武喜荣著:《圣旨雁门关碑》,朔州历史文化丛书(第三辑),三晋出版社,2009年。

64. 范和平主编:《平鲁石刻图志》,三晋出版社,2009年。

65. 政协忻州市文史资料委员会:《忻州文史·古碑文录》(全5册),忻州文史第12—16辑,忻州政协内部印行,2009年。

66. 李文清主编:《古交石刻》,古交市政协内部印行,2009年。

67. 候廷亮主编《王家大院·静升文庙·资寿寺碑文汇编》(第一卷),山西经济出版社,2009年。

68. 王仲璋主编:《汾阳市博物馆藏墓志选编》,三晋出版社,2010年。

69. 田瑞主编:《交城金石录》,交城县史志研究会内部印行,2010年。

70. 孔庆祥、王小圣主编:《珏山金石文编》,山西人民出版社,2010年。

71. 政协襄汾县文史资料委员会:《碑碣志文录》,襄汾文史资料第17辑,襄汾政协内部印行,2010年。

72. 马金花编著:《山西碑碣续编》,三晋出版社,2011年。

73. 卢银柱校注:《偏关古碑文集》,北京燕山出版社,2011年。

74. 清徐县政协文史委编:《清徐碑碣选录》,北岳文艺出版社,2011年。

75. 张树平主编:《潞水汲古:潞城市古建、古碑、古树木》(全3册),山西人民出版社,2011年。

76. 刘金锋主编:《晋城文物通览·碑刻卷》(全3册),山西经济出版社,2011年。

77. 高平市炎帝文化研究会编:《炎帝古庙》,文物出版社,2011年。

78. 柴瑞祥著:《广胜寺文献碑刻汇编》,临汾市三晋文化研究会内部印行,2011年。

79. 李云峰编著:《河东文化丛书·名碑卷:石刻的历史》,山西人民出版社,2011年。

80. 曹飞编著:《山西清代神庙戏碑辑考》,三晋出版社,2012年。

81. 殷宪著:《大同新出唐辽金元志石新解》,三晋出版社,2012年。

82. 江涛著:《崛围碑帖》,团结出版社,2012年。

83. 杜天云主编:《沁源金石志》(上、下册),三晋出版社,2012年。

84. 范忠胜、王小圣主编:《阳城汤庙碑拓文选》,文物出版社,2012年。

85. 杨明珠:《司马光茔祠碑志图录与校释》,文物出版社,2012年。

86. 太原市三晋文化研究会编:《晋阳古刻选：隋唐五代墓志卷》(1函3册),文物出版社,2013年。

87. 苗元隆主编:《尖草坪区碑碣》,三晋出版社,2013年。

88. 张建新主编:《灵石古韵:碑石卷》,三晋出版社,2013年。

89. 闫亮主编:《石盘圣母庙碑志》，离市区石盘圣母庙管理委员会内部印行,2013年。

90. 李少杰、田安平主编:《方山古碑刻辑注》,光明日报出版社,2013年。

91. 郭时键编著:《临县碑文大观》,三晋出版社,2013年。

92. 樊秋宝主编:《泽州碑刻大全》(全4册),中华书局,2013年。

93. 景茂礼、刘秋根编著:《灵石碑刻全集》(上、下册),河北大学出版社,2014年。

94. 运城市河东博物馆:《河东碑刻精选》,文物出版社,2014年。

95. 李文、李爽编著:《河东地区书院碑刻辑考》，山西人民出版社,2014年。

96. 浑源县三晋文化研究会:《北岳恒山名碑精选》，内部印行,2015年。

97. 太原市晋祠博物馆编:《晋祠文化遗产全书·碑碣石刻卷》,文物出版社,2015年。

98. 李晶明主编:《盂县乌河石刻》，盂县三晋文化研究会内部印行,2015年。

99. 运城市地震局:《1815年10月23日平陆6级地震碑文录》,内部印行,2015年。

100. 张建华、刘国华编著:《山西省艺术博物馆馆藏碑志集萃》,山西经济出版社,2016年。

101. 忻州市文物局编:《五台山碑文》,三晋出版社,2016年。

102. 张君梅:《晋城佛教金石录》(全2册),新文丰出版股份有限公司,2016年。

103. 彭亚鸣主编:《尧都历代碑刻选萃》,山西人民出版社,2016年。

104. 运城市河东博物馆:《河东历代碑志精品:司马光茔祠专辑》(上、下函),中州古籍出版社,2016年。

105. 秦建新点校:《五台山碑刻》(全5册),三晋出版社,2017年。

106. 杨保恒主编:《清徐金石文字钞注》,政协清徐县文史资料委员会内部印行,2017年。

107. 申松珍著:《平顺碑刻文化探析》,上海文化出版社,2017年。

108. 刘舒侠编:《〈山右石刻丛编〉〈山右金石记〉石刻分域目录》,山西文华,三晋出版社,2018年。

109. 赵林恩收录点校:《五台山碑文》(全2册),山西人民出版社,2018年。

110. 任秀红主编:《碑石大观:品悟晋中》,"爱上晋中"文化丛书,北岳文艺出版社,2018年。

111. 温旭霞主编:《介休碑传集》,三晋出版社,2018年。

112. 蔡敏编:《太行山成汤庙碑刻资料集》,三晋出版社,2018年。

113. 杨波著:《山西民间文献整理研究:高平诉讼碑刻辑考》,河北大学出版社,2019年。

114. 吴绍雄译注:《曲沃碑刻选译》,曲沃县晋文化研究会,2018年。

115. 运城博物馆编:《石之语:运城碑刻精品》,山西人民出版社,2019年。

116. 山西省晋商文化基金会编:《晋商碑刻资料选编(一)》(上、下册),三晋出版社,2020年。

117. 山西省晋商文化基金会编:《晋商碑刻资料选编（二）》(上、下册),三晋出版社,2020年。

118. 姚春敏主编:《戏曲碑刻》(一),商务印书馆,2020年。

119. 张廷耀主编:《永济历代碑志精选》(全4册),永济市政协,2020年。

120. 政协山西省稷山县委员会编:《稷山历代碑刻集萃》,稷山文史资料第二十辑,稷山政协内部印行,2020年。

121. 姚春敏主编:《明清山西碑刻题名辑要》(上、下册),商务印书馆,2021年。

122. 王志祥、许文胜主编:《乡宁古碑文集》,山西人民出版社,2021年。

123. 曹廷元编:《古县石刻汇编》,古县文化丛书,中国文史出版社,2021年。

124. 卫龙主编:《解州关帝庙志·碑刻题记卷》(上、下册),中州古籍出版社,2021年。

三、《三晋石刻总目》

1. 吴均编著:《三晋石刻总目·运城地区卷》,山西古籍出版社,1998年。

2. 王怀忠、孙舒松、郭生竑编著:《三晋石刻总目·长治市卷》,山西古籍出版社,2000年。

3. 张鸿仁、李翔主编:《三晋石刻总目·阳泉市卷》,山西古籍出版社,2003年。

4. 晋华编著:《三晋石刻总目·晋中市卷》,山西古籍出版社,2004年。

5. 吴广隆、秦海轩编著:《三晋石刻总目·晋城市卷》,山西古籍出版社，2004 年。

6. 解希恭、张新智编著：《三晋石刻总目·临汾市卷》，山西古籍出版社，2004 年。

7. 董瑞山、古鸿飞、高平编著：《三晋石刻总目·大同市卷》，山西古籍出版社，2005 年。

8. 雷云贵编著：《三晋石刻总目·朔州市卷》，山西古籍出版社，2006 年。

9. 张崇颜、王德苓编著：《三晋石刻总目·太原市卷》，山西古籍出版社，2006 年。

四、《三晋石刻大全》

1. 汪学文主编：《三晋石刻大全·临汾市洪洞县卷》（上、下册），三晋出版社，2009 年。

2. 高凤山主编：《三晋石刻大全·大同市灵丘县卷》，三晋出版社，2010 年。

3. 任宁虎、郭宝厚主编：《三晋石刻大全·忻州市宁武县卷》，三晋出版社，2010 年。

4. 李晶明主编：《三晋石刻大全·阳泉市盂县卷》，三晋出版社，2010 年。

5. 史景怡主编：《三晋石刻大全·晋中市寿阳县卷》，三晋出版社，2010 年。

6. 杨洪主编：《三晋石刻大全·晋中市灵石县卷》，三晋出版社，2010 年。

7. 王兵主编：《三晋石刻大全·晋中市左权县卷》，三晋出版社，2010 年。

8. 张培莲主编:《三晋石刻大全·运城市盐湖区卷》,三晋出版社,2010年。

9. 魏民主编:《三晋石刻大全·太原市杏花岭区卷》,三晋出版社,2011年。

10. 冯贵兴、许松林主编:《三晋石刻大全·长治市沁源县卷》,三晋出版社,2011年。

11. 常书铭主编:《三晋石刻大全·晋城市高平市卷》(上、下册),三晋出版社,2011年。

12. 王天然主编《三晋石刻大全·临汾市尧都区卷》,三晋出版社,2011年。

13. 高青山主编:《三晋石刻大全·临汾市侯马市卷》,三晋出版社,2011年。

14. 雷涛、孙永和主编:《三晋石刻大全·临汾市曲沃县卷》,三晋出版社,2011年。

15. 闫荣主编:《三晋石刻大全·大同市左云县卷》,三晋出版社,2012年。

16. 高凤山主编:《三晋石刻大全·大同市灵丘县卷续编》,三晋出版社,2012年。

17. 周亮主编:《三晋石刻大全·朔州市平鲁区卷》,三晋出版社,2012年。

18. 苗元隆主编:《三晋石刻大全·太原市尖草坪区卷》,三晋出版社,2012年。

19. 李文清主编:《三晋石刻大全·太原市古交市卷》,三晋出版社,2012年。

20. 王琳玉主编:《三晋石刻大全·晋中市榆次区卷》,三晋出版社,2012年。

21. 冯锦昌主编:《三晋石刻大全·晋中市和顺县卷》,三晋出版社,2012年。

22. 杜红涛主编:《三晋石刻大全·吕梁市孝义市卷》(上、下册),三晋出版社,2012年。

23. 贾圪堆主编:《三晋石刻大全·长治市长治县卷》,三晋出版社,2012年。

24. 贾圪堆主编:《三晋石刻大全·长治市长治县炎帝碑林卷》,三晋出版社,2012年。

25. 王苏陵主编:《三晋石刻大全·长治市黎城县卷》,三晋出版社,2012年。

26. 冯贵兴、徐松林主编:《三晋石刻大全·长治市屯留县卷》,三晋出版社,2012年。

27. 杨晓波、李永红主编:《三晋石刻大全·晋城市城区卷》,三晋出版社,2012年。

28. 车国梁主编:《三晋石刻大全·晋城市沁水县卷》,三晋出版社,2012年。

29. 王丽主编:《三晋石刻大全·晋城市泽州县卷》(上、下册),三晋出版社,2012年。

30. 王立新主编:《三晋石刻大全·晋城市陵川县卷》,三晋出版社,2012年。

31. 卫伟林主编:《三晋石刻大全·晋城市阳城县卷》,三晋出版社,2012年。

32. 曹廷元主编:《三晋石刻大全·临汾市古县卷》,三晋出版社,2012年。

33. 高剑峰主编:《三晋石刻大全·临汾市安泽县卷》,三晋出版社,2012年。

34. 张金科、姚锦玉、邢爱勤主编:《三晋石刻大全·临汾市浮山县卷》,三晋出版社,2012 年。

35. 刘祖福主编:《三晋石刻大全·大同市广灵县卷》, 三晋出版社,2013 年。

36. 陈学锋主编:《三晋石刻大全·大同市浑源县卷》, 三晋出版社,2013 年。

37. 张新主编:《三晋石刻大全·太原市万柏林区卷》, 三晋出版社,2013 年。

38. 高继平主编:《三晋石刻大全·吕梁市柳林县卷》, 三晋出版社,2013 年。

39. 申树森主编:《三晋石刻大全·长治市平顺县卷》, 三晋出版社,2013 年。

40. 李树生主编:《三晋石刻大全·长治市武乡县卷》, 三晋出版社,2013 年。

41. 申修福主编:《三晋石刻大全·长治市长子县卷》, 三晋出版社,2013 年。

42. 王东全主编:《三晋石刻大全·临汾市蒲县卷》, 三晋出版社,2013 年。

43. 许德合主编:《三晋石刻大全·大同市南郊区卷》, 三晋出版社,2014 年。

44. 梁斌龙主编:《三晋石刻大全·大同市大同县卷》, 三晋出版社,2014 年。

45. 周志强主编:《三晋石刻大全·朔州市怀仁县卷》, 三晋出版社,2014 年。

46. 刘文华主编:《三晋石刻大全·太原市迎泽区卷》, 三晋出版社,2014 年。

47. 刘应刚主编:《三晋石刻大全·吕梁市石楼县》，三晋出版社，2014年。

48. 张平和主编:《三晋石刻大全·长治市壶关县卷》，三晋出版社,2014年。

49. 段新莲主编:《三晋石刻大全·临汾市霍州市卷》，三晋出版社,2014年。

50. 杜银安主编:《三晋石刻大全·临汾市乡宁县卷》，三晋出版社,2014年。

51. 李宁莲主编:《三晋石刻大全·临汾市大宁县卷》，三晋出版社,2014年。

52. 柴广胜主编:《三晋石刻大全·运城市绛县卷》，三晋出版社，2014年。

53. 陈学锋主编:《三晋石刻大全·大同市浑源县卷续编》,三晋出版社,2015年。

54. 武有平主编:《三晋石刻大全·吕梁市方山县卷》，三晋出版社,2015年。

55. 赵栓庆主编:《三晋石刻大全·长治市襄垣县卷》，三晋出版社,2015年。

56. 杨年玉主编:《三晋石刻大全·临汾市永和县卷》，三晋出版社,2015年。

57. 王国杰主编:《三晋石刻大全·运城市新绛县卷》，三晋出版社,2015年。

58. 范业俊编著:《三晋石刻大全·碧落碑述论》，三晋出版社，2015年。

59. 梁俊杰主编:《三晋石刻大全·太原市娄烦县卷》，三晋出版社,2016年。

60. 史建春主编:《三晋石刻大全·吕梁市兴县卷》，三晋出版社，2016年。

61. 申树森主编:《三晋石刻大全·长治市平顺县卷续》,平顺县三晋文化研究会,2016年。

62. 高建录主编:《三晋石刻大全·临汾市襄汾县卷》(上、下册)，三晋出版社,2016年。

63. 雷涛主编:《三晋石刻大全·临汾市曲沃县卷续编》,曲沃县三晋文化研究会,2016年。

64. 文红武主编:《三晋石刻大全·运城市临猗县卷》，三晋出版社,2016年。

65. 杜启贵主编:《三晋石刻大全·朔州市朔城区卷》(上、下册)，三晋出版社,2017年。

66. 武登云主编:《三晋石刻大全·吕梁市汾阳市卷》(全3册),三晋出版社,2017年。

67. 张奇志主编:《三晋石刻大全·临汾市浮山县续卷》,浮山县三晋文化研究会,2017年。

68. 冯吉平主编:《三晋石刻大全·临汾市吉县卷》，三晋出版社，2018年。

69. 李燕妮主编:《三晋石刻大全·运城市芮城县卷》，三晋出版社,2018年。

70. 刘伟主编:《三晋石刻大全·晋中市太谷县卷》(上、下册),三晋出版社,2019年。

71. 王玉富主编:《三晋石刻大全·临汾市汾西县卷》，三晋出版社,2019年。

72. 王海生主编:《三晋石刻大全·吕梁市文水县卷》，三晋出版社,2020年。

73. 曹廷元主编:《三晋石刻大全·临汾市古县卷续编》,古县三晋文化研究会,2020 年。

74. 马良主编:《三晋石刻大全·朔州市应县卷》,三晋出版社,2021 年。

75. 姚晋峰、闫振贵主编:《三晋石刻大全·晋中市平遥县卷》,三晋出版社,2021 年。

76. 赵武琪主编:《三晋石刻大全·运城市稷山县卷》,三晋出版社,2021 年。

(刊登于《社会史研究》第 12 辑,商务印书馆,2021 年)

临汾地域文献及其整理述略

临汾地处山西南部，辖 17 县（市、区），与本省吕梁、晋中、长治、晋城、运城 5 市接壤，黄河流经临汾西部永和、大宁、吉县、乡宁 4 县，与陕西省隔河而界。临汾市西部是吕梁山区，东部是太岳山区，中间是汾河谷地，即当地人所谓“两山夹一川”。市区中心的钟楼四向题额曰“东临雷霍”“西控河汾”“南通秦蜀”“北达幽并”，地理位置重要可见一斑。临汾是中华民族重要的发祥地之一，历史悠久，文化积淀厚重。旧石器中期的丁村人、旧石器晚期的柿子滩遗址书写了中华文明的早期篇章，龙山文化时期的陶寺遗址开启了早期中国的序幕，帝尧曾在此建都，“尧都平阳”，春秋时期晋国称霸中原上百年，战国时期韩赵先后对峙争雄，秦汉隋唐为帝国要地，魏晋十六国北朝为战略要冲，金元时代为核心区域，明代为晋商早先发源之地。历史文化可圈可点之处甚多，为古代中国一大重要区域，古称平阳，首府临汾（今尧都区）与晋北的大同、晋中的太原并称山西三大区域核心城市。

研究地域的资料，可以统称为地方文献，一般认为以方志、碑刻、谱牒三类为主。临汾地域研究的资料，主要集中产生并保存于临汾地域，可以称之为临汾地域文献。以今日社会文化史研究者的眼光，种类繁多，内容庞杂，大凡方志、碑刻、谱牒、文集、文书、档案、报刊、图像、实物、传说、口述资料等等，均应属于这一范畴。

临汾境内保存了较为丰富的地域文献。在区域社会史研究如火如荼推进的过程中，对临汾地域文献的收集利用及研究无疑具有积极的学术文化意义。本文所谓的临汾地域文献，仅从狭义来讲，笔者认为主体应包括方志、碑刻、谱牒、文集四种，同时基于对研究临汾地域社会具有重要资料价值而言，其资料价值主要针对古代临汾历史（秦统一到1912年清朝结束）的研究。

一、方志

地方志是记录地域自然、历史、社会最为集中翔实的资料汇编，有“地方百科全书”之美誉，是研究地域最为主要的资料。1949年以前编撰的地方志，称为旧志。据李裕民先生《现存山西方志总目提要》统计，山西现存旧志（政区志）458种，其中临汾85种，仅次于运城88种，位居第二，占全省不足百分之二十，最有名的是康熙《平阳府志》（孔尚任参与修纂）。

临汾现存旧志的政区志85种，其中府州县志84种、村志1种（民国《洪洞县蜀村志》）。编撰时代集中在明代后期、清朝和民国，以清代为最多。其中明代13种、清代60种、民国11种。此外尚有民国《赵城县志》3篇，《霍山志》《霍州中渠渠长志》《洪洞水利志》《洪洞县水利志补》《古大槐树志》《增广山西洪洞古大槐树志》等6种专志。近年来笔者新发现村志和水志各1种，均是抄本。这样，总数已达94种。想必日后还会有新的发现。

临汾旧志，现存者均已列入珍贵古籍，少见流传。台北成文出版社出版的《中国方志丛书》（山西省）收临汾旧志12种，南京的凤凰出版社出版的《中国地方志集成·山西府县志辑》收临汾旧志30种，这两套方志丛书所收，除去重复者9种，实为33种。于是乎，能将其进行整理出版乃是临汾地域研究的利好之事。过去的30余年间，这种工作一直在进行。

临汾市属旧志(府、州、县志)存目[①]

市、区、县名	现存
临汾市(平阳府)	5种(洪武、正德、万历、康熙、雍正)
尧都区(临汾县)	7种(万历、康熙2种、雍正、乾隆、民国2种)
汾西县	2种(康熙、光绪)
安泽县、古县(岳阳县)	4种(康熙、雍正、民国2种)
翼城县	7种(嘉靖、顺治、康熙、乾隆2种、光绪、民国)
曲沃县、侯马市(曲沃)	9种(嘉靖、万历、康熙2种、乾隆、嘉庆、道光、光绪、民国)
吉县	4种(康熙、乾隆、光绪2种)
隰县	2种(康熙、光绪)
永和县	2种(康熙、民国)
大宁县	4种(康熙、雍正、道光、光绪)
蒲县	3种(康熙、乾隆、光绪)
洪洞县(洪洞、赵城)	9种:洪洞6(万历、顺治、康熙、雍正、光绪、民国) 赵城3(顺治、乾隆、道光)
霍州市	4种(嘉靖、康熙、道光、光绪)
浮山县	6种(嘉靖、康熙、乾隆、同治、光绪、民国)
襄汾县(襄陵、太平)	11种:太平5(万历、雍正、乾隆、道光、光绪) 襄陵6(成化、隆庆、康熙、雍正、光绪、民国)
乡宁县	5种(顺治、康熙、乾隆、光绪、民国)

①仝建平.山西省临汾市旧志整理述略[J].太原理工大学学报,2012(1).

临汾旧志的整理，大致包括影印、排印、点校、点注、标点、翻译几种方式，或正式出版或内部印行，或线装或胶装，或铅印或油印。(1)影印。如洪武《平阳志》(《中华再造善本》，国家图书馆出版社，2012年)、雍正《岳阳县志》(中华书局，2015年)、光绪《吉县全志》(三晋出版社，2013年)。(2)排印。康熙《平阳府志》(山西古籍出版社，1998年)，竖排、标点，线装2函13册。(3)点校。如雍正《岳阳县志》、民国《安泽县志》(安泽县史志办内部印行，合订本，2010年)。(4)点注。如光绪《蒲县志》(蒲县志编委会内部印行，1986年)、民国《襄陵县新志》、光绪《太平县志》(襄汾县志编委会内部印行，合订本，1986年)、民国《翼城县志注释》(山西古籍出版社，2004年)。(5)标点。如嘉靖、康熙、道光、光绪四种《霍州志》。(6)翻译。如民国《翼城县志今译》(三晋出版社，2011年)、民国《永和县志全译》(三晋出版社，2016年)。此外20世纪80年代，霍州、吉县曾将明清州志及乡土志全部油印、标点出版，内部印行。

利用临汾旧志，当然刻本或影印本最好，但刻本越来越珍稀少见；影印本成本较高，印量小，或是收入某种丛书，如《天一阁藏明代方志选刊续编》收有嘉靖《曲沃县志》和嘉靖《翼城县志》影印本(上海书店，1990年)，在当地也不易找寻。在原件及影印本见不到的情况下，标点本就派上用场了，这也是临汾旧志整理的主要方式。

临汾所辖17县(市、区)，除去侯马、古县为1949年之后新建县外，翼城县、乡宁县、霍州市、浮山县、吉县、隰县、永和县7县(市)均已将现存旧志全部标点整理出版，其中隰县合订1册，翼城1套5册；襄汾、洪洞、安泽3县标点整理出版2种，分别为光绪《太平县志》和民国《襄陵县新志》、民国《洪洞县志》和道光《赵城县志》、雍正《岳阳县志》和民国《重修安泽县志》，均合刊1套或1本；汾西、大宁、蒲县、尧都4县(区)标点整理出版1种，分别为光绪《汾西县志》、光绪

《大宁县志》、光绪《蒲县志》、民国二十二年《临汾县志》。目前只有曲沃县，仅是影印过光绪《曲沃县志》，尚未标点整理过任何一种。除却影印外，总计标点整理旧志41种（其中民国《洪洞县蜀村志》为《山西文史资料》标点整理），接近一半。已经标点整理的41种旧志中，翼城县7种、浮山县5种、洪洞县2种、尧都区1种、康熙《平阳府志》合计16种为出版社正式出版发行，其余25种均为内部印行。

临汾整理的旧志，除去影印的，按通行古籍整理原则方法点校的只有雍正《岳阳县志》和民国《重修安泽县志》，主体是点注或标点，且在整理过程中录文、标点诸方面错误屡见，利用时一定要仔细，最好查对原刻本印本或影印本。可见，全部影印很有必要，认真点校出版，更是方便社会大众研究利用。

二、碑刻

碑刻因其容易保存、历时久远，成为研究地域社会首选的资料。山西碑刻受到关注，古已有之。如清代金石学家叶昌炽在其《语石》中曾说“大抵晋碑皆萃于蒲、绛、泽、潞四属”。山西现存碑刻最主要集中在晋东南的长治、晋城和晋南的临汾、运城。临汾现存碑刻究竟有多少？没有确数。名碑如尧都区《大元敕赐重建尧帝庙碑铭并序》，洪洞县《大宋新修女娲庙碑铭并序》、《建文御祭碑》，浮山县《大唐龙角山庆唐观纪圣铭》，翼城县《裕公和尚道行碑》，曲沃县《晋恭世子庙碑铭并序》，襄汾县《训义门记》等。

利用碑刻，最好查看原碑及拓片，但并非每次均能如愿成行。如此则使用出版的碑刻书籍就成为最主要的途径。利用临汾地域的碑刻书籍，首选山西省三晋文化研究会推动全省出版的碑刻合集《三晋石刻大全》分市县卷，2009年《临汾市洪洞县卷》（三晋出版社）正式出版，这是全省《三晋石刻大全》出版的开始，成为样本。目前，临汾市出版数量在全省各市最多,包括洪洞县(上下)、尧都区、霍州市、襄汾县(上下)、侯马市、曲沃县、安泽县、古县、浮山县、蒲县、大宁县、乡宁县、永和县,尚有4县(翼城、汾西、隰县、吉县)未出版。《三晋石刻大全》书首有全省、全市、全县碑刻总况说明,可以先行了解,内容包括现存及亡佚碑刻,有标点的录文,简要解题,附录部分拓片及拓片局部,但不少碑文未录碑阴题名,如捐资商号、组织、个人及资金,实为缺失遗憾。当时编撰原则不收墓碑,有的县却收了不少近些年刊立的纪念碑。所谓大全,其实也不可能齐全,如曲沃县已经内部出版了《续编》,浮山县的《续编》也已成形。

此外,临汾各县(市、区)尚出版过一些碑刻书籍,如《临汾历代碑文选》(延边大学出版社,2005年)、《洪洞金石录》(山西古籍出版社,2008年)、《侯马碑记》(侯马政协内部印行,2005年)、《尧都历代碑刻选萃》(山西人民出版社,2016年)、《乡宁碑文选·上集》(乡宁县老龄文史研究会内部印行,1996年)、《曲沃三十八通古碑注》(曲沃政协文史委内部印行,2005年)、《广胜寺文献碑刻汇编》(临汾市三晋文化研究会内部印行,2011年)、《洪洞介休水利碑刻辑录》(中华书局,2003年)、《襄汾文史资料》第17辑《碑碣志文录》(襄汾政协内部印行,2010年)。

《三晋石刻大全》出版之前,属于摸家底性质,出版过《三晋石刻总目》9市9册,《三晋石刻总目·临汾市卷》(山西古籍出版社,2004年)一书可供查找,但错误很多,利用务必要注意。此外,《〈山右石刻丛编〉〈山西通志·金石记〉石刻分域目录》(山西人民出版社,1990年)、《山西师范大学戏曲博物馆馆藏拓本目录》(山西古籍出版社,2005年)等碑刻工具书可供利用。

如乡宁所存乾隆四十八年《新建山神土地庙碑记》载,乡宁山大沟深,虎患严重,多伤人畜,竟白昼噬人于路,民惧为神虎,乾隆四十六年(1781)知县组织猎户捕虎,历时二年,“共获虎十,虎子六,豹十二。内有虎孕四子者,剖之,须眉爪牙皆成,将育矣”,民众得以免受虎患,特建神祠以谢。从碑文虎多可见乾隆年间乡宁生态植被之好,对于研究乡宁社会历史具有重要的史料价值。①

多年以来,山西师大戏曲文物研究所利用临汾地域的戏曲碑刻开展临汾古代戏曲研究,成效显著。近年来,山西学者、日本学者利用翼城、洪洞、霍州的水利碑刻开展的临汾水利社会史研究,均是利用临汾碑刻研究地域社会的典范。

不论是《三晋石刻大全》,还是其他碑刻书籍,录文及断句常有错误,利用时务必引起注意。利用碑刻,最好能找寻拓片查对阅读,当然能回到碑刻的原址,理解领悟碑刻信息更能上层次。

三、谱牒

家谱族谱是研究家族历史的珍贵资料。尽管历代战争、“四清”、“文化大革命”中损毁许多,但辗转遗留保存下的谱牒数量也不少。临汾现存的谱牒,以清代民国为多,明代已属少见。或刻本或铅印或抄写,多数藏于私家,现在图书馆、博物馆也有不少收藏。至于数量究竟有多少种,没有确数。《山西文献总目提要》(山西人民出版社,1998年)著录的“谱牒”有 461 种,其中临汾 37 种,只是一部分,未收录者尚有多种。知名者如乡宁县《石涧村杨氏家谱》、洪洞县《韩氏家谱》《刘氏宗谱》(苏堡)和《董氏家谱》、曲沃县《靳氏族谱》、翼城县《戴氏家谱》、浮山县《贾氏家谱》。光绪浮山《贾氏家谱》抄本对于研究《弟子规》修订者贾存仁家世具有重要的资料价值。近些年,一些旧谱牒被陆续发现,或被影印、复印,尤其是一些新修的家谱族谱全部或部分

①仝建平. 浅谈山西碑刻书籍的收集与利用[J]. 山西档案,2015(5).

承用老谱内容,也算老谱牒继续得以传承。

提到临汾的谱牒,当然不能不提大槐树移民。明初,晋南洪洞大槐树移民,是政府组织的移民活动,后裔遍及全国诸多省市县,所以有很多谱牒都自称是大槐树移民后裔,洪洞大槐树成为全球华人老家、汉民族的精神家园,这是山西及各地谱牒常见的现象。如张青编著《洪洞大槐树寻根》(山西古籍出版社,2003 年)收录了不少大槐树移民后裔的谱序。

临汾地处晋南,在山西属于自然环境较好地区,近代及以前因逃荒讨生活而移入的民众历代有之。如境内多有河南、山东移民。在临汾的汾河流域及西部吕梁山区,民间流传一些居民是明末陕北农民军后裔,李自成失败撤出北京后,一些士兵不敢回老家,就携带一定财宝隐居离陕北不远处的山西吕梁山一带,隐姓埋名,如果属实,300 多年过去了,后裔人数也很庞大了。

利用谱牒研究地域历史文化,千万要注意谱牒记载常有夸大溢美的特点,尤其在追溯远祖时,攀附现象屡现,因此考证鉴别、去伪存真工作很是必要。但谱牒记述家族为主,对于弥补正史、方志记载不足功效甚大,对于研究家族变迁、家规、世系、成员事迹、地方社会具有弥足珍贵的资料价值。

四、文集

文集也称别集,是个人所撰诗文总汇。对于研究人物的生平经历、家族世系、交游师承、思想主张、学术成就、社会文化具有极高的资料价值。尤其是古代那些未能通过科举进入仕途而长期居于民间基层从事文教事业的文士,他们的文集对于研究地方社会更是不可多得的珍贵资料。这里所说的文集,也想把诗文总集、选集及日记、尺牍书信包括在内,立足于对研究临汾地域文化有价值。

1949年之前编撰的临汾人文集,可以成册成书的,目前尚无准确统计数据。一些在1949年之前已经正式印行，也有部分以稿本形式存在,当然也有部分临汾人文集是现代人为其编辑印行的。《山西文献总目提要》“别集”类收录临汾人氏文集数十种,是目前为止较为集中收录临汾人文集的一部工具书。当然,新近出版的《清代诗文集汇编》(上海古籍出版社影印本,2009年)更是利用清人文集非常利好的丛书。

单行的文集,有《张瑞玑诗文集》(北岳文艺出版社,1998年)、《吴庚诗文选》(乡宁文化研究会内部印行,2010年)、《杨笃诗文选》(乡宁文化研究会内部印行,2010年)、《卧虎山人感慨集》(三晋出版社,2010年)。日记，有《清季洪洞董氏日记六种》(北京图书馆出版社,1997年)。笔者掌握的不多,但流传下来的肯定不少,只是整理出版的较少。有待加大收集整理研究工作。

上述诗文集、日记,基于研究临汾地域有价值而言,主要是多年生活、寓留临汾的文士,所记所写多关涉临汾当地,利用价值自然较高。特别是一大批为官、寓居临汾文士的诗文集,也应多加关注,尤其是他们在临汾为当地人撰写的序跋、志铭及唱酬、观瞻诗文,如《赵圻年诗文选》(乡宁文化研究会内部印行,2010年)对研究乡宁历史文化的重要价值。

文集对临汾地域研究的重要价值不言而喻。如《弟子规》的前身是康熙年间绛州学者李毓秀所编《训蒙文》,李毓秀这位绛州名贤,著述有多种,但其生平资料甚少,墓志没有出土,幸好太平(今属临汾市襄汾县)人王奂曾《旭华堂文集》载有《例监李子潜先生墓志铭》,其中有李毓秀生卒具体年月日,成为李毓秀研究的珍贵资料。

现存临汾地域文献的地方志、碑刻、谱牒、文集,其种类、数量与全省其他地市相比,均应居于前列。但就整理而言,除却《三晋石刻大全》出版县份全省最多，其余就不容乐观。旧志整理不如太原、长治、晋城，文集和谱牒整理出版几乎都是个人行为，且数量较少，与晋南文化重镇的美誉不相匹配。这无疑对临汾地域研究是不利的。

上述四大类临汾地域文献，仅是列举笔者所藏及所知，难免挂一漏万。正式出版及内部编印皆有。加上地方文献的整理出版，多有作者后裔及地方文化爱好者参与，收集有一定难度，有时需要亲临当地寻访。临汾研究地方文化的机构，主要是市县各级三晋文化研究会、地方志办公室、政协文史委，民间地方文献收藏者、爱好者及书商书贩也广有存藏，这些都是征集利用时应优先考虑的对象。临汾市高校及市里的图书馆、档案馆或三晋文化研究会理应建立专门的地方文献阅览室，购藏临汾地域文献，便于临汾地域研究。

30 多年来，一批批临汾地域文献得到整理出版，为研究古代临汾历史及中国历史提供了珍贵的资料基础，但整理过程中存在的不规范、错误也是不容忽视的。如果有条件，可以把地方地域文献科学整理乃至总体编辑出版，编印《旧志集成》《石刻大全》《家谱汇编》《文集汇编》等等之类丛书，这将是嘉惠当代、利在千秋的临汾文化盛事。

（发表于《忻州师范学院学报》2018 年第 1 期）

山西省临汾市旧志整理述略

山西省南部的临汾市现辖17个县(市、区),是全省尤为重要的历史文化区域。现存1949年之前编纂的旧志总数位居全省前列,而其中的明代版本已经列入善本古籍,清代、民国版本也多为较大型图书馆收藏,当地所藏数量极少,不易寻觅和利用。1949年至今的60年间,准确来说应该是1980年至今的30年间,为了研究和利用,一批旧志得到整理出版,主要是标点注释,承担整理任务的主要是县里的学者,内部印行,为当地的历史文化研究起到了积极作用,至今大部分仍然较容易见到。但相对而言,更多的现存旧志一直未能得到整理出版,加之对其资料价值未能进行合理分析判断,无形中造成了地方历史文化研究和旅游开发的不利因素。在全国各地重视挖掘地方文化的现今,作为记录当地历史文化的"地方百科全书",旧志应该得到重视,地方主管部门应从可持续发展的角度出发,加快旧志的整理出版和研究,建功及当代、泽被后世之业。

关于临汾地区各县(市、区)旧志的存佚及整理情况,20年前,临汾当地的学者孙觉民先生曾写过《临汾地区旧志考略》[①]一文,该文在参考《中国地方志综录》及《山西地方志综录》基础上,结合自己利用、研究各市县旧志的实践写成,尽管存在不足,但无疑具有积极的学术

①孙觉民.临汾地区旧志考略[J].平阳方志,1990(3).

意义及一定的参考价值，但所登载的《平阳方志》为内部期刊，无形中造成利用的不便。孙先生的文章刊登至今已经20年过去了，关于临汾市县旧志的研究工作有了新进展，最主要的是刘纬毅主编的《山西文献总目提要》一书之“地方志”部分[①]，加上一批旧志陆续得到整理出版。本文在已有研究工作的基础上，结合笔者十余年间对临汾市县旧志的购藏、研究，在临汾市旧志的存佚、整理出版、存在的问题三个方面进行论述，希望对临汾市的旧志研究及利用有所帮助。

一、临汾市旧志存佚情况

据《山西文献总目提要》和《山西地方志综录》[②]两书的不完全统计，山西全省现存旧志的政区志（省志、府州县志、乡村志）有460余种，其中临汾市（包括所辖区、市、县）的府州县志84种、村志1种，数量在全省仅次于运城市，位居第二。此外，临汾市尚存《霍山志》《霍州中渠渠长志》《洪洞水利志》《洪洞县水利志补》《古大槐树志》《增广洪洞古槐树志》6种专业志[③]。综合《山西文献总目提要》和《山西地方志综录》两书所记，临汾市亡佚的旧志有49种。

流传至今的5种府志：（洪武）《平阳志》[残本，存前9卷]、（正德）《平阳志》[残本，存6卷]、（万历）《平阳府志》[10卷]、（康熙）《平阳府志》[36卷]、（雍正）《平阳府志》[36卷]。在清雍正朝之前，平阳府辖境大致包括今临汾市与运城市，因此前4种府志尚包括今运城市所辖市县以及晋中市的灵石县；（雍正）《平阳府志》不再包括今运城市辖区了。

①刘纬毅. 山西文献总目提要[M]. 太原：山西人民出版社，1998.

②祁明. 山西地方志综录[M]. 太原：山西省地方志编纂委员会办公室，1986.

③孙觉民. 临汾地区旧志考略[J]. 平阳方志，1990(3).

临汾市及辖区、市、县旧志存佚表①

市、区、县名	现存	亡佚
临汾市（平阳府）	5(洪武、正德、万历、康熙、雍正)	2
尧都区（临汾县）	7(万历、康熙2、雍正、乾隆、民国2)	1
汾西县	2(康熙、光绪)	4
安泽县、古县(岳阳县)	4(康熙、雍正、民国2)	2
翼城县	7(嘉靖、顺治、康熙、乾隆2、光绪、民国)	3
曲沃县、侯马市(曲沃)	9(嘉靖、万历、康熙2、乾隆、嘉庆、道光、光绪、民国)	1
吉县	4(康熙、乾隆、光绪2)	3
隰县	2(康熙、光绪)	5
永和县	2(康熙、民国)	2
大宁县	4(康熙、雍正、道光、光绪)	4
蒲县	3(康熙、乾隆、光绪)	2
洪洞县（洪洞、赵城）	10:洪洞6(万历、顺治、康熙、雍正、光绪、民国)　赵城4(顺治、乾隆、道光、民国)	7(洪洞3、赵城4)
霍州市	4(嘉靖、康熙、道光、光绪)	2
浮山县	6(嘉靖、康熙、乾隆、同治、光绪、民国)	1
襄汾县（襄陵、太平）	10:太平5(万历、雍正、乾隆、道光、光绪)襄陵5(隆庆、康熙、雍正、光绪、民国)	8(太平5、襄陵3)
乡宁县	5(顺治、康熙、乾隆、光绪、民国)	2

①本表只统计府、州、县志，不包括村志和专业志。"乾隆2"指乾隆年间修志2种。

二、1949年之后临汾市旧志的整理出版情况①

1949年至今的60年间，准确来说应该是1980年至今的30年间，临汾市的旧志整理出版情况总体不算太理想，具体到各县（市、区），情况不尽相同。

（一）府志

仅有（康熙）《平阳府志》被整理出版，发起者还是时任运城市稷山县地矿局局长的骆山水，为其下乡时访得，承担点校任务的是运城的学者，山西古籍出版社1998年出版，线装两函，13册。由于纂修者有知名学者孔尚任，属于名家名志。

（二）旧志均已出版的市县

在全市17个县（市、区）中，旧志整理出版以霍州、浮山、乡宁为最。

霍州市现存旧志4种。霍县县志办曾于1985—1987年标注出版（嘉靖）《霍州志》、（康熙）《霍州志》、（道光）《直隶霍州志》和（光绪）《直隶霍州志续编》，油印本，平装，16开；2001年，霍州市史志编纂委员会又将现存的嘉靖、康熙、道光、光绪4种《霍州志》重新标点注释，当地学者整理，内部印行，（道光）《直隶霍州志》分上、中、下3册，其余均1册，32开，平装，共6册。

浮山县现存旧志6种。1988年，浮山地方志办公室标点注释（民国）《浮山县志》，32开，平装，2册，内部印行。2010年，浮山县地方志办公室标注整理出版《明清浮山县志》，包括嘉靖、康熙、乾隆、同治、光绪5种，合订精装1册，16开，山西人民出版社正式出版发行。

乡宁县现存旧志5种。乡宁县县志编委会1985年曾将（民国）《乡

①此处的“整理出版”主要指标点、点校、点注，不包括影印。

宁县志》标点，内部印行，平装 1 册，32 开；1996 年，乡宁县老龄文史研究会曾将顺治（增订万历）、康熙、乾隆、光绪 4 种《乡宁县志》标点印行，32 开，各 1 册，平装。

按，《山西文献总目提要》载乡宁县志尚存 6 种，其中包括的（万历）《乡宁县志》和（顺治）《乡宁县志》其实指的是同一个版本。《山西文献总目提要》中所说的（顺治）《乡宁县志》“该志实际上经过了两次增修。有顺治七年增刻本”[①]。《山西地方志综录》未列此“万历本”，所录“顺治本”曰“明万历二十年（1592）刻，清顺治七年（1650）增刻本”。[②]既然为顺治增刻万历本，理应定为顺治本。查 1996 年乡宁县老龄文史研究会印行（万历）《乡宁县志》书尾附记可知，1983 年县里从北京图书馆复印回该志，字迹漫漶不清，1993 年赴北图又将复印稿重新对照原书进行校正，并点校抄录[③]；书首的“重印乡宁县志序”也曰“万历（清顺治增订）”[④]。而为《山西文献总目提要》撰写“（万历）《乡宁县志》”的是乡宁县志办的刘天章先生，“万历二十年（1592）刻本。北图藏。乡宁县志办有复印本”[⑤]。查《北京图书馆古籍善本书目》和《中国古籍善本书目》，万历本和顺治本《乡宁县志》都未载。2001 年线装书局影印的《清代孤本方志选》（第二辑）收有国家图书馆藏的（顺治）《乡宁县志》6 卷。可知刘先生所谓的县志办复印本与乡宁县整理出版的“万历（清顺治增订）”是指同一个版本。那么《山西文献总目提要》载的（万历）《乡宁县志》应列为亡佚类地方志，乡宁县现存的旧志只有 5 种，而非 6 种。

---

①刘纬毅. 山西文献总目提要[M]. 太原：山西人民出版社，1998：283.

②祁明. 山西地方志综录[M]. 太原：山西省地方志编纂委员会办公室，1986：113.

③（万历）乡宁县志[M]. 乡宁：乡宁县老龄文史研究会，1996：163.

④（万历）乡宁县志[M]. 乡宁：乡宁县老龄文史研究会，1996：1.

⑤刘纬毅. 山西文献总目提要[M]. 太原：山西人民出版社，1998：282—283.

吉县现存旧志4种。1982年,吉县县志编纂办公室标点(光绪)《吉县全志》,32开,平装,1册。之后,吉县县志编纂办公室标点清末《吉州乡土志》(1983年)、(康熙)《吉州志》(1984年)、(乾隆)《吉州全志》(1985年)3种,16开,油印,平装,均1册,内部印行。

永和县现存旧志2种。1983年,县史志征编领导组标点注释(康熙)《永和县志》,内部印行,平装,32开,1册;1994年,县史志征编领导组标点注释(民国)《永和县志》,内部印行,32开,平装,1册。

隰县现存旧志2种,(康熙)《隰州志》和(光绪)《续修隰州志》。1982年,隰县县志编委会翻印(康熙)《隰州志》和(光绪)《续修隰州志》,标点注释,32开,平装,合订1册,书名《隰州志》。

(三)已出版数种旧志的市县

安泽县和古县旧名岳阳县,现存旧志4种,(康熙)《岳阳县志》、(雍正)《岳阳县志》、(民国)《新修岳阳县志》和(民国)《重修安泽县志》。2010年,安泽县史志办公室出版(雍正)《岳阳县志》和(民国)《重修安泽县志》点校本,点校者是著名宋史、文献学专家同时也是山西史志专家李裕民教授,李先生依照中华书局古籍整理的凡例予以点校,末尾辑录了成化《山西通志》、雍正《山西通志》和康熙《平阳府志》中关于岳阳、安泽县的资料,以及民国《新修岳阳县志》中未被民国《重新安泽县志》收录的内容,由于民国《重新安泽县志》是在民国《新修岳阳县志》基础上重修的,两志的内容绝大部分相同,而点校本收录未收内容实际上相当于也将民国《新修岳阳县志》整理完毕。精装,16开,1册,内部印行,书名《雍正岳阳县志民国安泽县志合集》。遗憾的一点是,出版时可能由于史志部门负责人变更,未能严格依照李先生点校的底本,人为改动,以致出现多处错误,实属不该,甚为遗憾。

洪洞(赵城)县现存县志10种,其中《洪洞县志》6种、《赵城县志》4种。1992年,山西人民出版社出版标点本(民国)《洪洞县志》和(道光)《赵城县志》,两志合订1册,16开,精装。2003年,山西春秋电子音像出版社重新出版标点本《洪洞县志》,包括(民国)《洪洞县志》、(道光)《赵城县志》及(民国)《大槐树志》、(当代)《遗民考证》等4种内容,合订1册,16开,精装;2003年,上述4种内容也曾由洪洞县县志编委会内部印行,16开,平装,上下2册。另外,予曾从地摊购得民国末年李慎言增补(道光)《赵城县志》石印本的复制本,16开,平装4册,底本为山西大学图书馆所藏。

襄汾县现存旧志10种。1986年,襄汾县志编委会翻印(民国)《襄陵县新志》和(光绪)《太平县志》,标点注释,32开,平装4册,书名《襄陵县新志、太平县志合刊》,内部印行。

(四)已出版过一种旧志的市县

汾西县现存旧志2种。1988年,汾西县委党史研究室翻印(光绪)《汾西县志》,标点注释,32开,平装1册,书名《续修汾西县志》。

大宁县现存旧志4种。1985年,大宁县志编委会标点注释(光绪)《大宁县志》,32开,平装1册。另据《山西地方志综录》,1957年曾出版(光绪)《大宁县志》石印本。①

蒲县现存旧志3种。1986年,蒲县县志编委会翻印(光绪)《蒲县志》,标点注释,32开,平装1册,书名《蒲县志》。

翼城县现存旧志7种。2004年,翼城县史志办公室策划整理的(民国)《翼城县志》由山西古籍出版社出版,标点注释,16开,精装,2册,书名《翼城县志注释》。(补注:2014年,三晋出版社出版《翼城古志集成》,实现了翼城现存旧志全部标点出版)

(五)尚无旧志整理出版的市县

尧都区现存旧志7种。据悉,由尧都区方志办发起,李百玉先生

①祁明.山西地方志综录[M].太原:山西省地方志编纂委员会办公室,1986:103.

主持点校民国二十二年(1933)《临汾县志》,2010年9月,笔者曾与李先生通过电话,他说已经进行三校,计划2011年出版,但目前尚未见到正式出版。(补注:2016年由方志出版社正式出版)

曲沃县现存旧志9种。多年前,县里曾影印过光绪《曲沃县志》,印量小,不易见到。目前尚无一种点校整理出版。

综上,临汾市现存旧志(府、州、县志)84种,1980年至今的30年间,当地整理出版(包括康熙《平阳府志》)者有34种,只有总数的40%;整理出版的旧志有一半是以光绪、民国版本(光绪10种,民国7种)为工作底本。已经印行的旧志中,只有康熙《平阳府志》、民国《翼城县志》、民国《洪洞县志》、道光《赵城县志》、明清《浮山县志》(包括嘉靖、康熙、乾隆、同治、光绪5种)等9种由出版社正式出版发行,占到总数的26%,其余25种均为内部印行。在17个县(市、区)中,只有霍州、浮山、乡宁、永和、吉县、隰县6县市已将所存旧志全部印行。加上洪洞、赵城、襄陵、太平4县在1949年为单独建制县域,可见大部分县只印行过一种旧志。而尧都区整理的一部旧志即将付梓;除却侯马为新建市外,只有曲沃县至今未能整理出版任何一种旧志。

此外,在当代编辑的几种大型方志丛书中,尚可以见到收录的临汾市及辖区县旧志影印本多种。如《天一阁藏明代方志选刊续编》收有(嘉靖)《曲沃县志》和(嘉靖)《翼城县志》(上海书店,1990年)。台北成文出版社影印的《中国方志丛书》收录有民国《新修岳阳县志》、民国《重修安泽县志》、民国《翼城县志》、民国《洪洞县志》、民国《永和县志》、民国《临汾县志》、民国《浮山县志》、光绪《吉县志》、康熙《隰州志》、光绪《续修隰州志》、乾隆《蒲县志》11种以及民国《洪洞县水利志补》。凤凰出版社(原江苏古籍出版社)影印的《中国地方志集成·山西府县志辑》(2005年)收录的临汾市辖县旧志包括民国《新修岳阳县志》、民国《重修安泽县志》、光绪《汾西县志》、雍正《平阳府志》、光绪

临汾市整理出版的部分旧志书影

《吉州全志》、乾隆《临汾县志》、民国《临汾县志》、民国《永和县志》、光绪《翼城县志》、乾隆《新修曲沃县志》、乾隆《续修曲沃县志》、光绪《续修曲沃县志》、民国《新修曲沃县志》、民国《襄陵县新志》、乾隆《蒲县志》、光绪《蒲县续志》、民国《洪洞县志》、道光《赵城县志》、道光《太平县志》、光绪《太平县志》、道光《直隶霍州志》、光绪《续刻直隶霍州志》、同治《浮山县志》、光绪《浮山县志》、民国《浮山县志》、乾隆《乡宁县志》、光绪《续修乡宁县志》、民国《乡宁县志》、光绪《大宁县志》29种以及民国《洪洞县水利志补》。上述大型方志丛书在县里是很难见到的,当然就更没法利用了。

三、临汾市旧志整理存在的问题

(一)临汾市旧志整理的困境

近些年来,临汾市的旧志工作总体进展不算理想。中央号召开展第一轮修志以后,全市17县(市、区)的新地方志绝大部分已经编成正式出版;第二轮修志开始以后,由于有上级部门统一领导安排,各市县的二轮修志工作也在正常运行。多卷本《临汾市志》的编撰工作已经进入收尾阶段,正式出版只是个时间问题。而旧志整理工作的境遇就不可同日而语了,多数县(市、区)缺乏领导的足够重视和切实可行的工作方案,加之旧志整理人才较为缺乏,旧志工作较为迟缓。像临汾市地方志办公室主办的内部期刊《平阳方志》(季刊),近年来就很少刊登旧志整理研究的文稿,大概是稿源缺乏的缘故。

像尧都区,除去当地保存的临汾旧县志,过去曾将现存的部分旧志从区外复制了回来,保存于方志办或档案馆,又有曾向中央领导建言修志而在方志界一时出名的李百玉先生主持过地方志工作,但现存的7种旧志迟迟未能整理出版,直到近年可能才会有民国二十二年《临汾县志》的整理出版,旧志工作几乎落到了全市的最后,不知何故。

前面所述全市业已整理出版的30余种旧志,除却雍正《岳阳县志》和民国《安泽县志》是由著名宋史和山西史志研究专家李裕民先生按照学术界通行的古籍整理原则进行点校,康熙《平阳府志》的"艺文"部分内容略有校勘之外,其余都是由当地学者负责整理,基本都是标点,以及内容注释,尽管有的也标有"点校"字样,其实既未进行内容校勘,也未进行版本校勘,因此只能算"点注",不能算作"点校"。整理出版的旧志,多数都是内部印行,加上年代稍长,流通毕竟有限。再者,存在不少标点错误以及排版印刷错误,无疑造成利用的不便,尤其对文化程度不高者。

(二)临汾市旧志整理的现实必要性

过去,研究中国古代文史的专家学者兼顾地方志研究的甚多,旧志的整理研究不算什么问题。现在,文史学界和方志界利用旧志多是采摘其中的相关资料,缺乏对旧志本身的整理研究,加上旧志整理工作未能得到合理的科研评价,导致旧志工作进展缓慢,旧志整理人才逐渐出现匮乏局面。而方志学界,随着老一代学者年事渐高,现在年轻一代的方志工作者在旧志整理研究方面表现出越来越大的困难,在市县两级更为突出。临汾市所属各县(市、区)目前在旧志整理研究方面也是面临同样的问题。将来,随着老一代文史学者和方志专家学者由于身体问题无法正常进行研究工作,即便启动旧志整理出版工作,在当地物色合适的研究承担者也会成为突出问题,外地学者还存在不了解临汾当地历史文化的弊端。因此,趁一批退休离职的文史、方志专家学者目前尚能进行整理工作,加快整理研究旧志应成为当务之急。

就历史发展而言,过去的历史总要比近期长得多,也很重要。第一、二轮所修地方志侧重于新中国时期的历史,距今也只有 60 多年。相对而言,民国及其以前的旧志尤其是明清时期的府州县志多记当地古代的历史文化内容,人文色彩较为厚重,而过去的历史在该地历史上所占的比重才是最大的,理应加大关注力度。再加上现今山西要建设文化旅游大省,临汾自不例外,除了红色旅游文化资源,最为丰富的应是历史文化和民俗文化资源,这些内容只有在旧志中才能得到最为全面的集中反映。因此,加快整理研究旧志具有现实必要性。

在评判临汾各县(市、区)所存旧志的资料价值时,应该是具体问题具体分析,不可一概而论,但不管怎样,总是正确如实的内容占绝大多数,错误的较少。毋庸置疑,有的旧志内容可以弥补正史所记的缺乏,有的可以纠正正史记载的错误。但旧志所记错误之处也是屡见不鲜。如北宋著名的史学家刘恕(1032—1078 年)曾在宋仁宗时任和川(今属临汾市安泽县)令,而现存的民国《新修岳阳县志》和民国《重修安泽县志》俱作“英宗时以进士知和川”,当误。据李裕民先生《刘恕年谱》[①],可知,刘恕始知和川的时间大致在宋仁宗至和元年即 1054 年前后(北宋知县的任期一般为三年,宋英宗到 1063 年四月才即

①李裕民. 宋史新探[M]. 西安:陕西师范大学出版社,1998:230.

位)。而现在各县(市、区)在研究开发地方历史文化以及编修各类新志书、家谱时,不加辨别就将旧志所记作为正确的材料依据的事例更是不胜枚举。因此,加强旧志整理研究,对不同版本间的资料价值进行比勘,无疑具有现实必要性。

开展旧志整理研究工作,最好由地方政府出面组织协调,提供经费保障。想方设法先将县里所存的旧志全部复制回来,永久保藏于县里,如能全部影印出版最好不过。然后约请相关专家学者,创造必要的整理研究条件,以多种影印本比勘进行点校整理,最后正式出版发行, 或像《太原府志集全》(山西人民出版社,2005 年)、《明清浮山县志》那样合订,或单行出版。总之,当地保存的原版复制本可以为后代利用者核对原本提供一劳永逸的帮助, 出版点校本有利于后来当地及外地人士研究该地古代历史文化的需要。这样的工作必将功及当代、泽被后世,成为当地永彪史册的千秋文化盛事。

(发表于《太原理工大学学报(社科版)》2012 年第 1 期)

乾隆《景毛小记》考略

景毛村是今山西省西南部临汾市襄汾县所辖的一个建制村，同时也是景毛乡政府所在地，位于襄汾县中部。2013年，该村内部印行了《景毛村志》，编撰先后历时30年，内容详尽，是山西省近年质量较好的村志之一。该志附录了一份《景毛小记》，系据存世抄本誊录标点而成。经调查，稿本由当地关姓学者保存，基本完好，成于乾隆年间。此前山西史志界普遍认为现存较早的山西村志是五种民国乡村志，即民国十五年《汾阳县西陈家庄乡土志》、民国三十年《灵石县西河底村四字联语志》、民国三十三年《洪洞县蜀村志》、民国三十三年《阳城大宁乡小志初稿》、民国三十四年《虞乡县第三区黄旗营治村志》。今本《景毛村志》披露出《景毛小记》存世，而此《景毛小记》为目前所知现存最早的山西省村志。

《景毛小记》，现为抄本，内容基本完好，字数约有3万。但今本《景毛村志》所录《景毛小记》只有2万字，遗漏了抄本《景毛小记》内容下册最后之节烈、方技和艺文三部分以

《景毛村志》书影

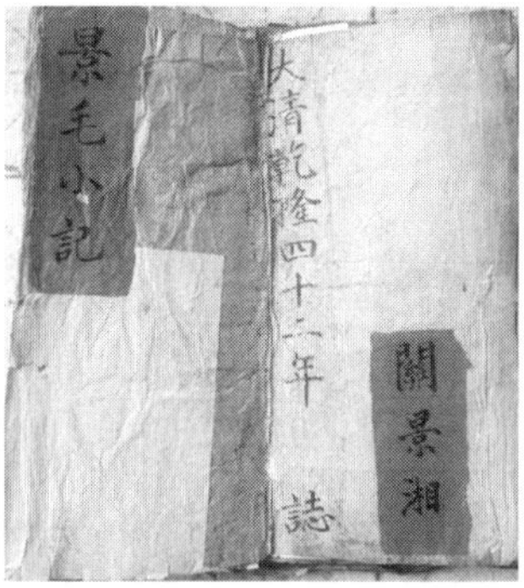

抄本《景毛小记》书影

及善行之“敦行录”，不知何故。今本《景毛村志》所录《景毛小记》也存在诸多录文以及编排错误。于是乎利用时要优先使用《景毛小记》现存抄本。但由于抄本未曾公开，造成利用之不便。

本文以今本《景毛村志》所录《景毛小记》为基础，适当参照部分照片以补其阙误。欲图对《景毛小记》进行初步研究，探究其内容之珍贵史料价值，由此管窥清代中期晋南乡村之生活面貌。

一、体例及内容编排

《景毛小记》（以下简称《小记》）内容分上下两册。依目录所见，上册内容分八款、下册分六款，共计十四款。“款”，条目之意，同于“类”。上册类目依次为山川（序山十条，序川六条）、水利（共十条）、村居（共十三条）、土产（共七条）、祠祀（共十三条）、里俗（共七条）、古迹（共三十条）、祥异（共二十二条）；下册类目依次为绅士（元一、明三十九、本朝四十，士林录三十四）、老人（明三、本朝八）、善行（元二、明十三、本朝二十七、敦行录八）、节烈（烈女三；节妇：明四、本朝十六，闺房录十九）、方技（明一、本朝六，异才录二）、艺文。

据今本《景毛村志》所录《小记》，其内容编排，上册依次为山川类（序山十条、序川六条）、水利类（十条）、村居类（十二条）、土产类（十二条）、祠祀类（十三条）、里俗类（七条）、古迹类（三十条）、祥异类（二十二条），下册依次为绅士类（元一、明三十八、本朝三十七；士林录二十九：生员八、国学生十七、杂职四）、老人类（明二、本朝七）、善行类（元二、明十三、本朝二十五）。此后，抄本《小记》尚有：敦行录 9 人（注：此处第 9 人为后加）；节烈类（烈女：本朝 3；节妇：明朝 4、本朝 16；闺房录 19）；方技类（明朝 1、本朝 6，异才录 2）；艺文类（文 20 篇、诗 52 首）。

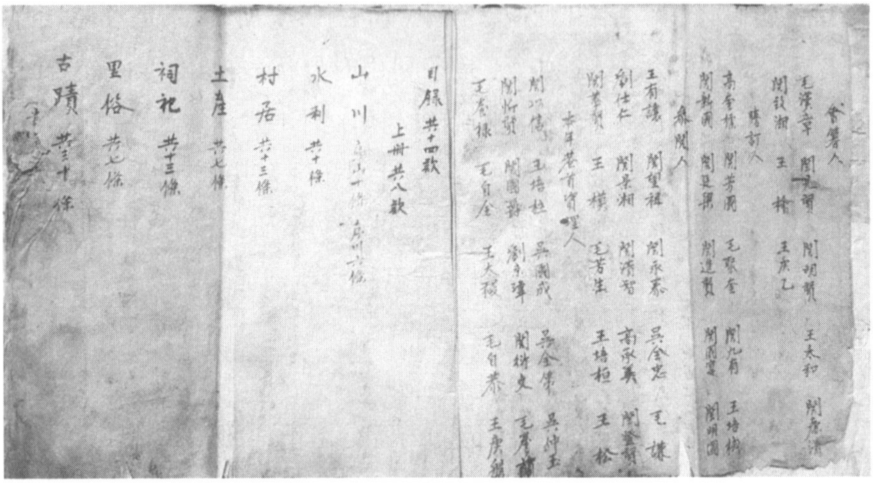
目録 共十四款
上冊 共八款
山川
水利 共十條
村居 共十三條
土產 共七條
祠祀 共十三條
里俗 共七條
古蹟 共三十條

抄本《景毛小记》书影

今本《景毛村志》所录《小记》内容尽管有所缺失，但发现仍有部分缺失内容收录于今本《景毛村志》中，如第十二章“文物古迹”第一节“灵源泉”所录《灵源疏决记》、第七节“碑记”所收《创建浮惠行宫铭》《毛家巷改建楦门记》《重修玉帝庙序》《陀郎庙重建享殿序》《睦宗会序》《重修东岳庙序》《文昌阁序》《元帝庙左右二祠序》《重修华陀庙序》《城隍神社序》《村居起因》《满水井记》[①]等共13篇文章均为抄本《小记》“艺文类”收录。可见编写《景毛村志》时应该见过《小记》的艺文类内容，缘何未收入村志，尚不知晓。另外，目录所标与内容之条目也有出入，如人物类数量。其中原因，或有后加，或为编写《景毛村志》者编排失误所致。

综合目录及内容之类目来看，上册为山川、水利、村居、土产、祠祀、里俗、古迹、祥异，下册为人物和艺文，性质属于一部村志无疑。

①王泽培，贾世平．景毛村志[M]．内部印行，2013：254—261.

二、书写特点

(一)总序和类序兼具,述书写用意

志首有总序,每类之首均有序。总序曰“景毛一庄,僻居太邑之东北隅,其地不过二千余亩。其家不过二十余牌,可谓小矣。然而隶太和之玉宇,亦足昭风化,未尝不可记也。记之者,记其地,记其时,记其人,记其事而已。山水以滋物产,礼俗以别古今,而于祥异一例,足以征气运荣贵,以昭盛典才德,以著修能。而于艺文一例,想见真面目,区山水古今而别之。昧者可使之明,疑而争者,庶几其可安也。集人物才德之能而彰之,殁者可使之存,企而慕者庶几其可鼓也。是记虽小,而劝戒寓焉,以成风化,以培风俗。可必非盛世之一小补乎。余集是册。谨将编录缘由著于篇端,以作先声云尔,谨序。时乾隆四十一年丙申冬月书于灵泉居之馆舍。庄人王天祐荣之氏志。”①

全志共分十四类,每类之首,均有序。如水利类序曰“尽为沟洫,书言之矣。是庄虽小,亦备沟洫。人岂不知求利乎,但所求利者,或至贪利。贪利者,因而争利,因争利,则不顺自然之利而反恐陷于不利,噫,此欲以利为利,而以利为害,何贵有此水利哉。利贵

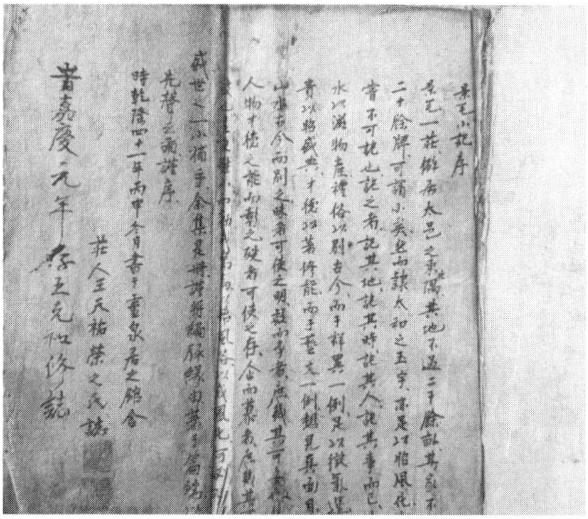

抄本《景毛小记》书影

①王泽培,贾世平.景毛村志[M].内部印行,2013:307.

公而不可私,有此水利者,共谋顺利可也。序水利类。”①

总序和类序位居志首及每类之首,叙述编写用意,便于阅读了解。

(二)记述兼有追溯

这在祠祀类和里俗类较为常见。祠祀类,如“观音殿”条之“菩萨”、“财神祠”之“财神”、“关帝殿”之“关帝”、“龙王神楼”之“龙王”、“老子祠”之“老子”、“玉皇庙”之“天皇大帝”、“元天圣母庙”之“元帝”(实为“玄帝”避讳)、“东岳庙”之“五岳”、“九江圣母庙”之“九江圣母”。如“龙王”曰“按龙王之号起于宋,古者祀四渎,以享诸侯之礼祀之。又有祀海神于晋地之说,又有祀两师之说,以其利泽及人,故古人立祀典,然之谓之为龙也。自宋大观中,赠以王号,而龙王之名始起,以水象龙,非一物,果如人形也。盖水本阳,于阴中而成形,氧(疑为“阳”)升则为云,云结则为雨,凝聚于地,则为水,钟于山川,则为泉,流而为江,为河,一而为湖为海,皆此水也。肖像以祀乃释教之余也。”②

里俗类之“节礼”之元旦节、正月望日、寒食节、端阳节、重阳节,均简要讲其来源始末,如“寒食节”曰“春秋时介子推从晋文公从亡有功,隐于绵山,子推被焚而死,晋人哀之,于是日禁火,谓之寒食节。汉末桥元(“玄”字避讳)谓曹操能安生民,桥元死,操感其知己,于是日自为文祭于墓,于是有寒食祭之礼。乡俗于寒食前一日为扫墓日,前二日为新墓日,皆于日未出时黎明赴墓祀奠,用纸为钱形烧化。”③

志书重在如实记述,详今略古,也就是多记述当代。《小记》这部分在记述时多用笔墨追溯神灵、节日来源始末,而该村所属的太平县

①王泽培,贾世平.景毛村志[M].内部印行,2013:312.

②王泽培,贾世平.景毛村志[M].内部印行,2013:323.

③王泽培,贾世平.景毛村志[M].内部印行,2013:329—330.

历代所修纂的《太平县志》所记上述同类内容也未曾如此追溯。这种追溯便于阅读使用，也有利于文化知识传播普及。

（三）类目下有附传

绅士类，分朝代列人物 76 人，随后附录“士林录”，列生员、国学生、杂役 3 类 29 人；善行类附录“敦行录”9 人；节烈类附录“闺房录”19 人；方技类附录“异才录”2 人。均属于附传性质。

（四）为在世人立传

以往方志学界一般认为，旧志（1949 年之前编纂的方志）中不为活人立传。但《小记》绅士类附录“士林录”之“生员”为作者王天祐立传、“国学生”为参阅人王模立简传。节烈类附录“闺房录”19 人均是年轻守寡，《小记》编写时尚守节在世。乾隆《太平县志》成书于 1775 年，王天祐尚在世，在《人物志·文行》已收录王天祐。看来乾隆年间编纂志书已出现为在世人立传。这点也应引起方志研究者注意。

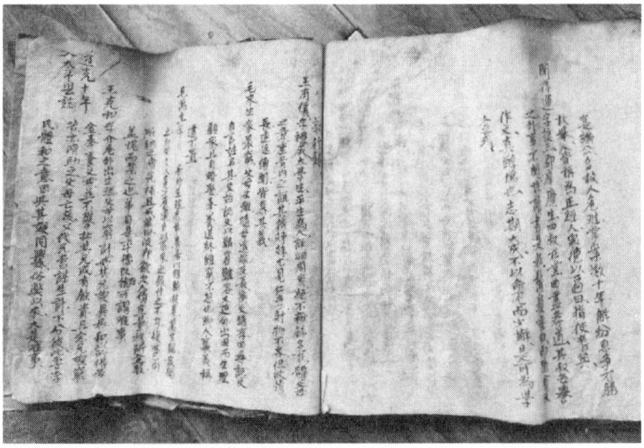

抄本《景毛小记》书影

三、管窥清代中期晋南乡村生活的珍贵史料

乾隆时期，景毛村隶属于山西布政司平阳府太平县，地处“县北”，“景毛距县二十六里”。这里是山西经济文化较为发达、人口较为稠密的地区。作为现存少见的清代山西村志，《小记》内容丰富，可以

作为管窥清代中期晋南村落面貌的一扇窗口，对于研究山西南部乡村史具有较珍贵的史料价值。

（一）民户与村务

景毛村距现今已有千年历史，村名经历了毛村、景毛里、景陈荀里、景毛村等称谓，俗多称毛村。“宋元时庄甚小，唯毛姓人众，故以毛村名。其时附近诸村，聚而为里，今十甲办事，谓之景毛里。明末役重，民渐流亡，甚至有一甲尽逃者。清初并里攒甲，与陈郭里、荀董里合为一里，谓之景陈荀里。顺治十年，民苦寇，筑城，凡附近诸民，移置一处，统而名之曰景毛村”[①]。景毛之名，因毛姓聚居之毛村和村中有灵景泉而来。乾隆时，全村民户共有十二姓（关姓、刘姓、李姓、高姓、贾姓、毛姓、吴姓、张姓、周姓、段姓、王姓、曹姓），分二十三牌零二户。其中“寄寓生理工作人共列三牌零二户，为畸零牌”[②]，此外尚有乐户李姓二家不在上述统计数内。若按每牌 10 户计算，全村应共有 230 多户。《小记》谓 300 多家，“所里居民三百余家，远者二十二三世，近者十三四世”[③]。总人口上千，不是小村落。按《小记》成于乾隆四十一年（1776），村民远者二十三四世，往前推已到北宋时代，可知在《小记》成书时代，该村至少已有七八百年历史，属于一个晋南古村落，至今仍是不多见的有翔实历史记载的古村落，或许可以作为解读山西千年古村的活标本。

村旧无城，居民甚散。顺治六年（1649），“寇乱，逃亡甚众”。十年癸巳（1653）间，“西坤等筑城。周围共城三十六工，每工高、长各二十四千，周围共八百六十四千，计地二里零四分。城占地，十二亩九分六

①王泽培，贾世平．景毛村志[M]．内部印行，2013:317.

②王泽培，贾世平．景毛村志[M]．内部印行，2013:316.

③王泽培，贾世平．景毛村志[M]．内部印行，2013:317.

厘。”[①]明朝时，全村分为西院、南院、东院共3院，每院为首6人，分院办事。康熙十一年（1672），古西院分为中院、西北院，古南院分为南院、西南院，共4院，每院4人，加上东院6人，总计22人，只负责办敬神事。村旧有东、西、南3门，中院、西北院办西门事；西南院、南院办南门事；东院办东门事。康熙三十二年（1693）开北门，分拨中院及东院、西北院城外有地之家，办北门事；后因北门人家短少，逢冬月闭门不开，门夫仍然守夜。

村务，雇庄头二人办理，西北院、西南院、中院雇1人，东院、南院雇1人。乡约也曾参与处理村务，后禁用缙绅，村务只委托庄头2人。村中有大庙，内有乡约所，“凡村中诸公务，乡绪（疑为“约”）鸣锣，聚众商议，皆在此庙。”[②]村务费用多是公摊。村中有社仓（即义仓），以备不时之需，原由公议推举仓长经手负责，后因无人愿充仓长，改由五院为五股存谷存银。

村中有互助组织，如睦宗会、关帝社。王姓曾建立睦宗会，“凡生一子者，出银一钱；生一女者，出银五分。以岁之祀祖先者，经其事，记名登簿，按名记银，以二分算息。于每年正月初一交班，两枝轮流，周而复始。一以考成丁之有自，一以使告老之无辞。行之数年，子母丰裕，取其羡余，享我祖先，燕我宗盟……可以为祠堂建储之费，可以备婚器用之需。贫而贤者，岁可给灯油之资；老而鳏者，岁可周衣食之用。”[③]关姓组建关帝社。因祭祀神灵而组建的会、社尚有其他。还曾建有互助备荒设施，二甲、四甲均曾有丰赡库。

（二）水利灌溉

景毛村地处汾河下游流域，但汾河水并不流经该村。《小记》所载

①王泽培，贾世平．景毛村志[M]．内部印行，2013：314—315.

②王泽培，贾世平．景毛村志[M]．内部印行，2013：316.

③（清）王天祐．景毛小记[M]．清抄本，1776.

水利类有十条，南涧、后涧、脑上汧、窠朵汧、北坡汧、刘家汧、寨子汧、灵源泉、天池、满水井。可知村内农业用水多是使用沟峪水、泉水，尤其是夏秋季雨后的山水，主要来自尉劈峪而来的南涧水和自豁都峪而来的后涧水。“村居岗脊，前后里许皆涧，后汧之水自西山豁都峪而来，前汧之水，自西山尉劈峪来，俱东流入汾。每逢雷鸣水发，居民障水以浇地，地颇肥美。前汧至终，地下涌泉，凿而为池，浇地数百亩，惠及邻村，为县志八景之一。因名曰灵景泉。景毛之得名，意取诸此。旁涧之地，池水所不能灌者，凿井以灌之。自有居民以来，即享此利久矣。”[①] 如记“脑上汧”曰“在村正西，引南大涧之水。上截浇官道以西地，下截过官道东分为二口，南为申村口，北为景毛口，入口至回回鼻，分北一渠，东流至三分口，又北分一渠，皆有申村、董村地。又东流北分一渠，灌虎口里诸地，南分一渠灌申村城门外诸地。东流二渠，皆名脑上汧，北汧为头汧，浇村西北诸地，至村南归于涧。南渠为四汧，浇村正西诸地，至西坡上南流，自深沟旁而下入南涧。”[②] 彼时尚有明万历年间竖立的水利碑两通，一在县治仪门外，一在本村观音庙内，可见应是水规。又，“灵源泉”记“在村正南。碑载池地，东西长四十九干，东阔十三干，西涧十二干，出水口为古莲花池，斜长二十八干，南北阔四干。池在本村地界，东流灌四村地，景毛四日，南高二日，北高四日，西郭三日。万历三十四年，西郭退水分，水流至北高南即伏，乾隆四十年六月，西山水发，古池为涧水堑垫，三村俱不能浇地矣，旧呼灵景泉误。”[③] 此泉古为莲花池，有石碑记池地四至。光绪《太平县志·舆地》记“灵景泉在县东北二十五里景毛”，“灵源泉在县东北三十五

---

①王泽培，贾世平. 景毛村志[M]. 内部印行，2013:318.

②王泽培，贾世平. 景毛村志[M]. 内部印行，2013:312.

③王泽培，贾世平. 景毛村志[M]. 内部印行，2013:313.

里陈郭村西南”[①]。既然村名景毛之“景”源自“灵景泉”，县志也记灵景泉在景毛村，而王天祐所谓村中“旧呼灵景泉误”，应为灵源泉，不知是何依据。《太平县志》载八景之一为“灵泉春色”，王天祐认为是指景毛村的灵景/源泉。

《小记》善行类记明代村人王岩“调正村西水利，碑刻传后”，关时润“调正水利有功”，贾大儒“为渠长，与邻庄争水利，讼百辱不屈，乡人实利赖之。”因调正水利、争水有功，被一百多年后王天祐撰村志收录，足见水利对景毛村生存的重要性，因管水、治水、争水作为突出者，在当时受村民推崇，身后仍有影响。

村民以农业为主业，得灌溉之利，民风淳朴，安居乐业。“夫人情安于所习耳，田能足食，即无别图，灌溉资勤，不暇他务，所以村僻，而民颇淳。尔来地狎人众，或事商游，积余资者渐有奢侈风焉，然而艳尚服饰，乡人犹争鄙之，盖古道之流传，未尽替坠矣。”[②]

（三）祭祀与演戏

清代的山西南部，戏剧极为发达，祭祀与演戏紧密相连。如里俗类之“祭礼”载：

> 正月　元旦节接神，黎明祀浮惠，初九日祀玉皇，十五日前后祀瘟神演戏，十九日祀香山，二十九日祀火星圣母演戏。
>
> 二月　初二日祀土地，初三日祀文昌，十九日礼观音，寒食节祀华佗演戏。
>
> 三月　清明祀浮惠演戏，初三日祀元天上帝，二十日祀子孙圣母演戏，二十八日祀东岳。
>
> 四月　立夏祀五谷神演戏，初八日祀关帝。

---

①（光绪）太平县志[M]. 襄汾：襄汾县志编委会，1986：44.

②王泽培，贾世平. 景毛村志[M]. 内部印行，2013：318.

五月　初五日祀浮惠，十三日祀关帝。

六月　十三日祀华陀，二十四日祀关帝。

七月　立秋日祀五谷神演戏，初十日祀九江圣母，十五日祀伯王神演戏。

八月　十五夜祀月，是日华佗庙神首交班。

九月　十三日祀关帝演戏。

十月　初一日祀牛马王演戏。

十二月　二十三日夜祀灶，用饴糖面饼以祭。[①]

另据《小记》之“祠祀类”记载，正月二十九日在火星圣母祠祀神演戏；三月二十日在子孙圣母殿举祀演戏三日；四月立夏日、七月立秋日，在村中大庙敬瘟神演戏；四月初八，在关帝殿，合庄演戏祀神，后来九月十三关姓演戏独祀；七月十五日在伯皇殿举祀演戏三日；十月初一在牛王殿举祀演戏三日。又，浮惠圣母行宫，“南截建茶房，上加戏房与戏台相连”；浮惠庙，“演戏四日”；“（乾隆）四十一年，合庄神头现年公议，陀郎、浮惠二庙，同演戏六天，浮惠庙按水地九十一亩，每亩出银八分，（此处疑有脱漏）出银七两二钱八分，下剩合庄按粮分摊。神头办台子旗伞，见年请锣鼓、戏饭摊入村中，上下二庙地亩香资，俱入公用”。[②]此外，里俗类之“丧礼”载“五七之期，为女者请僧超度，或葬时用僧耍戏，皆是旧弊。惟首七祭奠，止散乐数人，禁绝演戏，此变最佳。”[③]

另古迹类之“社稷坛”载“在村西北玉皇庙后。旧时里人立社，春秋二社日祭，命乐舞于社。明末时，戏兴而舞废，祀神于庙，改为立夏

---

①王泽培，贾世平．景毛村志［M］．内部印行，2013：331.

②王泽培，贾世平．景毛村志［M］．内部印行，2013：328—329.

③王泽培，贾世平．景毛村志［M］．内部印行，2013：331.

秋日祭，社祀遂废。今故址犹存。”[①]说明当地到明末时，社祀使用乐舞改为庙祀使用戏曲，演戏成为流行时尚。费用多是按地摊派。

上述《小记》所载演戏时间、场地、祀神，以及戏房、戏台、戏饭、戏价，均是关于祭祀演戏的鲜活资料。一年中景毛村中有如此频繁的祭祀演戏活动，足见戏剧在村民精神生活中的广泛而深入，人、神和戏三者之间连锁互动，可谓人养戏、戏娱神、神佑人。

（四）丧葬风俗

当地存在死者停尸数年数十年不葬的习俗。如里俗类之“丧礼”载“乡俗重风水，往往艰于难寻佳墓，辄甘停丧，甚至丧积数世，有数十年不葬者矣，人因于俗，竟不知改，是可叹也。”[②]这种现象在当地不属罕见，尚有其他民间文献佐证。

金元墓葬有无棺而葬。如古迹类之“北古冢”载“在村西北，冢多砖砌，葬无棺廓，尸在坑上，席衾为睡，一开冢口，触风皆化。或云：金元时葬法如此，尽皆荒坡之地也。”[③]这种葬俗在当代晋西南地区考古发现的金元墓葬中屡见不鲜。

（五）灾害

《小记》之祥异类载有地震、虎患、旱灾等灾害。“地大震”载“康熙三十四年四月初六之夕，有声自西北来，如风吼状，顷之，房舍如铺地，人有压伤者，数月不止。”[④]此为康熙三十四年平阳府地震史料。“虎异”载“康熙四十八（年）寒食上坟，虎忽至庄西北崖下，蹲踞窑中。关云章陡见，惊异不敢急走，而虎亦不动。因传闻村人聚众观看，毛姓有名可周者，击之以石，虎出而扑之，伤其一臂，人众喊救，虎遂东行，

---

①王泽培，贾世平．景毛村志[M]．内部印行，2013:335.

②王泽培，贾世平．景毛村志[M]．内部印行，2013:331.

③王泽培，贾世平．景毛村志[M]．内部印行，2013:335.

④王泽培，贾世平．景毛村志[M]．内部印行，2013:337.

死于陈郭村中。今本村名其地曰‘虎口里’，名其窑曰‘老虎窑’。”[①]但也反映出彼时南部吕梁山生态尚好，有老虎出没。“旱灾”载“康熙六十年，麦禾俱无。斗米价银一两，村民有粥换妻子者，邑侯张公在本村庙中散粮救民。”[②]

（六）载录碑文及口碑资料

《小记》艺文类所录村中碑文诸多，查《三晋石刻大全·临汾市襄汾县卷》[③]，这些碑刻大多不存，因而对传承景毛村历史文化来说弥足珍贵，也可以增补《三晋石刻大全·临汾市襄汾县卷》之“亡佚”碑刻。另如祠祀类录清代修土地庙碑文，曰“古者土地之祀，天子祭地于北郊，看顾诸侯下及闾里，皆祭于社。厥后，社祭废，而变为土地祠。奉神者，视为幽冥中一方乡保之义，尊神也，而反卑之，此释教之诞妄也，余甚愤焉。庄有是也，由来远矣。岁久颓圮，过者皆悯之。庄人修理，功起于去岁二月后，麦熟而告竣。余曰是后民，惟神有灵，惟人有功，功不可泯，神不可诬。余彰功德，而因正祀神之名号，是亦一快事也。是为序。”[④]

古迹类录“古地窖”曰“旧村无城，苦兵祸，多穿窖以避之，其窖多透井，今废弃不用。然时时有塌陷者，人即从而填之。”知村民原为避兵祸挖掘地窖，后修城而地窖废。乡人关廉清口述亲身经历，王天祐录为“游地窖记”，文曰“关姓有讳颖发者，其院内西房北间地下一窖，一日已刻启开，人争看之，其族人关国泰、关顺发、关廉清等人，放梯而下，梯约九尺，下尽一梯，有阶一层，又下如此。三梯始至底。国泰等各带火具秉烛而行，其窖宽窄不等，每逢阔处，留土阶一条使人坐也。

①王泽培，贾世平．景毛村志[M]．内部印行，2013：337.

②王泽培，贾世平．景毛村志[M]．内部印行，2013：337.

③高建录．三晋石刻大全·临汾市襄汾县卷[M]．太原：三晋出版社，2013.

④王泽培，贾世平．景毛村志[M]．内部印行，2013：325—326.

既而深入,行玩多时,陡闻头上车声如雷状,似车触石而过也。或闻辘碌声,心疑为近井,然究未之遇也。其塌陷处瓦砾堆塞,傍行可过,而人不知惧,盖明知其深厚,万不能伤人也。未几烛已灼完,究莫穷其坎穴之所至,又焕(疑为"换")一烛,相率而回,及登梯出窨,盖已申刻,其距入窨之际已三踰时矣。关廉清言之凿,录记其语于此,留一异。"①属于采访获得的口碑资料,可信度较高。足见村中地下通道之曲长。

此外,景毛村存在年代久远,寺庙等公共建筑众多。古有土地庙、佛爷庙、社稷坛、玄帝庙、浮惠庙、东岳庙等。乾隆年间村中仍有大庙(菩萨庙、关帝庙)、西庙、东小庙、土地庙,村外尚有玉皇庙、玄天圣帝庙、东岳庙、九江圣母祠、陀郎庙、浮惠庙、文昌阁。"各庙占地,共二亩七分六厘三毫九丝九忽"②。公共建筑众多,可以看出村民经济状况不致太差,可以出资出地出力修建寺庙,信仰多种神灵。但诸庙占地不到 3 亩,可知规模有限。

四、作者王天祐

《小记》为抄本,线装一册。书衣上,左上方红纸书签标"景毛小记",中间署有"大清乾隆四十二年　志",右下方红纸衬签标"关景湘"。可知应为关景湘收藏于乾隆四十二年(1777)。首页有序,署"庄人王天祐容之氏志",时间在"乾隆四十一年丙申冬月",书于"林泉居之馆舍"。可知作序者王天祐为本村人,也是作者,自序作于乾隆四十一年(1776)冬月,大概此时成书。序页反面录有"会纂人"8 人、"誊订人"10 人、"参阅人"15 人、"本年巷首资理人"15 人姓名,这 48 人也参与过修撰该《小记》的工作。编纂《小记》,拥有一个近 50 人的编纂班

①王泽培,贾世平. 景毛村志[M]. 内部印行,2013:334.

②王泽培,贾世平. 景毛村志[M]. 内部印行,2013:315.

子，王天祐主笔，还有会纂、誊订、参阅、出资者。其中关景湘就是参阅人之一。

此抄本《小记》已有后人增补，明显的有四处。在首页，紧随序后又写有“时嘉庆元年存王克和修志”，与序笔迹不同；“敦行录”之王克和小传，天头处又出现“道光十年入太平县志”；“敦行录”最后一人为关登第，小传内容居然出现“咸丰年间”。抄本末尾出现“光绪三年山西省大旱”一段五行文字，显然也是后人所加。

在《小记》绅士类附录“士林录”之“生员”，竟有王天祐小传，“字荣之，道纯子，邑庠生，入县志文行内。志载‘景毛人，平生嗜学不倦，所著书数种，皆有本原。诗亦朗朗可诵。’”[①] 查乾隆《太平县志·人物志·文行》载“王天祐，景毛人，庠生。生平嗜学不倦，所著书数种，皆有本原。诗亦朗朗可诵。”[②] 道光《太平县志·人物志·文苑》同。光绪《太平县志·人物志·文苑》载“王天佑，号灵泉，景毛人。廪贡。嗜学不倦，殚心著述。其《四书考异》一书，考据精详，脍炙人口。诗亦清雅可颂。”[③] 光绪《太平县志·艺文下》载“《四书考异》于字同义异、字异义同处，剖析极明。其论天文、地理、道学处，亦不失之影响。王天佑著。”[④]

王天祐，生卒年不详，景毛人。祖父王施泽、父王道纯，《小记》善行类均有传。《小记》载“王施泽字耒苏，岩孙，入县志。志载‘景毛人，弟亡，抚孤侄道隆如子，侄亦以父事。隆与堂弟道纯同居，终身无片言参差，一门友爱，足以维风’。赠匾曰‘善行可风’”[⑤]。查乾隆《太平县志·人物志·孝义》，载“王施泽，景毛人，弟亡，抚孤侄道隆如子，侄亦

①王泽培，贾世平．景毛村志[M]．内部印行，2013：344.

②（乾隆）太平县志[M]．清刻本，1775.

③（光绪）太平县志[M]．襄汾：襄汾县志编委会，1986：488.

④（光绪）太平县志[M]．襄汾：襄汾县志编委会，1986：934.

⑤王泽培，贾世平．景毛村志[M]．内部印行，2013：348.

以父事之。隆与堂弟道纯同居，终身无片言参差，一门友爱，足以维风。”[①]道光《太平县志·人物志·孝友》同。《小记》载“王道纯字静巷，施泽子，嗜文艺，笃于孝，同兄道隆同居，终身无片言参差，县志称‘一门友爱，足以维风’。序父名下。”[②]《小记》艺文类收录王道纯文章《忍气安命说》1篇，紧随其后似为五言诗1首和内容不详文句4行，注文曰“以上著作刻版存家，录此数条以备一列”[③]。可知王道纯也是颇有学养，曾有著作刻版，所谓“嗜文笃孝”者。王天祐生活的年代，乾隆四十年(1775)，太平县知县张钟秀修纂成《太平县志》。《小记》中王天祐祖孙小传所谓“县志”正是指此乾隆《太平县志》。在乾隆、道光和光绪三种《太平县志》中，祖孙二人均被收录进《孝友 / 义传》和《文苑 / 行传》。结合《小传》对王天祐祖父、父亲、堂伯父王道隆的简单记载，可知王天祐有家学传承，王家以孝友传家，远近闻名，能进县志，在当地有一定知名度。

王天祐，廪贡生，科举方面没有太大成就。生活简朴，居所自号灵泉居，“时侪友知交，有以毛村名余者。余恶汾滨、毛村之得以相混也，因而自为记。且以别吾居曰‘灵泉居’。泉灵而人不灵，居其如余何。”[④]在景毛一带设帐从教为生，“余居是乡，性最懒甚，有数亩之田，不能自治，而雇佃于人，以故事简，身间得以馆外焉”，“灵泉居之馆舍”，“予边馆于此”。所撰有《四书考异》，“于字同义异、字异义同处，剖析极明。其论天文、地理、道学处，亦不失之影响”，可知在理学、四书方面有所深入，对天文、地理也有所研究。前述《小记》在祠祀、节礼方面多有追溯，理应较为熟悉这些知识。既能为县志收录进《文苑传》，说

①(乾隆)太平县志[M]. 清刻本，1775.

②王泽培，贾世平. 景毛村志[M]. 内部印行，2013:350.

③(清)王天祐. 景毛小记[M]. 清抄本，1776.

④王泽培，贾世平. 景毛村志[M]. 内部印行，2013:318.

明他定有较高的文化素养。所撰诗文目前仅知连村分建三星庙真武庙文昌庙泰山庙志文序,作于"乾隆三十二年岁次丁亥雪月","景毛庄邑庠生　王天祐撰",当时他在连村任教,"时予边馆于此"。也许正是因为他较有学问,才承担起编写《小记》的任务。《小记》完成尽管得到多人参与帮助,但作为主笔,王天祐无疑是功劳最大者。

五、结语

现存抄本《景毛小记》是编纂于清乾隆四十一年(1776)的一部村志,是目前所知现存最早的山西村志。该志依次设有山川、水利、村居、土产、里俗、祥异、祠祀、古迹、绅士、老人、善行、节烈、方技、艺文14类目,3万多字,记述内容丰富,对于研究清代中期晋南乡村史具有重要的资料利用价值。此志的现身,至少使得现存山西乡村志的历史由民国提前到清代中期。期待该志抄本能完整公开,便于史志界研究利用。通过《景毛小记》,可以管窥清代中期晋南乡村生活面貌。景毛村是个千年古村落,因其有《景毛小记》翔实记述,故而具有研究华北地区千年古村落的活标本价值。结合田野调查、今本《景毛村志》,将《景毛小记》所记录的历史断面充分展示,发挥其在文化传承、文物考古、乡土社会研究、旅游开发中的积极效能。

(发表于《山西高等学校社会科学学报》2020年第9期)

清末山西安邑《仝氏丙申谱》述略

正史、方志、谱牒向被称为历史研究的三大主体资料。正史(此处指官修的全国性史书,非指文献学所谓的纪传体史书)研究全国,方志研究行政区域,谱牒研究家族。山西地处华北,衔接了北方草原游牧地区与中原农耕地区,历史地位重要,被誉为"治世之重镇,乱世之强藩"。古代史上,山西的世家大族有不少,最著名者如魏晋隋唐的河东裴氏、柳氏、薛氏和太原王氏;名族更是不胜枚举,如五台徐氏和赵氏、灵石何氏和梁氏、寿阳祁氏、阳城陈氏、洪洞董氏、代州冯氏;明清以来晋商家族辈出,如祁县乔家和渠家、太谷曹家、平遥雷家和李家、榆次常家、介休范家和冀家、灵石王家、临汾亢家、襄汾刘家和尉家、万荣李家等等。大小家族,多有家谱族谱,或简或繁记述了家族的源流、世系、人物、家规族法、艺文,成为家族研究首选的资料。山西历史上编撰过的家谱族谱有多少种,无法统计清楚;现存家谱族谱有多少,也没有确数。《山西文献总目提要》[①]所罗列的只是少数,著名者如清代闻喜《裴氏世谱》、民国代县《冯氏族谱》、民国五台《赵氏宗谱》、民国五台《徐氏宗谱》等。[②]

与山西人数较多的家族及有名家族相比,仝姓是小姓、少见姓,

①刘纬毅. 山西文献总目提要[M]. 太原:山西人民出版社,1998:47—109.

②仝建平. 山西地方文献及其整理述略[J]. 晋阳学刊,2020(6).

目前约有 2 万人，主要聚居地，晋北有大同市广灵县和浑源县、朔州市朔城区和怀仁市、忻州市忻府区和宁武县，晋南有运城市盐湖区和平陆县、永济市。这些仝氏民众，现有全省联谊会，不定期开展宗亲联谊活动。过去对山西仝氏少见研究，近年来从运城市盐湖区三家庄发现的《仝氏丙申谱》为了解山西仝氏提供了极其重要的资料，该谱是一部不可多得的现存清代山西家谱，具有珍贵的文献价值。

一、安邑《仝氏丙申谱》内容及编撰始末

（一）安邑《仝氏丙申谱》的内容

安邑《仝氏丙申谱》所提的“丙申”指光绪丙申年，即 1896 年。该谱包括“正编”和“副编”两部分，各为 5 卷，共计 10 卷。抄本，线装。2016 年，山西省运城市盐湖区安邑办事处三家庄村仝氏后裔据以影印，书名《安邑三家庄仝氏宗谱·丙申》，16 开，精装一厚册，834 页。

《仝氏丙申谱》“正编”之首有两篇序，第一序为安邑知县武树善作于光绪丙午年（1906），第二序为执笔者仝宏宇作于光绪二十七年（1901）。卷一为“考姓明派”，叙述仝氏渊源及安邑三家庄仝氏三代先祖。仝氏源于隆州纳鲁悔河，复姓夹谷，后投奔金主，遂为女真部民。

《仝氏宗谱》书影

鼻祖夹谷阿海。安邑三家庄仝氏始迁祖为元末至正间仝成庆,原为大同人,后在安邑当县令,致仕后定居于安邑三家庄。二世祖为仝德刚,居于三家庄,三世祖仝敬、仝谦、仝礼,为大明义民。本谱以始迁祖仝成庆为始祖。卷二为“总系”,叙述鼻祖及以下共七世,罗列名字。卷三为“本谱”,为执笔者仝宏宇本支十八世世系,主要包括名字、生卒年月、婚配等。现存家谱有后人增补第十九、二十世,时间已到1960年代。卷四为“男传”,基本是撰谱者本支男性祖先简传,依时间先后罗列仝庆成、仝德刚、仝礼及其直系后裔直到仝宏宇父亲仝辅尧,共有17世。由于老谱亡佚,远代祖事迹教简单。从传主从事职业来看,有为官当吏、从教、医生、阴阳占卜、经商,其中记载有中进士者三名(五世祖仝瑀、七始祖仝瑞、智字支十三世祖仝琛),查《明清进士题名碑索引》没有收录,可知是家谱记载有误。卷五为“女传”,其实类似列女传,简记仝庆成、仝德刚、仝礼及其直系后裔直到十八世有善行懿德之女性,遵守女德,相夫教子,本谱曰数名进入节孝祠或县志有记。

六至十卷为“副编”。卷六为“宗事文录”,依次收录明代《尚义输粮碑记》、《远祖寅公事迹序》、“历代年号”、“历代人物”、《改建义民碑亭记》、《重修祖先亭募启》、《复兴鼻祖茔簿书序》、《祠中世谱碑首记》、《圣字支族谱记》、《祠堂中间左边碑首记》、《族乘草簿序》、《庙前智字支影谱册谱记》、《谱成祝文》。叙述家谱编撰始末及祖宗坟茔修治,是了解该谱始末最为重要的资料。卷七为“宗约”,一实务学、二笃恩谊、三治家道、四厚风俗、五精致泽、六革俗弊(为学之弊、冠婚之弊、丧祭之弊、用乐宴宾之弊、待客之弊、演戏之弊)。摘录有关语录(朱熹《训蒙诗》《小学》,贺复斋《清麓集》,薛仁斋《八善堂歌》,朱柏庐,《圣谕十六条》,杨损斋,林致之,张杨园,《纪氏家训》),兼有撰谱者所加按语,适当加以发挥。卷八为“家规”,包括礼仪之规、处事之规、劝戒之规、颁胙之规、立名之规、录功之规、黜过之规、立后之规;

然后为《祠堂坐位次序议》《吉凶庆吊暨奖劝学士礼仪议》《抑屈右直息讼议》《晏远族暨馈赡议》《义学培养振衰议》。此部分似为撰谱者独立撰写，操作性较强。卷九为“家法”，包括误公济私之法、不孝不弟之法、苟且渎伦之法、骂人殴人之法、盗宗窃族之法、酒色财气烟等法。是为撰谱者适当参照《大清律》制定，目的在于对家族成员加以警戒约束，教化其心存敬畏，本意并非真正施用刑罚惩处。卷十为“附录”，节录程颐、秦蕙田关于宗族论述；节录郑樵《通志·氏族略序》、顾炎武之《裴村记》《华阴王氏宗祠记》《原姓》《日知录》，彭维新《姓氏溯源序》，汪琬《汪氏族谱序》与《立后》，纪大奎《宗法论》，龚自珍《农宗后自记》，魏源《庐江章氏义庄记》，惠士奇《为人后》，方苞《异姓为后》，李黻《分居》，法坤宏《宗谱例言》，纪昀《景城纪氏家谱序例》等书或文章中关于宗族的有关论述，略加按语，经查，此部分内容《皇朝经世文编》多有，显然系节录，但在得书不太方便的基层民间，阐述氏族宗法对于教化家族成员具有重要作用，亦为重要的参考资料；最后为梁生荣所写的本谱跋语。

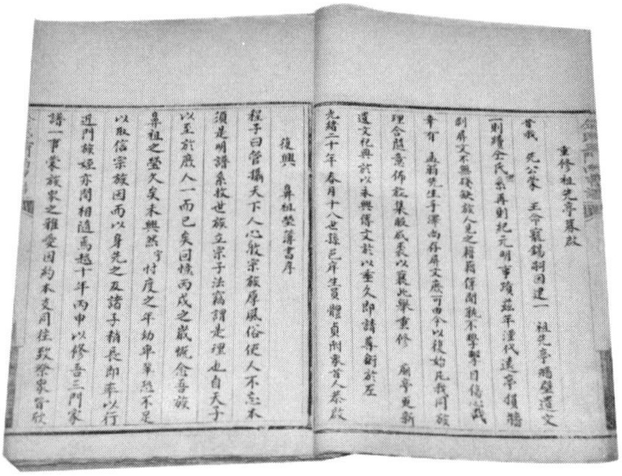

《仝氏宗谱》书影

（二）安邑《仝氏丙申谱》编撰始末

安邑三家庄仝氏，大概在仝敬兄弟被封为义民后，创建祖先厅，墙壁遗文续仝氏世系及元明事迹，后来墙壁破损，但孟翁先生手抄全文。明代已有家谱，后来二门（仝谦支系）迁移河南时携带而去，经明末兵燹。一百几十年后，乾隆二十八年（1763），十三世仝琛组织重新竖立合大支世谱碑作为族谱。七年后，乾隆三十五年（1770），圣字小支十三世祖仝弘义创修本族支谱（五十年后，道光三年正月，十五世仝万年续修该谱，照录原序）。又过了五十余年，道光元年（1821），和字小支十四世仝步月创建支碑，记仝美后裔世次；七十年后，仝步月曾孙仝庚庆续造继述，本支世系明白易办。大致道光初，智之小支十四世祖仝履和十五世祖仝重曜、仝汉宰改创本支影，旧影于清初绘像，分长次两门为二轴，尺幅有限，本次改创合为长左次右，夫妇同座统系旁注。又三十多年后，咸丰年间，仝景郊创修本支家谱，并详加注释。经过光绪丁丑戊寅大旱，卒亡过多，其孙仝宏宇缘此于影谱之末续补，萌生创编三门合支谱的念头，但鉴于在外经商且学养有限搁浅。丙戌年（1886），仝宏宇渡河求学于三原大儒贺复斋，尔后学业大长，志乃定。光绪二十二年（1896），仝万年长孙仝辅清当值祠堂，与宗亲商议推举仝宏宇创修三门合支大谱。仝宏宇直系几代一直为编修家谱努力实践。

光绪二十二年（1896）二月初九日开笔。约请十七世仝相清、仝殿桢誊写，三年后，戊戌年（1898）五月，成谱十卷，兼统十一小支。是为仝氏三门丙申谱。一年后，仝宏宇又发现两种族谱资料，一是康熙末年中字小支十一世祖仝枝发曾序其支谱于高祖坟茔之碑阴，另一是乾隆元年（1736）圣字小支十二世祖仝允文序其支谱。于是继续增补，经过庚子（1900）、辛丑（1901），国家有难，仝宏宇恐底稿失于兵燹，急求仝相清誊抄，仝相清鼎力抄写，不避大暑和大寒，得以完成。前后历时六年，于光绪二十七年冬十二月，十五世仝庚辛主持，率合族后裔70余人告祭谱成于鼻祖太始祖三门始祖等历代祖宗神位前。此后大概再次增补修缮，于光绪二十九年（1903）春，最后完成告竣。光绪丙午（1906），安邑县令武树善（1905年起权理安邑县事）受请作序。

由上可见，仝宏宇执笔修撰三门合族谱时，先后参考的仝氏家谱材料有:明代二门族谱两篇序文;孟翁先生手抄祖先厅墙壁遗文续仝氏世系及元明事迹;仝琛重竖合大支世谱碑;仝万年续修谱,照录仝弘义创修本族支谱原序;仝步月创建支碑,记仝美后裔世次,其后曾孙仝庚庆续造继述;仝履、仝重曜等改创本支影;仝景郊创修并详加注释的本支家谱,后来其孙仝宏宇于影谱之末续补;仝枝发于高祖坟茔之碑阴序其支谱;仝允文序其支谱;十余小支之支影。清代资料相对较多。资料的收集利用及编撰,正如谱中所言"考之于碑,察之于谱,详之于影,录之于主,稽乎匾额梁记之上,审乎约契账簿之间,参乎遗嘱分书之际,访乎耆老亲故之前。旁搜远览,无不考其详而录其实","诸端虽有所考而得之于影者独甚多"。参考的族谱资料分为册谱、影谱、碑谱三种类型,还有神主实物、匾额梁记、约契账簿、遗嘱分书、耆老亲故口述。

二、安邑《仝氏丙申谱》的谱牒学价值

安邑《仝氏丙申谱》较为详细地记述了女真族夹谷部后裔元末定居安邑三家庄直到清末 550 年繁衍发展的历史,该谱述仝氏得姓渊源,列述 18 代世系,有撰谱者直系男传女传,宗约、家规家法,族谱文献,附录多篇名家关乎宗法家谱论述文章,是现存清代山西一部珍贵的家谱资料,在中华谱牒史上占有一席之地。对于研究、廓清仝氏发展史具有极其重要的价值,在尚存的仝氏家谱中,其分类合理、体例完整、年代久远、编修严谨,实属罕见,至少在山西省内是独一无二的;该谱与全国各地的仝氏族谱相互对照,对于研究仝氏迁转分布、历史发展,价值无疑是极高的。

仝宏宇序曰"家之有谱,犹国之有史也。史集万国九州之政而综其纲,谱叙一本九族之亲而详其目。善恶贤否褒贬直书,史也。谱则书

美以彰其善,俾后世有可继焉耳。其不书恶,为亲者讳之意也。”[①] 这是关于国史与家谱内容、特征有所区别的精辟论述,对于明晓家谱的教化扬善功用具有一定价值。

《全氏丙申谱》为合谱,其编写体例、内容参考了全氏家谱及其他姓氏家谱,其成书也对全氏及安邑一带其他姓氏编撰家谱具有参考价值。如《族乘草簿序》中所言各家各支续谱书写方式的“凡例七条”,以及“宗约”“家规”“家法”部分,多为撰者亲写。

《全氏丙申谱》卷十所附多篇名学者关于宗族的论述文章,有所节选,略加按语,对于全氏后裔及观瞻此谱的周边地区其他姓氏民众了解宗族伦理相关知识及作谱无疑具有一定参考价值。在得书并非极其方便的古代,这些内容是锦上添花,在笔者所见的清代谱牒中实属少见。

三、安邑《全氏丙申谱》的社会史价值

安邑《全氏丙申谱》记述全氏从元末入居山西南部安邑县三家庄起到清末550年的历史。据现存三家庄村中金代禅院古碑《敕赐慈云院牒》,大定四年(1164)时,已称三家庄“古昔三家,今成百家”,该村存在至少已有900年历史。以三家庄为中心,陆续向周边迁徙,如房子村、圣惠镇从善村、平陆县辛店村和柏树岭韭菜园,还有临汾以及北京、河南唐邑,但主体聚居于三家庄一带。全氏在晋南并非大族、望族,可圈可点的仅有元代鼻祖任安邑县令、明代仝敬三兄弟尚义输粮被封义民、明英宗时神卜仝寅、迁居平陆的清代道光台湾知府仝卜年,从“男传”可见,其男性成员以务农为主,间有为官当吏、经商、从教、阴阳占卜,配偶也有一些以节孝在当地有名。安邑三家庄全氏和

①安邑三家庄全氏宗谱·丙申[M].影印本,2016:17.

中国北方农业区域基层乡间的姓氏家族一样，极为普通常见。全氏家族的历史其实就是基层社会家族几百年发展的一个缩影，故而也可以作为一扇视窗管窥民间社会、基层家族。

（一）研究清末晋南运城一带地域社会

"宗约"第四为"厚风俗"，首列康熙《圣谕十六条》，随后加按语曰"宇自束发至今四十年间，少见父兄师长以此为训，即闱场屋有默写"[①]。可知清末在晋南一带的民间，朝廷提倡200多年的《圣谕十六条》已越来越流于形式，尽管官方和各种家谱仍广为提倡。第六为"革俗弊"，更是反观晋南地方社会实际状况的绝好材料，如"近时丧礼尤失古意，且不依时制，如殡后之哀不用家礼之朔望，而必浮屠之七七；既葬，不行虞祭而三送汤，云是浇龙"[②]。民间丧葬不依古礼，却盛行佛教习俗。又如"吾乡红白事待客多用十二中碗或九盔碗，而席虽荤素不同，然俗规早饭均用集馍，虽隆冬不笼，未免冰口而伤胃；午饭均无茶汤，盛夏亦然，岂不涸人，幸有总汤，每席一大碗，却不撒勺儿，高怀人宁渴不用，将就者拈杯取饮，或致流醊。"[③] 乡间丧葬待客饮食习俗清晰可见。再如"先父云，道光时一班戏才二十余人，而今竟五十有余，真世间之大蠹"[④]，民间戏曲发展，基层民众有需求，儒家伦理无法约束。卷九"家法"之首序曰"《大清律》将不孝不弟之条详载篇后，以见家法有本，而非宇所私拟也。其用之法于所犯之小者，变杖笞为大小戒尺惩之，所以驱之使归于善也而已。至于大罪之徒流绞斩等条目，有上宪按律处治，皆非宗族所敢决断也。然亦详载者，望知而畏之也。其首载罪罚跪各小者过者，此宗事也。况当祭日不宜用刑，至私家有

①安邑三家庄全氏宗谱·丙申[M]. 影印本，2016：724.

②安邑三家庄全氏宗谱·丙申[M]. 影印本，2016：729—730.

③安邑三家庄全氏宗谱·丙申[M]. 影印本，2016：732—733.

④安邑三家庄全氏宗谱·丙申[M]. 影印本，2016：734.

犯而应戒笞者，宜于祭日之外处之可也。”[①]可知清末晋南基层宗族的家法主要起到警戒威慑、教化从善的功用，大概没有同期江南宗族家法执行严格。

（二）研究撰谱者仝宏宇生平经历及道德主张

光绪年间，三门后裔、第十八世仝宏宇历时六年有余编撰成《仝氏丙申谱》，是为三门合支谱。仝宏宇撰谱乃传承家风，其直系几代均为撰谱、保存家族资料而努力实践，立碑、补影、创谱。在国家多难、旧谱散佚情况下，积极补修支影，缘此萌生创修三门合支谱的想法，因外出经商、学养有限，暂且搁置。后来渡河西行，求学于关中大儒、三原贺复斋门下，大概有数年。十年后经推荐执笔编撰家族谱。历经艰难，兢兢业业，严谨求实，最终完成。在谱中“宗事文录”所录文章较为详细叙述修谱始末，其用心尽力跃然谱上。

在“宗约”“家规”“家法”部分，仝宏宇发挥学养大长后的专业所长，引经据典，同时多引时贤言论学说，多加评论阐释。从仝宏宇的精择和阐释内容话语，可以看出他是一位儒家伦理坚守者。正如武树善作序曰“见其纯谨老成，洵为诸生之冠”[②]。梁生荣跋语所谓“贵谱见其宗派极详，恩义极浃，条例极周，引征极博。苟非笃志于敬宗睦族、有心于光前裕后者，不能如此谨严，如此详慎也。以此见公之学术甚正，公之心田甚厚，公之精力甚专。在宗人之无学者或不明其素志。”[③]其所撰《吉凶庆吊暨奖劝学士礼仪议》和《义学培养振衰议》两文，足见其倡导家族重视教育的殷切用心。

作为一名先商后学的清末晋南基层文士，仝宏宇继承良好家风，

---

①安邑三家庄仝氏宗谱·丙申[M]. 影印本，2016：762—763.

②安邑三家庄仝氏宗谱·丙申[M]. 影印本，2016：14.

③安邑三家庄仝氏宗谱·丙申[M]. 影印本，2016：826—827.

不避危难，创修合支家谱，敬宗睦族，贻福仝氏后人。其道德及学术主张，遵循了贺复斋尊程朱、护正学的思想精神，在清末社会加快转型的背景下，追求变末俗、正人心，倡导和践行儒家道德伦理，实为末世的一缕缕遗光，仍在或多或少影响晋南乡间社会。

(三)研究山西仝氏民众迁徙分布

据卷一《考姓明派》，仝氏源出隆州，复姓夹谷，金龙兴时归其属下，成为一部，后随金祖征辽有功，许世袭猛安谋克职，先祖多位以武职入仕，代有仕宦。(蒙)元灭金，改夹谷为仝。“独是子孙繁衍，星散异处。家于隆州者有之，以至家于天德，家于桓笃，家于上京，家于大同、河南者皆有之。”[①] 可见至晚元代时，大同一代已有仝氏民众定居。笔者年幼时，村中仝姓长辈就说本为金人，元代时入关迁居。可见口耳相传与家谱所记是吻合的。家谱称鼻祖仝成庆原本是大同人，为夹谷之奇之后，元至正间在安邑为官，致仕后定居三家庄，遂为三家庄仝氏始迁祖，被尊为鼻祖。仝成庆后裔逐渐繁衍发展，扩散到周围，包括平陆及移居河南唐河。

由上可知，山西仝氏大致在元代出现，最初在晋北的大同一带，晋南安邑三家庄仝氏始迁祖仝成庆原本为大同人，元末定居安邑，而成庆公后裔逐渐以三家庄为中心，向周围扩散移居。那么，现今晋南的仝氏民众基本源自安邑三家庄，晋北的仝氏民众源自大同一带，而晋南仝氏鼻祖仝成庆是从大同定居安邑的。这样，山西仝氏民众主体看似是两个源头，实际是均源自大同，安邑为大同分支，河南唐河为安邑分支，且现存唐河的仝氏家谱与安邑仝氏家谱可以续接。

全国的仝氏民众，以今江苏(睢宁)、河南(平顶山、洛阳、南阳)、山东、山西、河北分布较为集中。比如山西、河南，过去多称是明初大

---

①安邑三家庄仝氏宗谱·丙申[M]. 影印本，2016:27.

槐树移民后裔。现在来看，山西仝氏的迁徙，似乎和大槐树移民并无关涉。即便家谱所称明代二门从安邑迁居唐河，翻中条过黄河南下即可，绝无先北向集中于洪洞大槐树，尔后再发遣豫西南的唐河县，舍近求远。《仝氏丙申谱》也从未提到大槐树。因此，狭义的明初大槐树移民仍是资料缺乏，语焉不详。而把大槐树移民作为一个文化符号、一种汉民族寻根的祖先记忆，似乎更有文化意义。

当然，《仝氏丙申谱》的优点也不止上述这些，尚待进一步研究挖掘。其缺点也是有的，比如上述列举进士均有误，所列世系也有前后矛盾者，有错字衍文，这在家谱中司空见惯，不足为怪。可能依据的资料有误，或抄写致误，或统稿未尽。但瑕不掩瑜，清末山西安邑《仝氏丙申谱》是一部现存极其珍贵的仝氏家谱，借助此谱，大致可以廓清山西仝氏民众发展脉络；同时也是一部珍贵的现存清代山西家谱，对于研究仝氏历史发展及清末山西地域社会具有重要的文献价值。理应引起全国仝氏后裔珍视和研究民族史、谱牒学、山西地域社会史者重视。

（发表于《史志学刊》2020 年第 6 期）

从地域文化图书出版
看改革开放40年山西文化发展

山西是古代中国的重要区域，历史悠久，自然风光秀美。太行山、黄河、长城构织了三晋大地的雄宏壮丽。这里是华夏文明重要的直根，旧石器文化遗址丰富且序列完整，中条山和恒山横亘南北，丁村人和许家窑人生息于汾河和桑干河流域；陶寺遗址证明了最初中国，尧舜禹建都于晋南沃土，开启了早期国家的序幕。表里山河的地形，易守难攻，处于中原农业民族和北方草原民族的衔接地带，长期毗邻封建王朝都城，成为拱卫京师的国防要地，汉魏唐金元是封建王朝统治的核心区域，宋明两代为边防重地。明清五百年，晋商驰骋南北，贸易海内外，开通万里茶道，参与洲际贸易，山西票号汇通天下；洪洞大槐树、朔州马邑圪针沟、走西口移民散布全国数百县份，传播晋地风物方言，后裔众多。革命战争年代，三晋儿女牺牲巨大，贡献突出，作用非凡。响应辛亥革命，反清反帝制；地处抗日前线，全民抗战，助力发展三大根据地；拥护中国共产党领导的人民解放军，反对内战；干部南下，巩固新政权。新中国成立的近70年间，与党中央同呼吸共命运，作为国家的能源重化工基地，为国家现代化建设贡献了大量煤电和化工资源，功不可没。

山西历史文化积淀厚重，资源丰富，无比丰厚的地方文化资源对华北及中原研究具有举足轻重的地位，吸引了海内外中国文化研究者、爱好者关注的目光。新中国成立的70年间，党和国家重视地方文化建设，山西省也发动各种力量积极挖掘研究本土文化资源，为全省的经济社会进步提供了强大的精神动力和智力支持。尤其是改革开放以来的40年间，山西的各项文化事业步入了稳健的发展轨道，为兴晋富民、宣传山西起到了非常重要的社会作用。

研究挖掘和展现山西地方文化的媒介很多，如图书、报纸杂志、新闻广播、影视、曲艺、网络媒体等，而其中山西地域文化类的图书则是展示山西文化积淀和发展成就的一种传统的重要媒介，下面结合本人的收藏、教学、日常所见所闻大致作一介绍，试图通过出版的地域文化图书这一视角，初步勾勒改革开放40年来山西地方文化的发展，以期对关注山西地方文化的人士有所参考。

一、地方志

地方志是行政区域内自然环境、社会历史综合记录的书籍，被誉为地方的百科全书。欲了解地方，必要熟悉地方志书。山西现存1949年之前的地方志（包括政区志、专业志）约有500种，从元明清到民国均有，主体是清代、民国的，占到全国现存旧志二十分之一。1949年以后编纂的地方志，被方志学界称为新志。改革开放以来，山西是社会主义新方志重要的策源地，1977年12月，寿阳县委书记倡导成立了县志编委会和办公室，编纂《寿阳县志》，据说属于全国第一家。1978年，临汾市干部李百玉上书中宣部，获得胡耀邦同志批示"大力支持在全国开展修志工作"。1980年，山西省成立了山西省地方志办公室，成为全国最早设立省级修志机构的省份之一。1981年，中国地方史志协会筹备小组会在太原举行。1982年，中国地方史志协会在太原举办北方八省、自治区地方志研究班。山西在新方志编研方面给全国开了风气、带了好头。1994年，山西省地方志办公室和党史办合并组建山西省史志研究院；2010年，山西省史志研究院撤销，省地方志办公室重新独立设置。山西省地方志办公室出版的内部期刊《山西地方志通讯》1980年创刊；1987年改名《山西地方志》；1993年改名《沧桑》，成为全国省级方志期刊第一家有正式刊号者；2015年改名《史志学刊》。在近40年间方志事业中，山西可圈可点之处甚多，在全国有积极的带动效应。

截至目前，山西省三级志书全部完成。《山西通志》（中华书局）50卷66册5000万字，二轮志规划的《山西省志》（中华书局）已经出版四五十册。地区志、市志除《朔州市志》因为建市较晚未编，其余均已出版。县志包括区志全部完成，二轮志县志的续编也在有序进行。专业志、部门志出版数量众多。乡镇志、村志出版至少有2000部，其中以晋东南、晋南为最多。旧志中的政区志，整理包括点校、点注、标点、影印出版足有250部，其中，6部《山西通志》由中华书局点校整理出版5部，第六种即嘉靖《山西通志》由中华书局于2017年影印出版。府州志大部分影印或点校出版。有40多个县业已把旧志全部整理出版，绝大部分县均能整理出版至少一种旧志，其中太原市把辖区全部府志县志整理出版，长治市在1990年左右曾把辖区旧志绝大部分排印整理线装出版基础上，除了长治县和平顺县外，其余县市全部旧志点校合订出版。这样就为全省各地的地方历史文化研究提供了第一手资料，同时也是山西地方文化繁荣发展的重要表现。

2012年以来，编修地方志成为政府立法的工作，省地方志办公室依法领导和监督，推动方志事业稳步前进。目前已有若干市县建立了方志馆，成为展示区情和地方文化的重要窗口。门类齐全的山西各级方志记述了区情，也是传承历史的重要依托，是地方文化收集整理、研究挖掘的重要表现，也是展示的重要载体。

二、文化研究丛书

丛书是汇编群书而成的套书，一套丛书至少突出一个主题。民国时，山西曾编过《山右丛书初编》。近40年来，山西编撰了多部省市县文化丛书，成为展示区域文化历史面貌的重要载体。

1. 省级丛书。首推1988年成立的山西省三晋文化研究会，他们组织编写的《山西历史文化丛书》（山西人民出版社、山西春秋电子音像出版社、三晋出版社）近40辑近500册，内容简明扼要，全面展示山西历史文化。《三晋石刻大全》（三晋出版社）按县域出版，已经出版近70县市，达到全省一半县份略多，全面清理辖区碑刻资料，包括亡佚碑刻、录文、附录部分碑刻拓片照片，这可以说是研究的第一手资料，成为区域历史文化研究的珍贵资料书，反映了山西地区碑刻资料保存丰富，同时出版《三晋石刻总目》（山西古籍出版社）9册。《三晋文化研究丛书》1990年以来陆续出版上百种，部头稍大的如《傅山全书》（山西人民出版社，1991年）、《蒲州梆子传统剧目汇编》（临汾地区三晋文化研究会内部印行，1993—1995年）。《山西文华》是省里近年组织编撰的大型地方文化丛书，分为著述编、史料编、图录编，收录晋地史料、晋籍人士著述，已经出版120种数百册，如《晋政辑要》（三晋出版社，2015年）、《傅山全书》（山西人民出版社，2016年）、《山右石刻丛编》（三晋出版社，2018年）、《河东盐法备览》（三晋出版社，2018年）、《山西历史地图集》（山西科学技术出版社，2018年）、《山西古代寺观彩塑》（山西人民出版社，2019年）等等，成为集中展示山西地方文化的一道亮丽风景线。《山右丛书初编》（山西人民出版社，1986年）影印出版已有30年了，点校本（上海古籍出版社，2014年）和《山右丛书二编》点校本（上海古籍出版社，2017年）均是新近出版的，体现了对山西古代文化的重视。《三晋史话》丛书（山西人民出版社、三晋出版社，

2016年)12册,综合卷1册、分市卷11册,按年代先后叙述全省及各市历史人物、事件及状况。

2. 市级丛书。多是各地级市三晋文化研究会或文化宣传部门组织编撰。《晋阳文化研究》(山西古籍出版社、三晋出版社、山西人民出版社)8辑10册,《晋阳文化研究丛书》(山西古籍出版社,2003年)13册;《大同历史文化丛书》(山西人民出版社)8辑80册;《朔州历史文化丛书》(山西古籍出版社、三晋出版社)6辑60册;《忻州历史文化丛书》(山西人民出版社,2017年)10册;《阳泉历史文化丛书》(三晋出版社)3辑30册;《吕梁文化丛书》(人民文学出版社)2辑10册;《晋中历史文化丛书》(三晋出版社,2016年)10册;《临汾历史文化丛书》(临汾市三晋文化研究会内部印行)10辑100册,《平阳文化研究丛书》(临汾市三晋文化研究会内部印行)20余册,《临汾历史文化研究丛书》(临汾市三晋文化研究会内部印行)15辑15册;运城的《河东文化丛书》(作家出版社、山西人民出版社)4辑20册;《魅力长治文化丛书》(北京燕山出版社,2005年)10册;《晋城历史文化丛书》(中华书局,2010年)10册。以上全面展示全市域历史文化效果非常显著。

3. 县级丛书。如《孝义文化研究》(山西人民出版社)8辑40册,《清徐历史文化丛书》(北岳文艺出版社)24册,《阳曲县历史文化丛书》(北岳文艺出版社,2015年、2016年)2辑12册,《沁源历史文化丛书》(北京燕山出版社,2008年)7册和《沁源历史文化丛书》(沁源县委宣传部内部印行,2009年)9册,《人文襄垣丛书》(北京燕山出版社,2011年)10册,《灵石政协文史资料丛书》(灵石政协内部印行)9册,《绛县名典》系列丛书(山西人民出版社,2015年)4册,《人文洪洞》(山西经济出版社,2019年)10册、《洪洞文化系列丛书》(董爱民主编,内部印行,2004年)5册,《赵城文化丛书》(李长青等主编,内部印行)6册。

4. 专题丛书。《晋商史料全览》(山西人民出版社,2006年、2007年)17册,《晋城文物通览》(山西经济出版社,2011年)10册,《晋城历史名人文存》(山西古籍出版社、三晋出版社、中州古籍出版社,2006—2016年)近20册,《阳城历史名人文存》(三晋出版社,2010年)8册,《高平历史文化资料》(民革高平市支部委员会内部印行,2009—2014年)18册,《晋北民俗文化丛书》(山西古籍出版社,1999年)10册,《山西地方志资料丛书》(山西省地方志编纂委员会办公室内部印行)10余种,《山西旅游景区志丛书》(山西古籍出版社、三晋出版社、山西人民出版社)20余册,《山西旅游风景名胜丛书》(山西经济出版社)20多册,《沁河风韵系列丛书》(山西人民出版社,2016年)31册,《造父文化丛书》(三晋出版社,2016年)10册,《平阳记忆·法显文化丛书》(三晋出版社,2018年)3册。

这里要尤为突出强调山西省、市、县各级三晋文化研究会组织,他们基本是由退休干部和各地文化人士组成,属于社会团体,本着对家乡或多年工作地的热爱,自发挖掘区域文化,不计名利,任劳任怨,十几年、二三十年持之以恒,成为山西历史文化研究的生力军,晋南临汾好几个县如襄汾、乡宁都组建了乡镇级三晋文化研究会。初步实现全省地方文化研究挖掘全覆盖,功劳显著,他们的工作业绩必将流芳后世。《三晋石刻大全》和上述一多半历史文化丛书编撰出版就是他们的工作成果。

各级各类文化研究丛书,从多方面、多角度展示省市县域历史文化,古代文化、革命文化兼有,是在对区域文化深耕基础上的产物,既表现了地域文化的厚重,也体现了各级政府对地域文化的珍视,同时也是山西各地文化人士辛勤钻研区域文化的结晶,成为传播地域文化知识的重要载体,也成为山西各地历史文化的百科全书,为大家喜闻乐见。

三、政协文史资料

省、市、县各级政协均设有文史委，他们定期不定期编撰出版文史资料，这是挖掘和展示山西地方文化的一块重要阵地。县级文史资料委员会多是在纪念抗日战争胜利40周年时设立，也就是改革开放以来的事。建立伊始，开始收集编撰文史资料，侧重革命文化，坚持亲历、亲见、亲闻的“三亲”原则，多有口述和访谈，成为记录革命文化、红色文化的珍贵资料。2000年以来，各级文史资料扩容，也登载古代历史文化，近年来与时俱进，本着抢救历史的原则，适时刊载南下干部、抗美援朝、知青上山下乡运动等专栏，体现了地域文化内容丰富，为晋籍人士及其他研究关注山西地域文化者喜爱。尤其是市县文史资料出版过一些专辑，比如碑刻、文物、晋商、水利、卫生、交通、人物、家族、诗歌等等，弥足珍贵。如忻州市政协文史委印行《忻州文史》专辑的《忻州商帮》(2006年)3辑3册、《古碑文录》(2009年)5辑5册、《古楹联录》(2010年)1册;《南下干部资料专辑》(2013年、2014年)4辑4册、《历史文化揽要》(2017年)2辑2册；尧都区、襄汾县、高平市、晋中市、榆次区、繁峙县、代县、运城市、大同市城区、清徐县、左云县、阳泉市、右玉县、介休市、绛县的文史资料均出过晋商专辑或晋商研究专书，足见明清两代山西晋商遍布全省，并非晋中地区独有。市县的文史资料，多是一年一辑，最多的已经出版40多辑，如清徐县。

《山西文史资料》于1960年代创刊，“文化大革命”中停刊，在1979年复刊，也是在改革开放之后，集中刊登山西革命文化文章，2002年为扩大外销改名为《文史月刊》，此后刊载文章不限于山西省域内容题材，近年来又有所回归，集中刊登山西地方文化研究文章，成为集中展示山西地方文化研究的主要期刊杂志之一。由于连续出版，难于收集齐全，有的出版了选编或合订本，如《山西文史资料》编辑部1998年曾印行合订本《山西文史资料全编》(1—120辑)10大本,1992年曾出版《山西文史资料精选》(山西高校联合出版社)10册;《临汾文史资料全卷》(临汾市政协内部印行,2016年)19册,《长治文史资料选编》(长治市政协内部印行,2013年)4册,《安泽文史资料1—6合辑》(安泽县政协内部印行,2015年)等。有的文史资料连续出版几期为同一主题,也为一部小丛书,如忻州市忻府区政协内部印行的《老忻州系列文史丛书》5册,代县政协内部印行的《代县文史资料专辑》9册。

各级政协主办的文史资料,持续挖掘、宣传区域文化,成效显著,成为山西地方文化传播交流的重要媒介,尽管多是内部书刊,但照样成为山西地方文化展示和交流的重要平台。

四、专题文化书籍

各类专题研究的山西文化书籍,涉及山西地方文化研究的方方面面,包括资料书、工具书、地图、研究著作、史话、人物传记、红色文化等等之类,数量相当巨大,无法详细具体列举。但毫无疑问,在新中国成立以来的70年间,最主要是在改革开放以来的40年间出版发行的,尤其是2000年以来,出版的山西文化书籍种类数量更是呈现突飞猛进态势,充分体现了从中央到省市对文化的重视。山西也不负众望,积极编撰出版文化图书,适时展示了自己的文化魅力,留下了"五千年文明看山西""华夏古文明,山西好风光"等等美誉。

此外,展示山西地方文化的尚有改革开放40年间出版的多种影集、画册,内容涉及山西的自然风光、精美文物、古建遗存,翻阅之后令人向往,这也是展示山西地方文化的较好图书,兹不赘述。

改革开放至今已有40年,其间山西的地方文化事业稳步推进,大致经历了1978—1992年、1993—2012年、2012年至今3个阶段,山西的各项文化事业随着国家全面的政策调整、经济社会发展而扎实前行。2012年以来,山西省适时大力落实经济发展转型,发展文化旅游成为山西经济社会发展的一大抓手,而30多年来持续开展有效的地方文化研究,编撰出版的大量图书,无疑能为文化旅游提供全方位的智力和文化支撑。2012年以来的8年间,山西文化发展又好又快,新的地方文化图书如《魂系山西》(山西经济出版社,2012年)、《山西历史文化读本》(山西教育出版社,2013年)、《山西文明史》(商务印书馆,2015年)、《山西密码:多维度探索山西地域历史发展的大势》(山西教育出版社,2017年)、《开放与融合:山西历史文化的品格》(三晋出版社,2018年)、《山西笔记》(北京日报出版社,2018年)等适时出版问世,反映了山西各界对山西文化较为全面深入的研究思考,山西各级政府和民众对山西文化的自信,以及大家对山西转型发展成功的期待。"问渠那得清如许,为有源头活水来",从较长期的能源重化工基地转型为文化旅游、装备制造等新产业新能源大省,山西有了前进的明确方向,只要方向正确,全省上下形成合力,有党中央正确领导,不断汲取内涵充沛地方文化营养的三晋大地一定能够实现从文化大省向文化强省顺利转变的奋斗目标。风清气正、山川秀美、和谐发展的山西,也是我们今人要对得起前人和后人的庄严使命。

参考文献:

1. 任根珠. 西樵志语[M]. 北京:方志出版社,2003.
2. 刘益龄. 山西地方志史[M]. 太原:三晋出版社,2015.

(纪念改革开放40周年征文,后刊登于九三学社山西省委主办《山西社讯》2020年第1期)

山西地方史

山西历史地位及文化区域刍议

古代的山西地区，是中国一大重要区域，有“五千年文明看山西”之美誉。历史文化资源和自然资源都极为丰富。研究山西，对华北乃至全中国都具有重要的学术意义。笔者结合多年来对山西历史的教学实践和研究思考，充分参考整体讨论山西地域历史文化的研究成果[①]，试图对山西在古代中国的历史地位以及山西的文化区域划分提出自己的一些想法，不足之处敬请方家指正。

一、山西的历史地位

35 年前，谭其骧先生在山西大学的演讲稿《山西在国史上的地位》[②] 刊布后，对山西历史地位的精准认识成为其后讨论山西历史地位时无法逾越的标志性学术成果。谭先生的分析是纵向的，较为全面。笔者试图在此基础上进一步归纳总结山西的历史地位，以凸显山西历史地位之重要性。大致而言，在旧石器时期、早期国家时期、秦汉时期、春秋战国、十六国北朝、隋唐五代时期、金元时期，山西地区处于古代中国的核心区域；商代西周时期、宋代、明清时期，山西处于古代中国的重要区域。

---

①刘影．皇权旁的山西——集权政治与地域文化[M]．北京：新星出版社，2007.

②谭其骧．长水集：下册[M]．北京：人民出版社，2011：334—346.

(一)山西处于核心区域时期

开启人类文明的旧石器文化时期，大致从距今 300 万年到 1 万年。中国的旧石器文化遗址，目前认为大致始于距今 200 万年左右。山西发现的旧石器文化遗址，有 400 多处，总数居全国首位，且序列完整。旧石器时期早期，多在晋南的中条山南麓，西侯度遗址距今 180 万年、匼河遗址距今 80 万年。旧石器中期，南有汾河下游的丁村遗址，北有桑干河流域的许家窑遗址，均在距今 10 万年左右，皆有古人化石出土。旧石器晚期，南有柿子滩遗址，北有峙峪遗址，距今 2 万年左右。在探索中国古人类历史的过程中，山西发现的旧石器遗址在全国具有典型意义，尤其是丁村人的发现，打破了当时的中国人种来源的几种说法，承接了北京人到山顶洞人的历史，具有极其重要的文化意义。

早期国家产生时期，山西地区是最为学界关注的区域。晋南陶寺遗址的考古发现，城墙、宫殿、手工业区、观象台、圭尺，说明陶寺已经广泛具备早期国家的特征与规模。《史记》所载，尧都平阳、舜都蒲坂、禹都安邑，都在晋南地区，既有其后历代修建的纪念建筑，又有广为传颂的故事、传说、歌谣。临汾、运城盆地土地肥沃，水利便利，适合早期农业，又有盐池之利，成为理想的建都之地。夏代的统治中心在晋南、豫西，豫西有二里头，晋南有东下冯，山西南部也称大夏、夏墟，成为探索夏文化的核心区域。

春秋战国时期，晋国与三晋地位显赫。春秋早期，晋国逐渐发展壮大，城濮之战，践土会盟，晋文公一举成霸，此后晋国称霸中原 150 年，一部春秋史就是一部晋楚争霸史。晋因之成为山西的简称。韩赵魏三家分晋，揭开了战国历史的序幕。战国前期，魏国称雄。战国中期，赵国崛起。成为抗衡西秦、东齐的强国。晋国强盛，秦国东向受阻，独霸西戎。三晋分立，秦国逐渐越过黄河攻城略地，最后灭掉关东六国，一统天下。韩赵魏早期的都城平阳、晋阳、安邑均在今山西，后来逐渐随着领土伸缩迁至今河南、河北。山西亦称三晋。春秋战国时，山西是影响中国历史的核心地带。

秦汉时期，帝国北部有匈奴的威胁，山西的战略地位凸现出来。山西北部成为防御、抗击匈奴的前线。修建马邑、平城、长城，白登之围、马邑之谋均发生在这里。晋南成为帝国的核心农业区，人口稠密，经济较好，文化较为发达。因而河东郡在汉代直属设在京师的司隶校尉部统辖，足见帝国之倚重。关中和“三河”地区为秦汉帝国的心脏地带。

东汉后期，南匈奴内迁山西。曹魏时，匈奴五部分驻山西。十六国北朝时，匈奴、鲜卑、羯、羌进入山西建立政权。汉、前赵、后赵、前燕、前秦、代、冉魏、西燕、后燕、后秦、夏先后部分或全部占领山西。304年，刘渊在吕梁山区建立汉政权，建都左国城，掀开了十六国历史的序幕。经过后赵大致统一北方、前秦统一北方，最后北魏统一北方。398年，北魏由盛乐迁都平城（今大同）；439年统一北方；493年，迁都洛阳。北魏在平城建都近百年。北魏分裂为东魏、西魏后，尔后是北齐、北周，山西主体是东魏、北齐的地盘，晋阳作为陪都、霸府，成为东魏、北齐实际的权力中心。这一时段，从北到南，平城、晋阳、平阳成为三座核心城市。以往的研究者多关注平城、晋阳，却忽略了平阳的战略要冲地位。刘渊迁都平阳，前后十年。北魏时，平阳成为防御来自吕梁山南麓山胡南扰的重要屏障。东西魏、北齐北周对峙时，临汾盆地成为双方在山西争夺的一线，晋州会战，最后北周打败北齐，随后攻克晋阳，不久邺城破，北齐灭亡，北周统一北方，开启了隋代统一全国的先河。可见，十六国北朝时期，山西是搅动中国历史的核心地带，同时也是民族对峙与融合的大舞台。

隋唐五代时期，山西又一次处于核心区域。隋唐两代，突厥雄踞帝国北部，山西北部地区仍是国防重地。朝廷对云中、雁门、晋阳甚为重视，驻重兵、派良将。杨广、杨谅均出任并州总管，杨广派李渊担任晋阳留守，太原成为防备突厥的重地；隋朝曾设有太原仓，广储粮食物资。唐代时，太原被定为北都，蒲州曾短期被立为中都。长安、洛阳、太原构成的三角地带，成为帝国的核心区域。安史之乱爆发后，叛军在河北，朝廷在陕西，河东横亘期间，云中、太原、潞州都成为平叛的要地。唐代后期，昭义节度使所在河东道的潞州、泽州成为朝廷打击河北藩镇的重地。五代时，后唐、后晋、后汉的开国皇帝都曾担任河东节度使，驻守太原进而登基称帝。十国之中唯一在北方的北汉，建都太原，立国 29 年，主要占有山西中部地区。979 年，北宋灭亡北汉，标志着统一事业基本完成。宋廷视太原为龙兴之地，于是乎赵光义下令火烧、水灌晋阳城，毁灭千年晋阳城，尔后在其东北 40 里地处重建太原城，修建丁字大街，以示钉住龙脉，防止再次从这里诞生新朝天子。

金元时，山西区位优势非常明显。金代时，河北、河东、山东地区为王朝的核心地带。元朝时，山西为中书省直辖，为腹里之地。金元时，山西分为三路：大同路、河东北路（太原路、冀宁路）、河东南路（平阳路、晋宁路）。山西成为经济、文化最重要的地区。文化发达，文人聚集，政府在临汾设置经籍所，成为北方唯一的官办印刷中心，平水刻盛极一时，《大藏经》《道藏》在此刊行；河汾诸老唱酬歌咏，写诗作文；杂剧由此传承发展，是为中国戏曲的中心地带，至今留存多座金元戏台。平阳路、太原路的商税在全国处于最前列，经济繁荣、商业发达可见一斑。

（二）山西处于重要区域时期

商代西周时期，山西属于重要区域。商代在河南建都，西周在关中建都，尽管与山西有太行山、黄河之隔，但商代西周时，山西地区尤其是晋东南、晋南都是商周王朝统治的核心地带。此时，山西地区活跃有诸多方国、部族。在探索商周历史过程中，山西的考古材料及遗址弥足珍贵，如柳林高红、石楼桃花者、灵石旌介、垣曲商城、曲村天马遗址。

北宋时期，山西地区是重要的边防要地。960年正月赵匡胤陈桥兵变代周建宋，山西的一半土地随之入宋。但北部的云应寰朔四州20余年前已被石敬瑭割让给契丹。北汉在山西中部建国，占有十州之地。晋东南的潞州为不认同赵匡胤的李筠占据。建宋半年后，李筠拥兵反宋，攻占泽州，赵匡胤亲征泽州，不久打败李筠，进占泽州，平泽潞。之后宋太祖派兵三次下河东，进攻北汉，尽管没有得手，但也重创北汉刘氏政权，且宋军撤退时强行带离沿途北汉民众入宋，北汉愈益衰落。随着先南后北统一方略的有效推行，979年宋太宗亲征北汉，围城打援，刘继元被迫投降，北汉灭亡，标志着赵宋统一大业的基本完成。包括云应寰朔在内的幽云十六州无法收复，成为宋王朝历代帝王的一块心病。宋太宗时，先后有高梁河之败和雍熙北伐，均以失败告终，陈家谷一战，杨业殒命。只好对辽采取守势，沿勾注雁门一线与辽对峙，守内虚外。山西北部的云应寰朔地区一直为辽国占据。北宋时，河北、河东、陕西三路成为防御辽夏的前线，是为上三路。尤其是河东路，同时防御辽和西夏。河东路统辖黄河西岸今陕北的麟州、府州、丰州，3州直面西夏，跨过黄河为其补给，因此边防意义更加突出。宋廷甚为重视河东路，选良臣，驻精兵，不时派要官巡行。如太宗时派名将杨业镇守代州雁门关一带，屡败辽兵，修城筑堡，威名传于边关。仁宗时欧阳修奉使河东，留下了名篇《河东奉使奏草》。

明清时期，山西依然属于重要区域。明王朝建立后，元顺帝退回漠北，之后有明一代，蒙古成为明王朝的北部大患，有“土木之变”，至嘉靖间冲突达到顶点。明朝沿今日山西与内蒙古分界线修建长城，至今遗迹清晰多见。九边之二大同镇、山西镇就在山西，驻军人数众多，尤其是宣大，对拱卫北京意义更为突出。晋北的偏头关、雁门关、宁武关被称为守御北京的外三关。开中实边，山西商人崛起，平阳、泽潞商帮富甲天下，解盐、潞绸、铁货行销国内。清代时，实现大一统，山西近邻北京，自为重要区域。山西商人继续发展，晋中（平遥祁县太谷介休汾阳孝义）商帮后来居上，富甲天下，开通万里茶路；泽潞商帮南下中原、晋南商帮营销西北、忻代商帮北向草原；贩卖茶盐、布匹、皮毛、药材、铁货、烟草、日杂，生意做到国外。清代中期，晋中商人资本积累雄厚，适时建立票号，之后在全国广设分号，远及海外，开中国近代银行之先河，对国家的经济生活做出了重要贡献。明清两代，山西商人异军突起，人数众多，财力雄厚，长时不衰，至今山西会馆遗迹仍在全国广布。

综合山西在中国古代属于核心区域和重要区域的时段，不难发现，几乎涵盖了古代中国所有时期。基于此，山西在古代中国的历史地位之重要性不言自明。是为治世之重镇，乱世之强藩。正如谭其骧先生所言，在分裂割据时期，山西地位之重要性更为突出。

二、山西的五大文化区域

山西的文化资源丰富厚重，已为省内外广知。但省内各个区域的文化资源，却是互有异同，甚至个性分明。比如，山西的考古学专家曾把山西的考古学文化划分为不同的区域（以涑水河流域或运城盆地为中心的晋西南，以汾河下游或临汾盆地为中心的晋南，以长治盆地为中心的晋东南，以桑干河流域或大同盆地为中心的晋北，以吕梁山一线为中心或主体的晋西北，以汾河中游或忻定及太原盆地为中心的晋中）[①]。方言学家也曾从方言角度划分山西为若干区域，如李荣先

①田建文. 山西考古学文化的区系类型问题[A]. 山西省考古所. 汾河湾——丁村文化与晋文化考古学术研讨会文集[C]. 太原：山西高校联合出版社，1996：126—137.

生把山西分为中区(太原、晋中及吕梁平川数县)、西区(吕梁及临汾西山数县)、北区(大同、朔州、忻州)、东南区(长治、晋城)、西南区(运城、临汾)、东北区(广灵一县)。前些年,省里的文化宣传部门曾把山西分为三个典型的文化区:北部佛教文化区、中部晋商文化区、南部根祖文化区,明显不太全面。结合近些年各地对自身文化的挖掘研究,重新划分山西的文化区域无疑具有积极意义。

山西现有11个地级市,结合历史因素和区域地理,笔者认为应分为五大文化区域。

(一)晋北文化区

这一区域大致包括大同、朔州、忻州3市,以边塞文化、佛教文化为特点。边塞文化包括沿阴山余脉、黄河、雁门勾注历代修建的长城,以及附属长城防御体系的堡寨、烽燧、军镇,于此发生的战争冲突、民族融合、边贸往来、文化交流;明初马邑移民,清代以来的走西口移民活动。佛教文化包括最富盛名的五台山、云冈石窟、应县木塔,以及华严寺、善化寺、崇福寺、觉山寺、岩山寺等著名的佛教建筑。

(二)晋中文化区

这一区域大致包括太原、晋中、阳泉3市。以晋商文化和晋省中枢为特点。清代以来,平遥、祁县、太谷、榆次、介休、灵石产生了众多商业家族,如祁县的乔家与渠家、太谷的曹家、平遥的雷家和李家、榆次的常家、介休的范家和冀家,生意规模大,开通万里茶路,清代中后期广开票号经营汇兑业务,留下了诸多晋商大院,其商业历史、经营管理理念、家族文化具有极大的研究挖掘价值。太原之所以成为晋省首府,发端于春秋时晋国赵氏家臣董安于营建晋阳城,历代叠加,但其地处晋省中枢,四至八道天然适宜,无疑是成为首府所在的最主要原因。

（三）晋西文化区

这一区域大致包括吕梁1市及属于吕梁山区的临汾西面部分县份。以民族融合文化、道教文化、红色文化为特点。吕梁地区以山区为主，这里自商代以来就活动有诸多方国、部族，土方曾参加武王伐纣，如石楼出土过一批精美青铜器，柳林高红遗址；东汉魏晋北朝时，少数民族政权渗透严重。刘渊曾在吕梁建立汉政权，开启十六国历史的序幕。因而民族融合因素较为突出。道教文化在吕梁地区较为发达，建筑遗存众多，北武当山最为有名。抗日战争时，红军东征，晋绥边区在兴县蔡家崖设立，有力地指挥了山西西部的抗战，策应和拱卫了中共陕甘宁边区首府延安。

（四）晋南文化区

这一区域大致包括临汾、运城2市。以根祖文化和晋省要重为特点。这里是华夏文明重要的直根，中国早期国家产生之地，尧舜禹、夏王朝活动的核心地带。明初洪洞大槐树移民，据称历时几十年，移民数十万，移居全国数百县份。洪洞大槐树成为汉民族家国记忆的文化象征。洪洞大槐树移民声名远播海内外，洪洞成为全球华人老家、精神家园，成为全中国名县。大槐树成为民国以来众多华人的祭祖寻根之地，成为祖先来源地、汉民族的集体文化记忆。临汾和运城古称河东、平阳，这里自古以来是山西经济文化最为发达的区域，人才辈出，许多姓氏的来源地，如赵姓、霍姓、贾姓，魏晋隋唐河东的裴氏、柳氏、薛氏、王氏，卫青、霍去病、关羽、裴松之、裴秀、王通、王勃、裴度、柳宗元、司马光、郑光祖、薛瑄；池盐、铁、铜资源丰富；农业基础好，水利便利，温度适宜，向为国家的粮仓、麦棉产区，黄河和汾河利于转输。历代均是晋省要重之地。

（五）晋东南文化区

这一区域大致包括长治、晋城2市。以神话和民间信仰、古建、红色文化为特点。上党地区为太行山南麓,海拔高,与天为党,古称冀南重镇。炎帝传说及遗迹密集,炎帝神话、精卫填海神话、女娲神话、后羿神话、愚公神话、尧舜禹神话、商周神话[①]富集,成为全国重要的神话策源地之一。宋代以来,随着儒学复兴、佛教世俗化及儒佛道三教合流,宋廷对地方神灵的进一步收编以加强统治,地域神灵大肆兴起,如女娃、二仙、汤王、三嵕,加上炎帝、玉皇、关帝、东岳。祭祀上述神灵的建筑历代兴修,当地留下了宋金元以来众多古建筑,其中有精美的木构、壁画、彩塑、石雕、碑刻,成为全国同期古建筑遗存最多的地方,成为今日历史人类学学者最为眼热的地域。上党地区地质构造特点使得这一区域自古以来少有较强震级的地震,是如此多的古建得以留存至今的最重要因素。抗战时期,太行、太岳区是晋冀鲁豫边区的重要组成部分,八路军总部曾设在武乡砖壁村,黎城黄崖洞的兵工厂,上党战役拉开了解放战争的序幕,这里的红色文化资源丰富,建有八路军太行纪念馆。

上述五大文化区域之划分,基本考察了区域的地理方位和文化共性,大致参照现有11地级市,当然绝非能够截然分开。这种划分涵盖了山西全部省域,立足区域文化特性,以期对山西文化区域深入审视和思考。山西的五大区域文化各有特点,共同构造成内涵丰富、积淀厚重的晋文化(即晋省文化或山西地域文化,而非晋国文化)。

三、山西历史文化的区位特点

山西历史地位的形成,离不开山西的区位地理形势和政治环境。表里山河的地形,长期毗邻京城,成为影响山西历史地位的决定性因

①刘毓庆.华夏文明之根探源:晋东南神话、历史、神话与民俗综合考察[M].北京:人民出版社,2011:311—317.

素。南北发展呈现明显差异,是山西历史及文化的明显特点。

(一)表里山河

山西区域整体海拔较高,与邻省有山河之隔,太行山、黄河、长城铸就了山西,向为一个相对独立的地理单元。在战争年代成为周边省份民众躲避战乱的理想移民之地,随着多次移民涌入保存了多元文化。作为中华文明早期的发祥地和集散地,北方草原文明和中原农业文明的交错衔接地带,民族融合的大舞台,相对封闭的区位环境又保存了多种古老的文化。在探讨中国古文明、古代历史文化的过程中,整体而言,山西无疑是最重要的区域。境内又有较大的五岳(北岳恒山、东岳太行、西岳吕梁、中岳霍山、南岳中条)、六水(桑干河、滹沱河、汾河、涑水、沁河、清浊漳河),成就了境内互有异同、特质鲜明的文化区域。

北方民族南下,中原陷入分裂割据之际,山西往往是必争之地,山西大多处于核心区域地位,所谓乱世之强藩。中原王朝统一,北方雄踞强大少数民族之时,山西往往是边防重地,山西多处于重要区域地位,所谓治世之重镇。

(二)长期毗邻京城

长安、洛阳、北京、开封,是中国著名的古都;安阳、镐京、咸阳,也曾建都。古代中国在北方建都时,山西一直毗邻王朝都城所在地,常常归于近畿、腹里之地,对于朝廷具有举足轻重的地位,历代王朝都非常重视山西这个区域。山西既为独立区域,可以据守,也可以出击,又紧邻京师,造就了其地位之重要性。山西的安危直接影响到了京城乃至国家的安危。[①]

---

①顾祖禹.读史方舆纪要[M].北京:中华书局,2005:1778.

（三）南北文化互异

山西北部受地形、气候之影响，与北方草原地区接壤，北方各民族进出频繁，交流活跃，受北方民族影响亦大。与邻近之陕北、内蒙古、张家口文化习俗、方言多有相似。山西南部尤其是晋南，即临汾、运城地区，农业基础较好，为山西古代文明最早产生之地，也是古代山西经济发展最好的区域，同时也是山西各地文化最为发达的地方，且能长期延续，故称之为晋省要重之地。这一区域与陕西的关中、豫西文化习俗、方言多有相似，共同组成了中华文明的发祥之地。因此，晋北与晋南的区域历史、文化是有明显差异的。时至今日，晋北地域文化多研究的是长城边塞、民族融合，而晋南多研究的是尧舜禹、文明起源。

（发表于《忻州师范学院学报》2017 年第 4 期）

近20年山西区域文化研究的回顾与反思

一、山西区域文化近20年来研究的简要回顾

山西是中华文明发生发展的核心区域之一，历史文化悠久，积淀厚重。特殊的区域环境，表里山河，古代处于农耕区与游牧区的分界线上，加之长期临近封建王朝的都城，因此分裂时期、战乱年代是兵家必争之地，有得河东者得天下之说，数个王朝由此发家或在此建都；王朝统一时期又成为拱卫京师的腹里之地，在此几建陪都。作为中华民族一处重要的发祥地区，山西境内文化遗址较多，有“华夏文明看山西”之说；作为一个封闭的地理单元，四周环山临河，使得山西境内保存了众多的古代建筑，尤其是国内现存宋元及其以前的建筑半数以上保存在山西，因此有“中国古建筑的博物馆”之誉；加之现存丰富的民居、民俗、方言、碑刻，使得山西地区近年来成为中外学者愈加关注的区域。

对山西区域文化的关注和研究，省内省外代不乏人，始终没有被忽视。但在中华人民共和国成立后的前30年取得的研究成果主要集中在文物考古方面；应用新理论、新方法开展全方位的研究应该是20世纪80年代中期以来的事，距今只有20多年的时间。改革开放以来，伴随着中国文化热的时潮，地域文化研究开始升温。20世纪80年代中期，省里适时成立了三晋文化研究会，之后在各地级市先后成立

了分会,再后来一些县里也陆续成立了县区级分会,成为团结省内知识界研究晋文化的核心团体，三晋文化研究会承担了晋文化研究最主要的组织领导工作，所属会员成为晋文化研究的主力军。20世纪90年代,省三晋文化研究会组织整理、编辑出版了三晋文化研究系列丛书近百种,比如(光绪)《山西通志》(中华书局,1990年)、《山西历史地名通检》(山西教育出版社,1990年)、《傅山全书》(山西人民出版社,1991年)、《三晋历史人物》(书目文献出版社,1993年)、《裴氏世谱》(山西人民出版社,1994年)、《三晋古文化源流》(山西古籍出版社,1997年)、《山西文献总目提要》(山西人民出版社,1998年)、《山西民俗》(山西人民出版社,1991年)、《三晋文化论丛》(一、二、三)(山西古籍出版社,1994年、1995年、1997年)、《三晋传统饮食文化丛书》(山西科学技术出版社,1998年)、《蒲州梆子传统剧本汇编》(临汾地区三晋文化研究会内部印行,1993—1995年)等。与此同时,各地市也在积极挖掘自己的历史文化和民俗文化资源，寻找当地文化研究的聚焦点和突破口。比如太原的晋阳文化;晋中的晋商文化;临汾的尧文化、晋都新田文化和大槐树移民文化;长治的上党文化;运城的盐文化和关公文化;大同的云冈石窟文化;忻州的五台山佛教文化。他们先后成立了研究机构,开展研究工作,奠基铺路,宣传推广;整理旧籍,编撰图册,取得了一系列成果,为日后进一步开展区域文化研究打基础、做准备、创条件。经过反复论证,结合地理形势及文化特征,在综合研究考察的基础上,全省大致被划分成北部的佛教文化区、中部的晋商文化区、南部的农耕和根祖文化区三大主体文化区域。世纪之交,山西省委、省政府清醒地认识到单一的能源型经济终究没有出路,必须开发利用现有丰厚的文化资源,积极实现经济增长方式的转变和多元,提出了建设文化强省的战略,并且狠抓落实,各级地方政府积极响应配合,文化艺术学术界广泛参与,已经初见成效。近些年来山西的文化建设尽管和发达省份相比仍有差距，但发展的势头猛、速度快、成效显著，为外界所称道，省内人民为之鼓舞。就开展山西历史文化研究工作而言，省内的研究力量主要由高校、科研院所、文博系统、各级政协文史资料委员会、地方史志部门组成，当然也有一大批民间业余爱好者热心参与。尤其是最近的十余年来，既有政府参与委托、单位组织、学会安排，一批研究机构得以设立并展开工作，也有属于个人热衷爱好的自发行为，山西历史文化研究的系列成果相继推出，省内的整体研究水平有了较大提升，研究力量有所增强。比如新世纪之初，由山西省三晋文化研究会联合各地分会组织编写的《山西历史文化丛书》（山西人民出版社、山西春秋电子音像出版社、三晋出版社），目前已出版 30 多辑 300 多册，内容涉及山西历史文化从古到今的方方面面。与此同时，各市县由三晋文化研究会牵头，也编辑系列历史文化丛书，比如大同市的《大同历史文化丛书》（山西人民出版社）已出 8 辑 80 册、临汾市的《平阳历史文化丛书》（临汾市三晋文化研究会内部印行）已出 7 辑 70 册。此外，像太原市的《晋阳文化研究丛书》（山西古籍出版社，2003 年）13 册，长治市的《魅力长治文化丛书》（北京燕山出版社，2005 年）10 册，临汾市的《临汾方志丛书》（山西人民出版社，2006 年）12 册，吕梁市的《吕梁文化丛书》（第一辑）（人民文学出版社，2009 年）5 册，运城市新绛县的《新绛历史文化名城丛书》（山西人民出版社，2004 年）5 册，临汾市洪洞县的《洪洞文化系列丛书》（董爱民主编，内部印行，2004 年）5 册，忻州市代县的《雁门文丛》（远方出版社）等。最近几年，由省里的三晋文化研究会牵头，各地三晋文化研究会负责组织编撰《三晋石刻大全》，第一步编辑的《三晋石刻总目》，现在太原、大同、朔州、晋中、阳泉、临汾、运城、长治、晋城 9 市均已正式出版；第二步编辑出版各区县的碑刻全集，现在《寿阳碑碣》（山西古籍出版社，2007 年）、《洪洞金石录》（山西古籍出版社，2008 年）已经正式出版发行，相信《三晋石刻大全》的出版将是功及当代、惠泽千秋的文化盛事，必将流芳中外文化界。

为落实文化强省战略，由省委宣传部负责发起，在省内几所高校、科研院所组建了八个研究中心（山西文化产业研究中心、山西华夏文明研究中心、山西晋商研究中心、山西晋学研究中心、山西北朝文化研究中心、山西五台山研究中心、山西区域社会发展研究中心、山西文化创新研究中心），搭建文化研究平台，推进文化事业发展。目前这些中心均已程度不同地开展研究工作，取得了一些成果。像八大研究中心之一的山西晋学研究中心，依托山西师范大学，以本校三晋文化研究所（以研究晋国史起家）为中心，凝聚本校的戏曲文物研究所、黄河民俗文化研究所的研究力量，积极开展山西历史文化的研发。现已召集过全国晋学研讨会、陶寺遗址发掘讨论会，与安泽县联合成立荀子学院，承担《晋文化词典》编撰、魏国史稿、安泽历史文化研究、安泽碑刻整理等项目，出版了《晋国史》（山西古籍出版社，1999 年）、《先秦三晋地区的社会与法家文化研究》（人民出版社，2002 年）、《晋国文化十八篇》（延边大学出版社，2005 年）、《晋国人物评传》（延边大学出版社，2006 年）、《临汾宗教》（山西人民出版社，2006 年）、《三晋文献集·先秦卷》（山西人民出版社，2007 年）、《山西历史与文化》（三晋出版社，2008 年）、《魏国史话》（山西春秋电子音像出版社，2007 年）等书，编辑了《安泽碑碣》（《三晋石刻大全·临汾市安泽县卷》前身）、《神奇安泽》（三晋出版社，2008 年），现在正承担《荀学研究论著目录索引》《荀学研究资料集成》《晋学研究论著目录索引》和《晋学概论》的编写。山西省教育厅依托省内高校设立数个人文社会科学重点研究基地，如山西票号与晋商研究中心、戏曲文物研究中心、河东文化研究中心、旅游文化与旅游规划研究中心等等。三晋出版社（山西古籍出版社 2008 年改名）近期组织编辑出版一套大型的《山西县域文化图志》丛书，已经出版《代县文化图志》（山西古籍出版社，2006年）、《平鲁文化图志》（山西古籍出版社，2007年）、《右玉文化图志》（三晋出版社，2008年），图文并茂，将是对山西各区县历史文化的集中展现。省里启动了大型文化及文献抢救、整理、保护和出版工程——《山西文华》的编集，该工程将兼具集成性、基础性、经典性和传世性的特点，比如点校整理《山右石刻丛编》等。

当然，近20年出版的其他成果还有很多，其中影响较大的出版物如成化、雍正、光绪和近现代四种《山西通志》（中华书局）；《山西历史地图集》（中国地图出版社，2000年）和《中国文物图集·山西分册》（中国地图出版社，2007年）；十卷本《山西通史》（山西人民出版社，2001年）；《山西文学大系》（山西人民出版社，2005年）；山西省地方志资料丛书；太岳、太行、晋绥革命根据地资料丛书等等。[①]与此同时，有一批省外及国外学者把研究的目光和兴趣投向山西地区，他们关注和研究山西的历代移民、世家大族、民俗、建筑民居、音乐、方言、文物遗址、晋商、革命根据地等，几乎无所不包，已经产生了一批有一定影响的成果，如笔者参阅过的《山西移民史》（山西人民出版社，1999年）、《山西乐户研究》（文物出版社，2001年）、《元朝时期的山西地区》（政治军事经济篇、文化教育宗教篇）（辽宁民族出版社，2005年、2006年）、《皇权旁的山西——集权政治与地域文化》（新星出版社，2007年）等。总之，在政府重视、学者参与下，近20年来山西的历史文化研究蒸蒸日上，成绩喜人。

进入新的世纪，深入挖掘区域文化，多出精品，整体提升其研究水平，加大宣传普及力度，为当地经济社会发展提供积极的精神动力和智力支持，已经成为各地的共识，同时也是区域社会和谐发展的必

①仝建平．山西历史文化书目举要[J]．兰州学刊，2010(1).

然要求。于是，全国许多地区的地域文化研究都在积极寻求新的整合、提升和突破。在此背景下，一些新的抑或寓有新意的地方文化、地方学（如北京学、三峡学、鄂尔多斯学）概念被纷纷提出。为了配合山西省建设文化强省的发展战略，作为文化资源大省，山西学术界经过长期酝酿和反复研讨，提出了新“晋学”的学术文化概念，努力打造“晋学”学术文化品牌，实现文化兴晋的发展目标。新“晋学”概念现在还仍然在讨论之中，但绝非全然等同于过去前辈学者像廖平、蒙文通等探讨先秦学术思想的地域分野时所提出的“晋学”。新“晋学”是学问，而非学派，它的研究对象和内容理应包括山西区域文化的所有方面，具体而言应主要集中在人文和社会方面，比如政治、经济、社会、军事、民族、制度、思想、宗教、文化（史学、文学、语言、艺术、民俗、建筑）、教育、人物等等，即广义上的历史文化。其研究对象和内容从时间来讲包括山西区域文化的从古到今，从空间来讲包括历代的山西区域（春秋战国时代的区域范围应有所扩大，包括晋国和其后韩赵魏政权所辖的一些区域）。新“晋学”概念可以见仁见智，继续探讨完善。[①]它的提出是对山西区域文化研究的整合和提升，有其合情合理性。对山西学界来说，既是对过去研究工作的肯定，又是对今后开展工作的鞭策；其中既有压力，也是动力。相信有政府部门大力支持，通过省内学界的扎实有效工作，加上省外学者的配合帮助，群策群力，互通有无，坚持科学，崇尚学术，在已有研究成果的基础上再经过十余年的共同努力，“晋学”概念将得到更大范围的认可，“晋学”将在中外学界赢得应有的地位，成为山西学术界成功打造的一张精美的学术文化品牌，扬名后世。

---

①张有智. 晋学概念及其他[N]. 光明日报，2009-12-11.

二、近20年山西区域文化研究的反思

山西区域文化近20年的研究总体呈现良性发展态势,取得了一系列成果,但其中可资参考利用者多为资料的收集整理,高水平的研究成果只能占一小部分,与邻省陕西、河南的同类成果相比还有明显差距;大批非专业研究者的研究相对更为粗放,亟待规范和提高。在新的世纪,实现山西区域文化总体研究水平的提升不仅需要收集汇总山西各区域的文化资源,这是基础工作;更需要有影响力的、高水平的研究成果面世,后者更是既定目标能否实现的关键所在。但在本世纪开局的近十年里,山西各地在区域文化建设和研究中仍有一些不良的倾向存在,比如混淆历史与文化现象;对碑刻、地方志、家谱等资料不加区别地盲从;研究中的主观感情压倒理性思辨。这些倾向在外省的地方文化、地方学建设和研究中也屡见不鲜,属于通病,值得注意和反思,必须引以为戒。否则不科学的文化研究和建设不仅损害文化本身,还会造成巨大的资源浪费。下面仅就区分历史与文化现象通过举例略作论析。

(一)应区分历史与文化现象

1.关于介子推的归隐地与介休绵山的旅游文化开发

晋文公火烧绵山寻找流亡时的随臣介子推的故事为人们熟知,但介子推归隐的绵山究竟在山西的何地?过去一直有多种说法:如绵山即今万泉(今运城市万荣县)的孤山;介休市的绵山;翼城县的绵山。今介休之绵山说长期以来影响更大。但后来研究证明,当时晋国的统辖范围向北部没有超过霍山,甚至只能到今临汾市尧都区一带,绝不可能在晋中介休之绵山,介休绵山说最不可信。介子推据说还曾“割股奉君”,历代广泛征引。正如台湾晋籍学者席涵静(现任台北山西同乡会会长,台北《山西文献》主编)曾在侯马的一次学术会议上所

说，这个故事终究是传说，不可信，任凭当时流亡途中的条件，假若从大腿上割舍一大块肉供重耳食用，介子推十之八九会因失血过多而殒命亡途之中。至于有人认为今“介休”为“介子推休眠地”之意，更是后代附会的结果，今之“介休”由“界休”[1]转化而来。今日介休市开发绵山（山西中部著名的风景旅游区）的旅游文化，把介子推隐居地作为其最重要的文化宣传，途经列车也这样广播宣传，组织寒食、清明系列民俗活动，甚至打造寒食节文化品牌，目的是为旅游开发提供文化支撑，作为一种民间世代相传的文化现象，这无可厚非。旅游者可以认同，但研究者绝对不能把二者混同。

2. 关于杨家将的历史与文化

杨家将是北宋初年在反抗辽国南下过程中涌现出的一个英雄群体。根据宋人司马光《资治通鉴》、曾巩《隆平集》、欧阳修《供备库副使杨君墓志铭》等史籍的记载，杨业为麟州新秦（今属陕西省神木县）人，即其出生地为今陕北神木。但后来杨业长期在太原效忠北汉，《宋史·杨业传》记其为“太原人”，降宋后在代州雁门关一带为官守边抗御契丹，其子杨延昭也曾长期在代州镇守防辽，故而杨家将的历史主要在今山西展开呈现。加之北宋之麟州隶属河东路（治今太原）统辖，因此宋代杨家将的历史可以纳入“晋学”研究范畴。今天忻州市的代县打造“杨家将故里”在某种程度上也可以讲得通。但元明以来伴随着一次次的民族冲突，杨家将的历史逐渐为戏剧、小说等文学作品演绎出许多传说、故事，声名远播、影响日大，距离真实的历史也愈来愈远，但这正好就是民间广泛流传的杨家将文化现象。杨家将传说故事影响越大，还原杨家将历史的本来面貌也就愈益成为必要。对于杨业之死，过去一致认为是被俘，绝食三日而亡。2007 年 8 月，陕西神木县

①刘纬毅. 山西历史地名词典[M]. 太原：山西古籍出版社，2004.

召开了“首届全国杨家将历史文化研讨会”，会上，有宋史研究专家撰文认为通过考察宋方和辽方关于杨业之死记载的差异，认为杨业遭受箭伤较重不能进食三日而死，较接近事实，对传统的“绝食说”提出质疑[①]，得到参会多数宋史专家的认可。但杨业的后代从情感上不能认同这种说法，会上其中的一位发言明确表示反对，竟然扬言杨业是爱国志士、民族英雄，说他是伤重不能进食而亡是对他的污蔑。历史学本来就是要努力地如实叙述历史，尽量保持价值中立。其实学者研究考证出杨业真正的死亡原因本身就是尊重历史原貌，还历史以清白。宋代之后形成的杨业英雄形象属于政治、价值、文化诸层面的东西，二者可以并行，并不是非此即彼的关系。今山西北部朔州市怀仁县境内有地名“金沙滩”，当地人多认为宋辽间杨家将“血战金沙滩”就在此地，附近广有杨家将文化遗迹（如李陵碑、朝阳洞），金沙滩因此也成为远近闻名的古战场；“金沙滩”地名始设年代已无从查考，至于金沙滩古战场的真伪，一直受到学界的质疑，既没有早期文献支撑，也没有相关的考古发现，很可能是一种晚起的杨家将文化现象。杨家将文化有其留存的合理性，杨家将英雄群体甚至成为中华民族精神文化的杰出代表，但在学术研究中一定要区分杨家将历史与杨家将文化现象。

3. 关于明初晋省移民与大槐树移民文化

明初洪武、永乐年间，出于政治和经济的考虑，明王朝曾多次从山西、河南、河北、山东、陕西等省移民至外地，在《明实录》和《明史》本纪中多有记载，历明初三帝五十余年。山西移民见于官方史籍的以平阳、泽、潞即今日之晋南、晋东南为多。当时的洪洞县为平阳府一大县，人口相对较多，参与此次移民活动在所难免。但随着时间的推移，

---

①李裕民. 全国首届杨家将历史文化研讨会论文集[M]. 北京：科学出版社，2009.

由于没有太大的文化差异，明初的移民逐渐融入迁入地的社会生活之中，与当地人融为一体，相互产生认同感。由于明初洪洞县城内广济寺附近的大槐树曾有作为当地移民迁出时官府登记造册、发放钱物之所的说法，待到民国二年(1913)，宦游外地的洪洞人景大启在洪洞广济寺旧址残存的明代大槐树遗址旁建起碑亭，后又募集经费，建起茶室、牌坊等，修建移民纪念建筑，其后屡加修葺。由于此时距离明初移民已经有五百多年时间，年代久远，移民最初迁出的物证难以寻觅，而散布在各地的明初移民后代对祖先祖居之地有着情感眷恋，可能当时也夹杂着一些政治、文化方面的其他原因，洪洞大槐树移民的影响越来越大，“问我家乡在何处，山西洪洞大槐树”，其后百年未衰，到如今在汉族文化里影响深远而至大。柏杨先生也自称自己本姓郭，祖籍山西洪洞，属于大槐树移民后裔(2004 年秋，笔者曾在西安参加“柏杨与中国文化研讨会”，会上播放了柏杨夫人张香华女士带来的关于柏杨的短片，先生自述其祖籍，其时他还健在)。伴随着大槐树移民影响的扩大，关于大槐树移民的传说、故事也日渐增多。直至今天，洪洞大槐树成为全球华人的精神家园，洪洞县由此成为山西乃至全国知名度最高的县。民国以来，就多有家谱称其始祖由大槐树集中迁出。现如今，全国各地重修、新修家谱成风，洪洞成为诸多家谱推崇的祖先迁出之地。大槐树移民文化现象蔚然成风，内容丰富。试想：明初曾从洪洞县迁出民众于外地，这段历史不会虚假；洪洞县的迁出民从大槐树处集中、出发倒也有可能；但史载的晋南、晋东南多次移民均要赴洪洞大槐树集中就不大可能了。况且明初晋省移民也并非只有洪洞乃至平阳一地，全国的移民也并非只有山西一省。移民路线的选择一定会遵循切实可行的原则，绝对不会舍近求远，毫无理由地先分赴洪洞大槐树处集中再出发。随着历史的推移，绝大多数的移民后裔都面临着祖籍难考的现实困难，但眷念祖籍的情感又难以割舍，于是乎名气日大的洪洞大槐树逐渐得到大家的文化、精神认同,许多人都认为自己是明初大槐树移民的后裔，这种现实于情于理都可以讲得通。现今洪洞县为了开发旅游,建立祭祖堂,广设全国主要姓氏的祭祖牌，甚至宣传洪洞是全球华人的家园，这从文化层面上讲是可以的。但上述明初晋省移民所呈现出的历史和近代以来逐渐形成发展的洪洞大槐树移民文化现象却有明显的实质差别,务必予以指出。移民历史可以用历史方法进行研究,移民文化可以从文化学上去理解,可以并行,千万不敢混为一谈,尤其对专业研究者而言。

另外,山西各地在挖掘和开发地方历史文化时,时有打造历史文化名人品牌的现象发生。如忻州市的忻府区打造“貂蝉故里”、定襄县打造“吕布故里”,临汾市的安泽县打造“荀子故里”、古县打造“蔺相如故里”,太原市的阳曲县打造“郭子仪故里”、清徐县打造“罗贯中故里”。往往采取先宣传后研究挖掘的方式,但研究的结论未必都能支持提前的预设。还有争夺历史文化名人的现象时有发生,如晋中市的武乡县和榆社县争抢后赵皇帝石勒，吕梁市的汾阳市和太原的阳曲县曾争抢郭子仪,长治市和临汾市争抢法显,长治市曾宣传“慈禧是山西长治人”,吕梁市的石楼县最近宣传为姜太公的祖籍所在地。往往都是在区域文化研究和开发中夹杂着主观感情因素压倒理性思辨、混淆历史和文化现象、对历史地名误解的典型事例。

(二)正确利用碑刻、地方志、家谱等研究资料

山西境内现存丰富的碑刻、地方志、家谱资料,碑刻、方志多为明清及其以后的,家谱多为清代及其以后的。其利用价值近年来不仅受到省内文化界的高度重视,还引起省外、国外学者的广泛关注。

碑刻、地方志、家谱作为山西区域文化研究的主要资料,其史料价值高低具有相对性，在研究中必须认真鉴别，要具体内容具体分析,以求正确利用。在近些年来的山西区域文化研究以及外省的地方文化建设和研究中，对碑刻、地方志、家谱资料不加鉴别地盲目使用甚至奉为经典却屡见不鲜，属于通病，务必引以为戒。曾有著名学者撰文指出用明清的地方志证明先秦的历史、用清代的碑刻佐证远古传说叙述的真实是非科学的。诸如此类的研究模式在非专业研究队伍中更是司空见惯，对于正常的学术研究具有极大的损害作用。

碑刻、地方志、家谱在记录编制时代及转录前代内容时价值相对较高，在追记前代内容时常有错误发生。如家谱在追记远祖、记录家族贤能者事迹时主观感情因素往往较重，牵强附会、夸大其词者甚多。使用后代编纂的地方志研究前代历史文化时，应慎之又慎。笔者参加《晋文化词典》人物词条撰写时，曾利用过光绪《山西通志》（被誉为当时全国编修省志的典范之作）整理本，发现其中一位元代山西历史名人的传记只有 300 余字，却与《元史》其人本传竟有八处不同，经查考，《山西通志》所记的八处不同记载均误。山西民间散存的众多明清碑刻，大部分是寺庙宫观（民国年间废庙兴学，许多改建为学堂）内的功德碑，其中多有精品。这些碑刻可以从不同的角度进行利用，如用来研究历史、基层社会、民俗信仰、戏曲等。但碑文所记并非全部真实，绝对不敢把碑文所记完全等同于历史真实。尤其是属于民俗文化的碑文内容属于文化现象，应该用文化学的视角去思考。不符历史实际的碑文内容千万不敢用作史料研究历史。[①]

当然，近 20 年来山西区域文化研究中要注意的问题还有其他一些，但上述混淆历史与文化现象，对碑刻、地方志、家谱等资料的盲从在山西各地的研究中较为普遍，尤其是那些非专业的研究者、爱好者，对于外省的历史文化研究开发也有深刻的、现实的借鉴意义。只有坚持科学，崇尚学术，山西的区域文化研究与建设才能再上新台

①仝建平. 晋学研究资料利用问题[N]. 光明日报，2009-12-15.

阶,“晋学”才能建成,才能实现文化兴晋的发展目标,泽被后世。

(发表于《山西大同大学学报》2010 年第 2 期)

山西长城文化研究及旅游开发的几点思考

一、山西长城历史及现状

山西是一块相对独立的地理单元，与四边省区有大山大河长城之隔，北部是蒙古高原、东部是华北平原、南部是中原，地势由东北向西南倾斜，主体是山区，海拔多在一千米以上。衔接了北方草原民族与中原农业民族，汾渭裂谷成为历代北方民族南下中原的大通道。特殊的地形，为了防御雄踞的北方民族匈奴、柔然、突厥、契丹、蒙古，或相互防御，中国古代在山西地区修筑了总长度数千里的长城，山西与甘肃、宁夏、内蒙古、河北、北京、天津、辽宁、吉林、黑龙江、河南、山东、湖南、湖北等省市一样，共同组成了中国长城军事网络，在中国长城史上书写了精彩的篇章。

中国的长城修筑始于春秋时期的楚国，历战国、秦汉、北朝、隋唐、宋金到明清，现今遗存尚有数万里之长。山西的长城修筑大概始于战国时期的赵国，东汉、北朝、隋唐五代、北宋到明清，历代有之。最主要修筑是在明朝，遗存也主要是明长城，有两千里之长。

山西现存的长城。(1)战国长城。一般认为晋城市高平市存有赵长城。一说大同朔州忻州数县有赵长城，晋城有魏长城和秦长城。(2)东汉长城。大同市广灵县。(3)东魏长城。忻州市宁武县和原平市。(4)北齐长城。忻州市五寨县、宁武县和原平市，晋城市泽州县。(5)五代长城。晋城市沁水县。(6)宋长城。忻州市岢岚县。(7)明长城。有内外两边,也有细分为内外边、黄河边、太行山三边共四道。外边东西走向,经大同、朔州;内边一条为西北—东南走向,经大同、忻州、朔州12县,一条为沿太行山南北走向,经忻州、阳泉、晋中、长治8县。内外两边之间,号称塞上,因山川地形、交通线,还建有二线城堡、补给城堡及大量烽火台(台墩),以备增援、补给及传递信息。(8)清长城。临汾市乡宁县、吉县、大宁县,为防御西捻军而修筑。

明代山西为九边重镇,对拱卫京城而言,有两镇三关,因此是山西历史上大修长城的时期。山西现存的明长城,包括城墙(边墙)、敌台、城堡、关城、烽火台等,共同组成了较为严密的军事防御网,甚至一地有几道边墙。其他朝代的长城,或废弃消失或后代叠压,现存所谓的山西长城其实就是明长城。这是山西长城研究和旅游开发的主体。关于山西现存明长城概况,可以参看郎保利《山西长城的历史与现状》(《山西长城》2008年创刊号)、山西省文物局《山西省明长城资源调查报告》(文物出版社,2019年)、华夏子《明长城考实》(档案出版社,1988年)、李少文与梁嵘《明长城通览》(清华大学出版社,2015年)。

二、山西长城文化研究现状

近十年来,在省内外长城研究者、爱好者的参与下,也有长城沿线市县政府的重视和组织,山西的长城文化研究有了可喜的进步,建立了一些研究组织,编辑出版了不少书籍,举办过多次长城为主题的学术研讨会和文化艺术节,发表了多篇长城文章,为山西长城文化研究打下了一定基础。

(一)长城研究组织

省市成立过一些长城研究及保护组织,在长城研究、宣传保护方面发挥了重要作用。山西省长城保护研究会成立于2007年,主办内部期刊《山西长城》，已经出版近20期，及时刊登山西长城研究及工作文章、讯息，成为全省长城文化交流的主要平台。研究会还建有山西长城网。大同市长城学会成立于2008年，曾出版内部期刊《大同长城》。大同还设有大同长城保护与发展研究中心，编辑内部期刊《走读长城》。忻州市设有忻州市长城学会。朔州市长城保护研究会2009年成立，曾出版内部期刊《朔州长城》。十年来，这些研究组织曾组织或参与组织一系列山西长城为主题的学术会议及文化艺术活动，对研究、宣传山西长城做出了积极贡献。

（二）长城研究书籍

过去的十年间，山西及省外学者编撰了一批长城文化书籍，以通俗性为主，学术研究成果不多，为长城文化研究和宣传起到了重要作用。

1. 整理古籍

山西学者整理的大概仅有一部两种：《三关志校注》（中华书局，2013年）；《三关志·宁武地理总考》（《宁武旧志集成》，巴蜀书社，2010年）。内蒙古大学蒙古学研究中心整理出版的丛书《明代蒙古汉籍史料汇编》收录《三云筹俎考》、《宣大山西两镇图说》、《九边图说》、《九边考》（内蒙古大学出版社，2006—2015年）。另有《四镇三关志校注》（中州古籍出版社，2018年）。

2. 编著书籍

（1）地方志类。长城志一部：《平鲁长城图志》（朔州市平鲁区三晋文化研究会，2016年）。长城关隘志两种三部：《雁门关志》（刘培德编，1997年，内部印行；山西省地方志办公室《山西省旅游景区志丛书》，三晋出版社，2010年）、《娘子关志》（中华书局，2000年）。（2）丛书中收录的长城文化书籍。如《山西历史文化丛书》有《山西长城文化》《山西古代关隘与津渡》《杀虎口》；《大同历史文化丛书》收有《大同长城史话》《明代大同镇》;《朔州历史文化丛书》收有《朔州内外长城》《右玉古城堡》《圣旨雁门关碑》;《阳泉历史文化丛书》收有《英武俊秀娘子关》;《山西旅游风景名胜丛书》之《娘子关》、《雁门关》(山西经济出版社);《忻州文史》之36、37(长城专辑一、二)。(3)山西长城学术研究书籍。《明代大同镇边防体制研究》(李海林著,三晋出版社,2013年);《明长城沿线军事堡寨的演化及其保护与利用模式:以山西省为例》(曹象明著,中国建筑工业出版社,2015年);《边隅要冲　京师藩屏——明长城大同镇段的地理与建造信息》(周小棣等著,东南大学出版社,2013年);《仪式、秩序与边地记忆:民间信仰与清代以来堡寨社会研究》(张月琴著,科学出版社,2013年);《晋藩屏翰——山西宁武关城的历史人类学考察》(张友庭著,上海社科院出版社,2012年)。(4)长城古村落。代表性的有:《山西古村镇系列丛书》之《得胜古村》、《娘子关古镇》(中国建筑工业出版社);《塞北、江南古村落对比研究:以新平堡和礼社为例》(刘媛、陆阳著,中国文史出版社,2013年)。(5)论文集。《纵论西口——晋商与西口文化论坛论文集》(山西春秋电子音像出版社,2006年);《杀虎口与中国北部边疆》(内蒙古大学出版社,2007年);《西口文化论衡》(中国社会出版社,2010年);《西口研究:以杀虎口为中心》(山西经济出版社,2012年)。(6)其他。如《三春七秋:山西明长城踏步》(卢伶著,北京大学出版社,2013年);《雁门旅游文化丛书》之《雁门关》(李冬冬,三晋出版社,2014年);《雁门关:中华第一关》(刘燕芳主编,山西经济出版社,2005年);《宁武关城的历史》(刘标编著,山西人民出版社,2013年);《杀虎口的传说》(王德功,山西古籍出版社,2006年)。

3. 出版影集、画册

《图文长城:山西卷》(李少文著,中国旅游出版社,2006年);《碰撞·融合:长城文化》(山西博物院编,山西人民出版社,2018年);《长城人家：中国山西省北部农民家庭的日常生活》(李京蜀，文艺出版社,2013年);《仰望三关》(杨平,中国旅游出版社,2012年);《大同长城》(韩建军,中国摄影出版社,2001年)。

(三)长城文化产品

如明信片《大同印象:长城古堡》;山西明长城明信片;等等。

总体来看,大同对长城的研究及宣传工作较多,朔州、忻州相对差些。就具体研究而言,大同镇、杀虎口研究相对较多,大同镇的研究多是学者主导,研究其军事地位;杀虎口是配合文化旅游的当地政府主导,召开数次学术会议,学者参与,多研究其边贸。

至于研究山西长城的研究生学位论文及单篇论文,数量较多,科研院所的是学术研究,水平较佳,而相关地方的多是普及宣传,深度明显不足。

三、山西长城文化研究的思考

与山西的长城资源相比较，山西的长城文化研究总体情况并不乐观,明显不如邻省河北和陕西。长城沿线主要的三个市大同、朔州、忻州也开展过不少工作,但亟待加大重视力度,广泛开展研究挖掘和宣传力度,整合各方力量,出精品成果。在长城文化研究方面,可以集中分批编撰一些书籍。

(一)古籍整理

集中影印、点校整理山西长城相关古籍,如《三云筹俎考》《宣大山西两镇图说》《两镇三关通志》《四镇三关志》《三关志》等。

(二)资料汇编

辑录古籍中的山西长城史料,如《读史方舆纪要》、《明实录》、《九边图说》、《九边考》、明清《山西通志》、明代相关地区的府州县志。从古籍及旧志中辑录山西长城碑文、诗文,汇编成书。

（三）长城丛书、专著

在扎实研究的基础上，分批组织编撰《山西长城文化丛书》，大致包括山西长城历史沿革、分布现状、长城战事、堡寨、关隘、古村落、文物、经贸往来、民间故事、歌谣谚语笑话谜语、方言、“非遗”、民俗信仰、地方社会、旅游开发之类，集中展现山西长城历史与现状。上述内容也可出版专题著作。编撰《山西长城史》《图说山西长城》《山西长城史话》，为社会各界提供山西长城文化研究成果。

（四）长城志书

建议《山西省志》编撰《长城志》，亦可编撰出版《山西长城志》《山西长城旅游志》《大同长城图志》《朔州长城图志》《忻州长城图志》《宁武关志》《偏头关志》《平型关志》《西口志》或《杀虎口志》。

（五）长城论文精选

收集山西长城研究论文，精选萃编，同时附录编制《山西长城研究论文目录》。

一批严谨扎实的长城文化研究成果，是最基本的研究基础，有助于山西长城文化的研究挖掘和宣传推广，更有利于山西长城资源的开发利用。

四、山西长城资源旅游开发的思考

30 年前的 1987 年，中国的长城被联合国教科文组织整体列入世界文化遗产，山西境内的明长城主体是省级文保单位，部分是国家级重点文保单位。10 年前的 2006 年 12 月 1 日，国务院正式颁布实施《长城保护条例》。2017 年，山西省正式提出转型发展旅游的三大板块（长城、黄河、太行山），山西长城被史无前例地提高到促进省域经济社会发展的重要依托层面。如何保护长城、研究长城，进而有效利用长城旅游开发成为需要讨论的课题。

(一)依法切实保护长城遗产

长城是历代中国人民巨大财力和心血汗水的结晶,修筑不易,守卫艰辛,其历史作用见仁见智,但它是古代中国人遗留下的珍贵物质财富,也成为广为称颂的中华民族伟大精神的重要依托,与黄河、长江等成为中华文化最重要的物质表征。对长城的保护成为每个中国人义不容辞的历史责任,尤其是长城沿线的相关政府部门及民众,随着《长城保护条例》的实施,对长城的保护上升为国家法律层面。在开发利用长城资源时,必须是以保护为前提,也就是说如果开发与保护发生抵牾时,必须搁置开发利用或依法找寻妥当的解决方案。长城开发必须为文物保护让路,这条红线必须坚守,否则开发商利润最大化的驱动和沿线居民淡薄的文保意识,会因开发利用陆续破坏长城遗产,愧对古人与后人,不能重蹈忽视长城保护的覆辙。

2016 年 7 月,笔者曾参加九三学社山西省委赴大同市及天镇、阳高两县的“城镇化建设与长城保护”课题调研,发现市县两级相关政府部门都期盼山西省依据省情制定出台《山西省长城保护条例》,为保护山西明代长城提供较为细化的法制依据。长城沿线在长城保护方面工作有成效,但总体形势受各种因素制约不容乐观,长城保护刻不容缓。长城沿线政府部门在保护长城方面,责任重大,不妨把保护辖区长城作为主要领导任期考核的一项重要内容。要对沿线居民加大长城保护法制宣传力度,加强执法力度,让有意无意破坏长城者付出代价,形成一定震慑。让保护长城逐渐成为长城居民自觉的共识,保护长城成为当地政府的重责所在。

山西的明长城主体在晋北,边墙多为夯土筑成,历经 400 多年风雨,加上人为的破坏,损毁相当严重。在未来的日子里,自然侵蚀仍将继续,遗存长城无疑会遭遇陆续减少,再不精心保护长城,将会加快消亡进程。在依法保护的同时,可以有选择地加以适度修复,不要拘泥于继续讨论究竟该不该加以人为干预，就像代县雁门关长城，就是较成功的范例。加强长城巡查，破坏者必予追究。同时，继续加大长城旅游者、徒步爱好者的长城保护意识，他们和长城沿线居民是目前介入长城的主体人群。

（二）科学合理利用长城资源

在依法加大保护力度的前提下，可以探寻尝试适度依法修复，根据具体情况可以有选择地加以开发利用，发挥长城资源更大的社会价值，满足长城沿线民众经济发展需要。尤其是遗存有较好基础的关城、城堡、包砖城墙段，在不破坏的前提下，发展旅游观光、民宿体验、艺术摄影，建设影视基地，开展文化艺术活动，发挥长城资源最大的社会效能。

长城与区域环境自成一体，其旅游开发目前宜集中在某些条件成熟的地点，如代县雁门关、平定县娘子关、天镇县新平堡、右玉县杀虎口，可以接待众多游客；不宜全面铺开，沿线遍地开花，大量地段能维持自然状态最好，让游客体会原生态的长城。逐步开发利用，逐步寻找保护和科学利用相结合的新模式，不宜操之过急。譬如大同市修建了“长城天路”，尽管目前仍存在诸多争议，在不破坏长城沿线整体环境的前提下，既保护了长城，方便了民众、游客，又带来了较大的经济回报，那么开发就是成功的。即便旅游收益了，但破坏了长城区域环境，那么开发就是失败的，会遭到后人指责。

在开发利用长城资源时，当地政府一定要听取相关多方专家的合理化建议，反复论证，综合考虑目前和长远的利弊得失，切不可只考虑经济利益，操之过急，覆水难收，既花了大钱，又成了败笔。在开发利用长城时要做到有礼有利有节，不是单纯应对上级政府旅游开发倡议，应为山西长城研究和开发利用建立较长期的运行机制。沿线政府尤其是主要领导责任重大，参与旅游开发的公司要积极承担社会责任，切不可为利益蒙蔽了双眼，做到长城遗产的保护和开发利用并举。

科学合理利用长城资源，既有利于当地经济，造福民众，沿线地区民众自然就会晓得先辈留下来的长城是增收致富的引擎之一，且不能再生，无疑有助于增强当地政府和居民保护长城遗产的热情和信心，这种机制长期运行，形成长城保护和旅游开发的双赢，这是未来最理想的长城发展愿景。

（刊登于陈亚平、王杰瑜主编《长城内外——首届山西长城文化论坛论文集》，北岳文艺出版社，2018年）

宋代河东路经略安抚使研究中的几个问题

安抚使是中国古代一项重要的政治制度，隋唐就已设置，宋代沿用。北宋前期，安抚使的职能与前代相类，凡是诸路发生灾害或者边境用兵，都遣使进行安抚，待事情处理完毕便废罢遣使，[①]属于差遣，这类安抚使称为“体量安抚使”。宋辽澶渊之盟后，北宋在与辽接壤的河北、河东先后设置缘边（或“沿边”）安抚使，主要处理、应对与辽边事。宋仁宗宝元年间党项首领元昊称帝反宋，为了直接应对西夏对西北边境的进攻，宋廷重新进行军事部署，于庆历元年（1041）正式设置了陕西四路（麟延、环庆、泾原、秦凤路）经略安抚使，四路各自设使统驭所部军队抗御西夏，成为定制。这样，安抚使由初期的临时性差遣变成了守卫一方的常驻机构，形成了军区性质的安抚使路。紧随其后，宋廷相继设置河东路经略安抚使、河北四路（大名府、高阳关、定州、真定府路）安抚使，主持一路军政，防御辽和西夏。再后，京东路、京西路、荆湖南路、广南东西路也先后设置过安抚使，但常置安抚使司的仅有陕西、河东、河北、广东和广西。南宋初年，安抚使制度推广到南宋全境。

宋代河东路经略安抚使作为河东路的最高军事长官，职高位显，对其进行全面、深入的研究对丰富宋代政治制度史、山西地方史有着

---

①（宋）孙逢吉. 职官分纪[M]. 北京：中华书局，1988：836.

积极的学术意义。目前,关于宋代河东路经略安抚使的研究,主要集中在人物年表方面,其中以吴廷燮《北宋经抚年表》和李昌宪《宋代安抚使考》为代表,两书有先后承继关系,但在时间断限及研究方法上均存在一定错误。关于河东路经略安抚使的其他问题,学界尚缺乏系统梳理。限于学力,笔者在本文中仅就宋代河东路经略安抚使的始设时间、人数及其任职情况简要进行评析,不足之处敬请方家指正。

一、宋代河东路经略安抚使的始设时间

从979年宋太宗灭北汉,河东归于北宋的统辖。待到1126年金兵攻占太原,1127年北宋灭亡,河东为金兵所占据,南宋时河东归于金境。赵宋王朝统治河东不到150年。因此,这里所讲的宋代河东路其实是指北宋的河东路。

宋代安抚使之名的出现,始于真宗之初。真宗咸平三年(1000),因王均之乱刚刚平定,朝廷任命翰林学士王钦若为西川安抚使、知制诰梁颢为陕西安抚使,分赴两地进行安抚,以稳定该地局势。宋代的安抚使之名始于此时。[①]真宗时,也曾遣使到河东进行安抚。"(咸平)五年十二月,遣使诣河东,与转运、总管司同议安抚麟州界来归三部族等"[②]。大中祥符元年(1008),出于处理与辽边事的考虑,步河北之后,河东也设置了缘边安抚司。"(大中祥符元年八月)庚子,置河东缘边安抚司"[③],此时文献所记"河东安抚司"为"河东缘边安抚司"的省称,如"大中祥符三年五月,河东安抚司请……"。北宋安抚使路的设置改变了宋初的地方军事部署,其转变直接源于仁宗初年西夏主元

①(元)马端临.文献通考[M].北京:中华书局,1986:558.
②(清)徐松.宋会要辑稿[M].北京:中华书局,1957:3207.
③(宋)李焘.续资治通鉴长编[M].北京:中华书局,2004:1555.

昊的称帝反宋战争，因此北宋河东路经略安抚使的正式设置也和陕西一样,应在这一时期。加之陕西是防御西夏的第一线,河东是二线,河东经略安抚使的设置理应不会早于陕西。查考现有文献可知,河东路最早设置的经略安抚使是杨偕,时间是 1041 年。据《宋史·杨偕传》记载,“进枢密直学士、知并州。及元昊入寇,密诏偕选强壮万人,策应麟、府。……明年,改左司郎中、本路经略安抚招讨使”[①];又据《续资治通鉴长编》卷 129“(仁宗康定元年十一月)丙子,龙图阁直学士、知并州王沿为枢密直学士、知渭州,河东都转运使、龙图阁直学士杨偕为枢密直学士、知并州”[②] 和卷 134“(庆历元年)十一月丁未朔,四方馆使、昭州刺史高继宣为恩州团练使、捧日天武四厢都指挥使、知并州、河东路经略安抚缘边招讨使，代杨偕也” [③] 可知，杨偕从康定元年(1040)十一月丙子任职并州,到庆历元年(1041)十一月丁未朔改任,他仅知并州整一年。而他担任“本路经略安抚招讨使”的年份是始知并州的“明年”,即 1041 年,仁宗庆历元年。此时,距离河东归北宋统辖已有 60 余年的时间,而距离北宋建国已有 80 余年时间了。

关于河东路经略安抚使的始设时间,《宋代安抚使考》曾有过论析,但作者随后都没有认真利用,更没有被其他相关论著所关注、援引。目前所作的宋代河东路经略安抚使年表的起始时间都是错误的,如前辈学者吴廷燮所编《北宋经抚年表》卷 3“河东路”[④] 和今人李昌宪所著《宋代安抚使考》卷 2“河东路”[⑤] 所作年表均罗列从 979 年太原归宋到 1127 年北宋灭亡期间所有的并州知州、太原知府(979 年降

---

①(元)脱脱. 宋史[M]. 北京:中华书局,1977:9955.

②(宋)李焘. 续资治通鉴长编[M]. 北京:中华书局,2004:3058.

③(宋)李焘. 续资治通鉴长编[M]. 北京:中华书局,2004:3195.

④吴廷燮. 北宋经抚年表、南宋制抚年表[M]. 北京:中华书局,2004:165—179.

⑤李昌宪. 宋代安抚使考[M]. 济南:齐鲁书社,1997:168—181.

为并州，此后直至1059年才升为太原府）都是河东路经略安抚使；尤其是李昌宪先生在《宋代安抚使考》“前言”中本来已经明白无误地确定宋代河东路的经略安抚使始设于1041年，而考证部分所作宋代河东路经略安抚使年表却仍然从979年太原入宋列起。错误的原因在于把所有的宋代路级经略安抚使与该路首州知州互为通用。正如李立在其博士毕业论文《北宋安抚使研究——以陕西、河北路为例》（北京大学历史系，1999年）的“绪论”中所言“忽视了这样一个基本事实，即可以确定所有的安抚使都是知州，但是却不能反过来说所有的知州都是安抚使”。当代宋史学者李之亮先生所编撰的大型工具书《宋代职官通考》对宋史研究贡献良多，其《宋代路分长官通考》本没有“经略安抚使”内容，但其在该书“前言”[①]中声明一则由于已有吴廷燮所编《北宋经抚年表》，二来自己所编撰《宋代郡守通考》已有经略安抚使所在大州的知州年表，“找到了这些大州的知州，就等于找到了这一路的经略安抚使”，也是没有指明这些大州知州与该路经略安抚使的区别与联系。可见，《北宋经抚年表》和《宋代安抚使考》所列之“河东路”名义上是北宋河东路经略安抚使的年表，其实是宋代太原知州、知府年表，与李之亮《宋河北河东大郡守臣易替考》之“并州、太原府”[②]本无大异。至于讲述宋代政治制度的史籍，上至《宋会要辑稿》《职官分纪》《文献通考》《宋史》等基本史料，下及当代学者编写的宋代政治制度书籍，都未曾提及它们之间的重叠与区别。在近些年来编写的几种代表性的《山西通史》类书籍中，在涉及河东路经略安抚使时，都是转引吴廷燮《北宋经抚年表》，仍旧沿用前人的错误。如山西省史志院编著10卷本《山西通史》（该书是目前内容最为全面的山西

①李之亮. 宋代路分长官通考[M]. 成都：巴蜀书社，2003：3.

②李之亮. 宋河北河东大郡守臣易替考[M]. 成都：巴蜀书社，2001：270—292.

历史文化著述)卷四《宋辽金元卷》所列“河东路经略安抚使一览表”①,就是转引吴表,且有多处文字脱、误现象存在。②降大任先生所著《山西史纲》是近年来展示山西历史文化研究成果的一部集大成之作,该书“北宋政区”③中仍言“北宋一朝,河东路经抚使先后相继有……共85人担任”,也是源于吴表。另外,乔志强先生主编《山西通史》“五代和宋辽金元时期”之“宋代河东节度使”也是转引吴表,书中所言“自宋太宗太平兴国四年(979)至宋钦宗靖康元年(1126),山西宋统治区的主管长官有河东经略安抚使、马步军都总管、兼知并州太原府、河东军节度管内观察使、并州刺史、太原尹等职,计有刘保勋、潘美、陈尧佐、韩琦、富弼、文彦博、吕惠卿、曾布等82人,他们的任职情况依次是……”④,写作者也是含糊其词,没有注意到河东经略安抚使与太原知州、知府有所区别。另外,该书所谓“宋代河东节度使”很明显是错误的,原因在于鉴于中晚唐五代藩镇专权之祸,宋初逐渐收夺节度使的诸项权力,节度使渐次成为荣誉头衔,地位高、待遇优厚,但没有实权,成为一种加官,尽管唐五代的河东节度使确是统帅河东,但宋代的河东节度使未必只能加与太原守臣;是书所谓“宋代河东节度使”其实正是宋代太原知州、知府。综上,重申宋代河东路经略安抚使的始设时间为1041年,而非一般以为的979年应该有积极的学术意义。

---

①山西省史志院.山西通史(宋辽金元卷)[M].太原:山西人民出版社,2001:42—46.

②仝建平.瑜瑕互现的学术著作——十卷本《山西通史》读后[J].社会科学评论,2007(4).

③降大任.山西史纲[M].太原:山西人民出版社,2004:164.

④乔志强.山西通史[M].北京:中华书局,1997:384.

二、宋代河东路经略安抚使的人数

《北宋经抚年表》正式发表于民国前期，而《宋代安抚使考》出版于20世纪之末，后书以前书为基础，又搜求补充其他相关资料，水平自然在前书之上。《宋河北河东大郡守臣易替考》在三书中成书最晚，也新增加了一些文献资料，纠正了前两书的一些错误，比如《宋代安抚使考》所列有“钱昌”，查中华书局影印本《宋会要辑稿》确实记为“钱昌”，但经过考证，宋代的太原守臣没有“钱昌”其人，应该是《全唐文》馆臣书手错抄所致，实为“钱即”。但也有使用资料粗糙现象存在，比如列太原末任知府“张孝纯”时，竟然引用《续资治通鉴》和《宋史纪事本末》的材料，却没有采用前两书使用的《三朝北盟会编》和《山右石刻丛编》中的资料，实属退步。因此，我们考察宋代河东路经略安抚使的人数时，试以《宋代安抚使考》所列年表为基础，并参考《宋河北河东大郡守臣易替考》。

宋代的安抚使路正式设立后，路级经略安抚使均由该路首州知州兼任，“安抚总一路兵政，以知州兼充，太中大夫以上，或曾历侍从乃得之，品卑者止称主管某路安抚司公事”[①]，可见在此期间（1041—1126年）的并州知州、太原知府从制度规定上一定兼任河东路经略安抚使。翻检史籍，确实现有文献均能证明在此期间绝大部分并州知州、太原知府兼任河东路经略安抚使，尚未发现未曾兼任的情况。《宋代安抚使考》所列的1041年至1126年间的河东路经略安抚使有51位，除却上述的“钱即”误作“钱昌”以致成为2人，实为50位。《宋河北河东大郡守臣易替考》所列1041—1126年间并州知州、太原知府有56位，比《宋代安抚使考》多出6位，分别是：欧阳修、赵卨、谢景温、蔡

①（元）脱脱. 宋史[M]. 北京：中华书局，1977：3961.

京、陈系、吴居厚。查考相关文献，其中的欧阳修、谢景温、蔡京3位，宋廷确实曾正式下文任命过，但实际上并未赴任，或是主动辞去或是没多久就被朝廷改任它职；陈系是在河东转运判官任上暂时兼理太原帅的，为权摄官，“迁槽，又移河东，摄太原”；赵禼和吴居厚确实曾知太原府。

据宋制，知州三年一任，任满改任。《北宋经抚年表》《宋代安抚使考》和《宋河北河东大郡守臣易替考》三书依照这一大原则，使用模糊理论，在文献没有具体时间记载时，大致按三年一任排列年表；其实在制度运作的实践中，往往有特殊情况，比如主官暂时空缺，由副职兼理或它官代行其职。因此，三书所列年表均未免有些粗糙，这是共同的缺点，有待进一步深入考证，以求精确无误。同样，宋代河东路经略安抚使也有过暂时空缺的现象发生，如《续资治通鉴长编拾补》有言“河东久缺帅”，空缺时一般由它官代理，如前述河东转运判官陈系曾权摄太原。

由上可知，宋代的河东路经略安抚使共有56位，而实际莅任的其实是53位，他们分别是：杨偕、高继宣、明镐、夏竦、郑戬、王拱辰、李昭亮、韩琦、富弼、庞籍、孙沔、梁适、文彦博、陈升之、唐介、王素、冯京、吕公弼、刘庠、郭逵、韩绛、赵禼、孙永、王克臣、王居卿、吕惠卿、曾布、滕元发、范纯仁、韩缜、陈系、王安礼、孙览、郭知章、范纯粹、曾肇、孙路、范镗、邢恕、吴居厚、钟传、陶节夫、徐彦孚、洪中孚、曾孝广、许几、梁子野、钱即、张近、薛嗣昌、姚祐、张孝纯。

三、宋代河东路经略安抚使的任职情况

河东地当要冲，处于防御辽、西夏两个对峙政权的前沿阵地，“西控党项，北控云、朔”。宋朝廷对河东路经略安抚使的人选比较重视，“河东须事体重，曾作帅知边事者乃可往”。如陈升之请求就近奉养老

母未被批准。“知太原府陈升之言母老，请扬、湖、越一州，庶便奉养。上以边臣当久任，难于屡易，不许。”[①]唐介赴并时，英宗勉励有加。“以龙图阁学士知太原府。帝曰：‘朕视河东，不在中执法下，暂烦卿往耳’”[②]。孙永为重望大臣。“出知太原，且行，神宗访以时务”[③]。

据《宋史》卷167《职官七·经略安抚司》记载，“经略安抚使一人，以直秘阁以上充，掌一路兵民之事。皆帅其属而听其狱讼，颁其禁令，定其赏罚，稽其钱谷、甲械出纳之名籍而行以法。若事难专决，则具可否具奏。即干机速、边防及士卒抵罪者，听以便宜裁断。帅臣任河东、陕西、岭南路，职在绥御戎夷，则为经略安抚使兼都总管以统制军旅，有属官典领要密文书，奏达机事”[④]；“安抚总一路兵政”。可知，河东路经略安抚使同时兼任河东路都总管，其主要职能是掌管河东一路最高军政，其他职能应是由军事派生而来的。“太原府、延安府、庆州、渭州、熙州、秦州则兼经略安抚使、马步军都总管”[⑤]，可知，从宋代中期起，并州知州、太原知府兼任河东路经略安抚使、马步军都总管，他就拥有了总理太原的兵民之政和河东路最高军政的权力。

据文献所记，上述河东路经略安抚使大多数不负众望，守边有方。在防御和处理与西夏、契丹的关系方面，有所建树，成效显著。如杨偕奉命募兵抵御西夏，严明军纪，严惩不法将士，军政肃然；又进献神楯、劈阵刀，其法奏效。“及元昊入寇，密诏偕选强壮万人，策应麟、府。偕奏：‘出师临阵，无纪律则士不用命。今发农卒赴边，虑在路逃逸及临阵退缩、不禀号令，请以军法从事。’诏如所请。并人大惊畏，都转

①（宋）李焘．续资治通鉴长编［M］．北京：中华书局，2004：4892．
②（元）脱脱．宋史［M］．北京：中华书局，1977：10329．
③（元）脱脱．宋史［M］．北京：中华书局，1977：10902．
④（元）脱脱．宋史［M］．北京：中华书局，1977：3960．
⑤（元）脱脱．宋史［M］．北京：中华书局，1977：3973．

运使文彦博奏罢之。有中官预军事素横,前帅优遇之。偕至,一绳以法,命率所部兵从副总管赴河外,戒曰:'遇贼将战,一禀副总管节度。'中人不服,捧檄诉。偕叱曰:'汝知违主帅命即斩首乎?'监军怖汗,不觉堕笏,翌日告疾,未几遂卒。于是军政肃然。"[①]"偕在并州日,尝论《八阵图》及进神楯、劈阵刀,其法外环以车,内比以楯。至是,帝命以步卒五百,如其法布阵于庭,善之,乃下其法于诸路。其后王吉果用偕刀楯法败元昊于兔毛川。"[②]明镐巡边严明纪律,严惩不法士卒;又为朝廷献练兵御敌之法。"镐大巡边以备贼。时边任多纨绔,镐乃取尤不职者杖之,疲软者皆自解去,遂奏择习事者守堡砦。军行,娼妇多从之,镐欲驱逐,恶伤士卒心,会有忿争杀娼妇者,吏执以白,镐曰:'彼来军中何耶?'纵去不治,娼妇闻皆散走。"[③]"知并州明镐言:'臣近籍诸营武艺之卒,使带甲试充奇兵外,为三等,庶几主将悉知军中武技强弱,临敌可用。'诏颁其法三路。"[④]滕元发(即滕甫)治边凛然,威行西北。"滕甫,吴人,知太原。治边凛然,威行西北,条画有方,号称名帅。"[⑤]唐介严斥扰边、沿边筑寨的夏人,拆除其在代州边境修筑的城堡;建议朝廷在交城设监养马。"夏人数扰代州边,多筑堡境上。介遣兵悉撤之,移谕以利害,遂不敢动。"[⑥]"既又以知太原唐介之请,发沙苑马五百,置监于交城。"[⑦]刘庠面对契丹的挑衅镇定自若,胸有成算,被英宗的宣仁皇后誉为极难得的帅臣。"请复宪州募民子弟剽锐工技

①(元)脱脱. 宋史[M]. 北京:中华书局,1977:9955.

②(元)脱脱. 宋史[M]. 北京:中华书局,1977:9956.

③(元)脱脱. 宋史[M]. 北京:中华书局,1977:9769.

④(元)脱脱. 宋史[M]. 北京:中华书局,1977:4854.

⑤(成化)山西通志[M]. 北京:中华书局,1998:392.

⑥(元)脱脱. 宋史[M]. 北京:中华书局,1977:10329.

⑦(元)脱脱. 宋史[M]. 北京:中华书局,1977:4940.

击者，籍为勇敢，仿汉谪戍法，赀流以下罪徙实河外。契丹建牙云中，遣骑涉内地，边吏执之。契丹檄取纷然，又遣使议疆事。众疑其造兵端，欲大为备。庠奏言：'云朔岁俭，军无见粮。契丹张形示强，造端首祸，曲在彼不在我，愿勿听。宜先谕以理，然后饬兵观衅。'帝嘉使者辞顺，讫以黄嵬山分水岭立新疆。宣仁闻之曰：'帅臣极难得，刘庠可惜也。'"[①]韩琦上奏严惩不法中贵；据理力争，驱逐契丹民众越界占地，立石以限，并将前任废弃的边地改造为良田，招募弓箭手入居保护，垦田近万顷。"承受廖浩然，怙中贵势贪恣，既诬逐前帅李昭亮，所为益不法，琦奏还之，帝命鞭诸本省。契丹冒占天池庙地，琦召其酋豪，示以曩日彼所求修庙檄，无以对，遂归我斥地。既又侵耕阳武砦地，琦凿堑立石以限之。始，潘美镇河东，患寇钞，令民悉内徙，而空塞下不耕，于是忻、代、宁化、火山之北多废壤。琦以为此皆良田，今弃不耕，适足以资敌，将皆为所有矣。遂请距北界十里为禁地，其南则募弓箭手居之，垦田至九千六百顷。久之，求知相州。"[②]郑戬不为契丹与西夏交兵所影响，镇定守边；又招募弓箭手，计口给田。"初，契丹与元昊方交兵，边奏互上，独戬未尝以闻。诏遣使问其故，戬对敌自相攻，中国不足忧也。麟、府间有弃城曰草城，戬募土人为弓箭手，计口给田。"[③]高继宣率兵赴麟府大胜入侵的西夏军队，又筑边砦防御西夏。"(元昊)俄寇麟府，继宣帅兵营陵井，抵天门关。是夕大雨，及河，师半济，黑凌暴合，舟不得进，乃具牲酒为文以祷。已而凌解，师济，进屯府谷，间遣勇士夜乱贼营。又募黥配厢军，得二千余人，号清边军，命偏将王凯主之。军次三松岭，贼数万众围之，清边军奋起，斩首千余级。其相

①(元)脱脱．宋史[M]．北京：中华书局，1977：10451.

②(元)脱脱．宋史[M]．北京：中华书局，1977：10224.

③(宋)李焘．续资治通鉴长编[M]．北京：中华书局，2004：3956.

蹦藉死者不可胜计。筑宁远砦，相视地脉，凿石出泉。已而城五砦”[①]。孙览以少胜多，打败夏兵，从其手中夺回葭芦，为打通被夏人阻塞的秦晋之路创造了条件。“夏人据横山，并河为寨，秦、晋之路皆塞。览谋复取葭芦戍，阻险不得前。夏人数万屯境上，览下令吾兵少，须满五万。及西夏人闻而济师，览不为动，相持益久，忽令具糗粮，严兵械，曰：‘敌至矣！’居数日，果大入，览奋击败之，遂城葭芦而还。”[②]吕公弼发兵支援夺取啰兀城的战斗，打败埋伏的西夏援军；包沙泉给水，使麟州得以坚守。“韩绛宣抚秦、晋，将取啰兀城，令河东发兵二万，趣神堂新路。公弼曰：‘虏必设伏以待我。永和关虽回远，可安行无患。’乃由永和。既而新路援兵果遇伏，诏褒之。麟州无井，唯沙泉在城外，欲拓城包之，而土善陷，夏人每至围城，人皆忧渴死。公弼用其僚邓子乔计，仿古拔轴法，去其沙，实以末炭，坟土于其上，板筑立，遂包泉于中。自是城坚不陷，而州得以守。”[③]梁适收复被西夏所侵占土地六百里。“夏人盗耕屈野河西田累年，朝廷欲正封，以适为定国军节度使、知并州，至则悉复侵地六百里。”[④]薛嗣昌抚纳西夏有功。“起知相州，复待制、知太原府。论筑泾原三仓劳，加显谟阁直学士；又以抚纳西羌功，进延康、宣和殿学士，拜礼部、刑部尚书。”[⑤]

河东地区地理、气候相对较差，任职条件艰苦。“河东地寒”，“地寒民贫”。有的知府在任上积劳成疾，如王安礼，“知太原府。苦风痹，卧帐中决事，下不敢欺。”[⑥]

---

①(元)脱脱. 宋史[M]. 北京：中华书局，1977：9697.

②(元)脱脱. 宋史[M]. 北京：中华书局，1977：10929.

③(元)脱脱. 宋史[M]. 北京：中华书局，1977：10214.

④(元)脱脱. 宋史[M]. 北京：中华书局，1977：9625.

⑤(元)脱脱. 宋史[M]. 北京：中华书局，1977：10588.

⑥(元)脱脱. 宋史[M]. 北京：中华书局，1977：10557.

也有部分经略安抚使或徇私枉法，或御敌无方，或兵败降敌。孙沔淫纵无检，所为不法。“谏官吴及、御史沈起奏沔淫纵无检，守杭及并所为不法，乃徙寿州。”① 王克臣姑息士卒，进讨西夏无方。“先是，五路出师讨夏贼无功，王中正言，经略司姑息士卒，实诱之使无固志，乃召克臣知东审官院，改命居卿。”② 邢恕御敌无方。“河东经略安抚使兼马步军都总管、兼知太原军府邢恕特降两官，以泾原贼深入，有失措置故也。”③ 太原末代知府张孝纯，兵败降金，初任伪齐刘豫政权宰相；伪齐被废后，又权行台左丞相。“九月丙寅，金人陷太原，执安抚使张孝纯”④。“张孝纯等为宰相”⑤。“以故齐宰相张孝纯权行台左丞相，遂迁豫家属于临潢府。”⑥

此外，河东经略安抚使吕惠卿还曾违反朝廷政策主动进袭西夏，引发边界事端。“哲宗即位，敕疆吏勿侵扰外界。惠卿遣步骑二万袭夏人于聚星泊，斩首六百级，夏人遂寇鄜延。”⑦

（发表于《山西师大学报(社会科学版)》2009 年第 6 期）

---

①(元)脱脱. 宋史[M]. 北京:中华书局,1977:9689.
②(宋)李焘. 续资治通鉴长编[M]. 北京:中华书局,2004:7759.
③(清)徐松. 宋会要辑稿[M]. 北京:中华书局,1957:3913.
④(元)脱脱. 宋史[M]. 北京:中华书局,1977:430.
⑤(元)脱脱. 金史[M]. 北京:中华书局,1975:1760.
⑥(元)脱脱. 金史[M]. 北京:中华书局,1975:1761.
⑦(元)脱脱. 宋史[M]. 北京:中华书局,1977:13708.

金状元王纲生平及诗文辑考

金哀宗天兴三年(1233,癸巳)正月,守卫汴京(今开封)的金军在蒙古军队的围攻下粮尽力竭;戊辰(二十三)日,金安平都尉、京城西面元帅崔立兵变降蒙;四月初,蒙古军队进占金都汴京。为了避免汴京惨遭破坏和军民被大肆屠杀,蒙古中书令耶律楚材得到太宗窝阔台允许急驰汴京,处理接收和善后事宜。四月二十二日,困居汴京的金朝官员元好问上书耶律楚材,请求保全金朝54位知名学者,以延续中原文脉,并留待日后为蒙古政权效力。此事是为金元之际著名的“癸巳上书”。关于癸巳上书,姚从吾先生曾撰文《元好问癸巳上耶律楚材书的历史意义与五十四人行事考》①,进行了深入探讨,享誉金元史学界。元好问所举的54位学者,其中有一位金状元王纲,“时辈如平阳王状元纲”。资料所限,姚先生将其列入“生平一时无考者”。而王纲原籍的赵城县志记其生平事迹亦不多,比如道光《赵城县志》卷三十一《人物传目·王纲传》亦曰“邑之仕宦众矣,往志断自金王纲。纲在大安中官修撰,今其名在《乡贤传》。第曰尝著《忠孝歌》而已,他无纪也。岂其生平仅以言见耶?及求所为《忠孝歌》,亦鲜能知之,则并其言

①姚从吾.元好问癸巳上耶律楚材书的历史意义与五十四人行事考[A].彭卫.20世纪中华学术经典文库·历史学·中国古代史卷(中册)[C].兰州:兰州大学出版社,2000:506—545.

轶矣。或曰：人之传不传，有数存其间，信夫？子不能不憾纪载之疏，而尤惧湮没不彰，如纲者之尚有人也。”[①] 编者也遗憾赵城乡贤王纲事迹甚少。

一、文献所见的王纲本事

王纲，《金史》《元史》无传。据成化《山西通志·人物》载“赵城人。大安年廷试，中词赋魁。仕至翰林修撰”[②]。可知王纲是金代赵城（今属山西省洪洞县赵城镇）人，大安元年（1209）词赋状元，官至翰林修撰。元好问《续夷坚志》卷四所载《平阳贡院鹤》一文，“大安（1209—1211年）初，高子约、耿君嗣、阎子秀、王子正考试平阳，举子万人。主司有梦绯衣人来谢谒者。明旦试题以下，语同官。俄，群鹤旋舞至公楼上，良久不去。主司命胥吏揭榜大书示众云：‘今场状元，出自河东。’当举府题《对人有金城》，解魁宋可封，泽州；省题《俭德化民家给之本》，省魁孙当时；御题《获承休德不遑康宁》，状元王纲，平阳。三元者果皆河东云。”[③] 大安只有三年，1209—1211 年，可见大安初应为 1209 年。《平阳贡院鹤》所记内容有些夸张，有人认为是传说，但由于元好问与王纲是同时代的人，加以元氏对王纲学识的赏识，王纲从平阳府科举选拔而出，廷试高中状元应该没有问题。今洪洞县周围尚有王纲所撰碑记存世，如现存安泽县府城镇高壁村通玄观的己亥年（1239）《重修通玄观记》，署名“前翰林修撰状元王纲振之撰”。顺治《赵城县志·艺文》收录的《大金重修娲皇庙碑铭序》，署名“状元及第翰林修撰邑人王纲谨撰”[④]。署名都称“状元及第”。

---

①（道光）赵城县志[M]. 洪洞：洪洞县志编委会，2003：101.

②（成化）山西通志[M]. 北京：中华书局，1998：536.

③（金）元好问. 元好问全集（增订本）[M]. 太原：山西古籍出版社，2004：1218.

④李国富等. 洪洞金石录[M]. 太原：山西古籍出版社，2008：615.

王纲是河汾诸老之一曹之谦的岳父。据元人房祺《〈河汾诸老诗集〉序》“兑斋之先诚应人，……而况状元王公赵城人，曹之外父也。”①

《洪洞金石录》据顺治《赵城县志》辑录《大金重修中镇应圣公神祠记》一文，金大定二十八年(1188)九月二十日记，“宣武将军行县令仇守中撰，状元及第邑人王纲书”②。由于王纲于1209年中状元，此《大金重修中镇应圣公神祠记》大致是由行县令仇守中撰文于1188年，约请赵城名人状元王纲书写当在1209年之后，刊刻立碑也应在1209年之后。同时亦反映出王纲书法水平定有相当造诣。

顺治《赵城县志》卷一《舆地志·丘墓》载“金状元王纲墓，在简子庙前，基址三亩二分，有石虎、羊，神道碑”；道光《赵城县志》卷二十九《陵墓》载“金状元王纲墓，在县东北三里官庄村赵简子祠前，有碑记”。顺治《赵城县志》卷二《宫室志·牌坊》载“状元坊，在南关，为王纲立”。顺治《赵城县志》卷七《人物志·甲科》载“王纲，字振之，桂林坊人，泰定年廷试中状元及第，任翰林院修撰”。(按，此处“泰定”误，金无泰定年号。另，本书卷一《舆地志·坊里》记“桂林坊在城十字街”)现存洪洞县万安镇浅沟村的清代《桂林坊运九甲香山公王府君碑记》记录了金状元王纲一支后裔明末以来的世系，“历至我祖，金状元王纲振之公讳纲，任翰林院修撰，为前后九甲始祖……振之公茔在本城东门外苍神坡下”③。

雍正《山西通志》卷一三六《人物》载“王纲字振之，洪洞人，金章宗时廷试词赋，赐状元及第，官翰林院修撰。撰《忠孝歌》行于世”。按，此处“金章宗”误，金章宗1189—1208年在位，应为金卫绍王完颜永济。

---

①房祺. 河汾诸老诗集[M]. 太原:山西古籍出版社,1996:102.

②李国富等. 洪洞金石录[M]. 太原:山西古籍出版社,2008:610.

③李国富等. 洪洞金石录[M]. 太原:山西古籍出版社,2008:473.

二、王纲生卒年考略

王纲的生卒年，史书无载。元好问将向耶律楚材推荐的54人分为圣者之后（1人）、耆旧（4人）、时辈（49人）三类。耆旧与时辈，应该是元好问参照自己的年龄而区分的，元好问生于1190年。耆旧“冯内翰璧”即冯璧，生于1162年，卒于1240年。王纲既位列时辈首位，他和元好问年龄应相差不会太大，同时他可能是49人中年龄较大、资历较高者。他于金大安元年（1209）中状元，理应20岁以上。另据刘达科先生考证，曹之谦生于1197—1201年间，卒于1264年①。王纲既是曹之谦的岳父，似应比曹之谦年长20岁左右。如此一来，王纲的生年当在1180年左右。元好问曾作诗称曹之谦为“弟”，诗前有序曰“益父曹弟见过，挽留三数日，大慰积年倾系之怀。其行也漫为长句以赠。弟近诗超诣，殆欲度骅骝前，故就其所可至者而勉之”②，说明元好问年长于曹之谦，但也不会相差太大。大致王纲年长元好问10岁左右，元好问年长曹之谦10岁左右。这也印证了王纲生于1180年左右的合理性。

《洪洞金石录》据顺治《赵城县志》辑录王纲所撰《大金重修娲皇庙碑铭序》一文，原碑已不存，碑文记蒙古军队南下所过，赵城一带残破不堪，“及大朝之取天下，电扫风驰，云趋雾卷，庸示其威也，平城堞而火屋庐，以至梵宫、道宇、帝庙、神祠悉为灰烬”③，待当地形势稍为平稳后，修真道士张志一和道士乔志云主持重修赵城的娲皇庙，工程粗就，约请王纲作序，“一日，府掌法曹经暨志一求志于余。予以父母

①刘达科. 解读河汾诸老[M]. 北京：作家出版社，2005：115.

②（金）元好问. 元好问全集（增订本）[M]. 太原：山西古籍出版社，2004：257.

③李国富等. 洪洞金石录[M]. 太原：山西古籍出版社，2008：615.

之邦，不敢以荒陋辞，又谓此碑之作，非徒记修复之年月，仰使后人睹斯文而有激云尔”[①]。碑文并未提及作序时间。《洪洞金石录》另收录一篇元代《重修娲皇庙碑》，此碑刊于至元十四年（1277），现存洪洞县赵城镇侯村女娲庙，笔者曾去阅看。碑文所记至元四年（1267）四月，平阳赵城县道士申志宽奉其先师张志一治命，诣长春宫恳请明真人志敬奏言。奏言提及丙（此字残损，据同篇碑文“岁增月葺，余四十岁”推算得出）戌岁（1226），张志一承郡人礼召，始来住持，修缮娲皇庙，乙卯（1255）岁小成，“逮乙卯岁，庙貌小成。庙旧以娲皇名，至是奉制改名补天宫，迄今又十三年”。1267 年申志宽奏言据 1255 年修缮小成恰好 13 年。据此，王纲作序当在张志一修缮小成之时的 1255 年。那么此时王纲当健在，既能替人作序，身体状况当不致太差。可见王纲去世定在 1255 年之后。前已述及，王纲曾于 1239 年为平阳府和川县重修通玄观作过《重修通玄观记》。

可知王纲大致生于 1180 年左右，卒于 1255 年之后。以往提及王纲生卒年的几种著述多作“1180—1240”或“1180？—1240？”，前者如《辽金元朝状元榜眼探花诗歌》，后者如《解读河汾诸老》[②]，所谓 1240 年不知何据。由上述考证可知，至晚在 1255 年，王纲还健在于世。

三、王纲诗文辑考

作为词赋状元，王纲理应擅长写诗作文，但其诗文存世无几。《全辽金诗》《全辽金文》《元诗选》《全元文》均未收王纲。

（一）王纲的诗

查王纲故里的地方志，现存最早的顺治《赵城县志》收录王纲诗

①李国富等. 洪洞金石录［M］. 太原：山西古籍出版社，2008：615.

②刘达科. 解读河汾诸老［M］. 北京：作家出版社，2005：113.

三首，分别是《粮山积雪》《霍山》《豫让桥》。

民国时，先宦后僧的赵城人力空（因保护《赵城金藏》闻名）编撰过《霍山志》，该书卷五下《艺文志》罗列明成化间山西巡抚何乔新所作《中镇留题》二首，是力空“周览古碑”而得，其中第二首与顺治《赵城县志》所列王纲《霍山》内容相同，力空在诗后自注曰“右何题第二首，《杨邑志》冒金状元王纲之名，兹照石录，以存其真”①。书末“自跋”又曰“乃所志明巡抚何乔新霍镇留题，则冒金状元邑人王纲之名”②。既然民国时力空据石照录，此《中镇留题》应为明人何乔新所作，加上力空与王纲同为赵城人，王纲为赵城前代名贤，力空亦具备不错的文化功底，他的辨正，理当谨慎，定然正确无误。那么顺治《赵城县志》所列的王纲《霍山》诗可以剔除了。道光《赵城县志》所录的王纲诗只有一首《霍镇》，与顺治《赵城县志》所录《霍山》内容相同，可见沿袭了顺治《赵城县志》的错误。但由于顺治《赵城县志》存世只有数部，列入善本古籍，不易见到。而道光《赵城县志》标点本早已正式出版，通行易见。因此现代当地人出版的多种著述中所列王纲诗只有这首据道光《赵城县志》而来的《霍镇》，其实本是何乔新所作，应予纠正。

顺治《赵城县志》收王纲诗《豫让桥》“豫让酬恩岁已深，高名不朽到如今。年年桥上行人过，谁有当时国士心。”道光《赵城县志》录为唐人吴融所作。赵城县治南十八里有豫让桥。其实，该诗是唐人胡曾所作。两种版本的《赵城县志》均误，也应剔除。

至于顺治《赵城县志》收王纲诗《粮山积雪》“休粮山顶雪成堆，赵璧秦城迹已埋。独言丰年应有兆，阳春一曲向谁裁。”赵城县治东五十里有休粮山，“粮山古泉”为古赵城一大景致。雍正《山西通志》卷一六

---

①力空. 霍山志[M]. 太原：山西人民出版社，1986：129.

②力空. 霍山志[M]. 太原：山西人民出版社，1986：184.

八《寺观·休粮寺》载“在霍山巅。休粮寺本名慈云，汉建和中建寺，左泉涌出，名打鼓泉，旁有说法台。金状元王纲、知府孙浚胥有诗”。此诗应为王纲所作。看来目前可知的王纲诗只有这一首《粮山积雪》。

（二）王纲的文章

王纲所作的文章，目前可以考知的只有两篇，均为重修碑记。一为现存安泽县府城镇高壁村通玄观的己亥年（1239）《重修通玄观记》，一为顺治《赵城县志》所录《大金重修娲皇庙碑铭序》。

《重修通玄观记》，记历经金亡是观被焚，待当地社会稍稳定后重修事宜，“兵戈猬兴，烟尘蜂起，是观焚灭殆尽，止颓垣瓦砾，荆棘遍地。及大朝得天下，河东始定，民人小康，州郡村落间大兴道教。甲午岁，本村维那东溪子赵志可、王瑛、王仲、张成，敦请吉州全真观超然子高弟刘志渊住持，遂即其故地而修复之……时己亥岁九月十五日记”[①]。对于研究当地道教发展状况具有一定的史料价值。

顺治《赵城县志》所录《大金重修娲皇庙碑铭序》内容前面业已略述，且考证认为该碑文作于张志一重修娲皇庙粗成的1255年。此时金国已经灭亡20余年，赵城为蒙古政权统辖，既然碑文所言“及大朝之取天下”“比年以来，天下一统”丝毫看不出王纲对蒙古政权的严厉排斥，王纲不该将碑名题为“大金”二字，看来王纲所作原名应为《重修娲皇庙碑铭序》。至于顺治《赵城县志》碑文出现“大金”字眼，很可能县志编纂者所加。

从上引两篇碑文所涉的宫观分别在赵城、和川（今属临汾市安泽县）可以看出，金亡后王纲应该归隐于家乡赵城一带；署名“前翰林修撰状元王纲”，大概金亡后王纲再未出仕。至于王纲不仕蒙古新政权的原因，不得而知。从上引“及大朝之取天下”“比年以来，天下一统”

①高剑峰．三晋石刻大全·临汾市安泽县卷［M］．太原：三晋出版社，2012：23.

可以看出，王纲似乎对蒙古政权也没用表现出强烈的不满、反感，以至于不合作，拒绝在新朝为官效力。当地有学者认为王纲不仕蒙古，在金灭亡后所撰《大金重修娲皇庙碑铭序》出现“大金”字眼，表明了他的政治立场，显然属于主观猜测，不足为信。

综上，可以对金状元王纲生平作一简要概括。王纲，字振之，金元之际赵城人。生于1180年左右，卒于1255年之后。金大安元年（1209）词赋状元，官至翰林修撰。河汾诸老之一曹之谦的岳父。有文名，书法水平较高，为元好问赏识，金亡前夕元好问曾向蒙古中书令耶律楚材推荐以期保护及重用。金亡后归隐于家乡赵城一带，再未出仕，在当地有较高的声誉，为赵城著名乡贤。赵城南关有状元坊，因王纲而立。去世后葬于家乡赵城东门外苍神坡下。今洪洞县赵城镇仍留存有关王纲的文化遗迹和传说故事，有王纲后裔生息于当地。王纲撰有《忠孝歌》行世，但现已亡佚。所作诗文可考知者有诗《粮山积雪》一首，文章《重修通玄观记》和《重修娲皇庙碑铭序》两篇。

（发表于《山西师大学报（社会科学版）》2015年第4期）

金代平阳史事考订二题

一、金代平阳府已设置有贡院

山西省临汾市区有一条以文化遗址命名的贡院街，因地邻临汾贡院而得名。贡院(或称试院)是科举考试进行的专用场所。据现有文献,最早的贡院在唐玄宗开元二十四年(736)由礼部设置,是礼部举行省试的专用考场;地方设置贡院始于北宋中后期,一些地方州郡如福州始才逐渐设立贡院，举行科举三级考试之一的地方解试。南宋时,地方州郡遍设贡院,而北方的金国,也逐渐在地方数府设立(考)试院,组织各府的府试。明清两代,省府治所所在的城市均设贡院,组织乡试,府州县也广设贡院、试舍或考棚,组织辖区内的岁考和科考选拔。

临汾古称平阳,是山西南部经济富庶、文化教育发达、人才荟萃之地,从古至今,平阳地区有一大批才俊通过选拔考试脱颖而出。临汾的贡院始建于何时？现有文献没有确切记载。

关于临汾贡院(或平阳贡院)的建置沿革情况,通常见到的文献主要是清代知名学者孔尚任参与修撰的康熙《平阳府志》。据康熙《平阳府志》所载《重建平阳试院记》(康熙时人邹士璁撰)一文,明代以前,平阳未曾设置贡院,“平阳旧无试院,岁于旷地盖厂校,士民苦其役,士患风日雨雪不足蔽。至明季,始因废仓故址并试院,士民交便之”。[①] 直到明末的万历三十七年到三十八年(1609—1610)间,提学王三才主持修建了考场(贡院),“始因废仓故址并试院”[②]。关于明末平阳正式建造贡院,参与主持其事的王三才曾撰有《平阳考场记》[③],“不逾三月,而后告成”;其时促成其事的地方官有“临汾县尹卢君,讳养浩,蓟北人”,查康熙《平阳府志·职官》,“卢养浩,顺天蓟州人,举人,(万历)三十七年任。贾继春,河南新乡人,进士,三十八年任”[④],可以推知营建平阳贡院当在明末的万历三十七年到三十八年间。

延至清代,平阳一直都设有贡院,尽管屡有兴废、迁址,直至清末科举制度废除贡院被挪作他用。万历时修建的贡院位于如京仓东,后贡院改建为提督府,而将贡院移建于鼓楼东南旧交城王府,位居府衙东北;康熙三十四年(1695)贡院毁于地震,康熙四十六年(1707)太守刘棨主持重建了贡院,位于府衙东南处(今临汾市体育场、思麦尔国际酒店地带),工程始于康熙四十六年八月,至次年十一月竣工。“旧在如京仓东。提学王三才创建,有记。后改提督府,移建于鼓楼东南旧交城王府。国朝康熙三十四年地震毁,四十六年知府刘棨增拓旧制,内外重修”[⑤];“经始于康熙四十六年八月,明年十一月既落成”[⑥]。乾隆十三年(1748),府学借用贡院房舍建平水书院。清末,1905 年废除科举考试,兴办新式教育,贡院随之失去原有作用,即被废弃,1906 年,临汾县在原平水书院和贡院原址开设高等小学堂,平阳贡院改建为临汾县第一高级小学校。

---

①(康熙)平阳府志[M]. 太原:山西古籍出版社,1998:1160.

②(康熙)平阳府志[M]. 太原:山西古籍出版社,1998:1160.

③(康熙)平阳府志[M]. 太原:山西古籍出版社,1998:1147.

④(康熙)平阳府志[M]. 太原:山西古籍出版社,1998:310.

⑤(康熙)平阳府志[M]. 太原:山西古籍出版社,1998:159.

⑥(康熙)平阳府志[M]. 太原:山西古籍出版社,1998:1164.

究竟明代之前平阳是否设置过贡院？查元好问《续夷坚志》卷四所载《平阳贡院鹤》一文。

大安(1209—1211年)初，高子约、耿君嗣、阎子秀、王子正考试平阳，举子万人。主司有梦绯衣人来谢谒者。明旦试题以下，语同官。俄，群鹤旋舞至公楼上，良久不去。主司命胥吏揭榜大书示众云："今场状元，出自河东。"当举府题《对人有金城》，解魁宋可封，泽州；省题《俭德化民家给之本》，省魁孙当时；御题《获承休德不遑康宁》，状元王纲，平阳。三元者果皆河东云。①

金大安元年(1209)王纲中状元，确有其事。王纲，今洪洞县赵城人，《金史》无传，生平不详。据康熙《平阳府志·人物》，"王纲，赵城人。大安间廷试，词赋状元，翰林修撰"②。今洪洞县周围尚有王纲所撰碑记存世，如现存安泽县府城镇高壁村通玄观的元大德三年(1299)《重修通玄观记》，署名"前翰林修撰状元王纲振之撰"。顺治《赵城县志·艺文》收录的《大金重修娲皇庙碑铭序》，署名"状元及第翰林修撰邑人王纲谨撰"③。《金代科举》也记"大安元年，词赋状元王纲"④。现存洪洞县万安镇浅沟村的清代《桂林坊运九甲香山公王府君碑记》记录了金状元王纲一支后裔明末以来的世系，"历至我祖，金状元王纲振之公讳纲，任翰林院修撰，为前后九甲始祖……振之公茔在本城东门外苍神坡下"⑤。

查《金史·选举志》，明昌(1190—1195)初，平阳府确曾组织辖区的府试。

---

①(金)元好问.元好问全集(增订本)[M].太原：山西古籍出版社，2004:1218.
②(康熙)平阳府志[M].太原：山西古籍出版社，1998:617.
③李国富等.洪洞金石录[M].太原：山西古籍出版社，2008:615.
④薛瑞兆.金代科举[M].北京：中国社会科学出版社，2004:182.
⑤李国富等.洪洞金石录[M].太原：山西古籍出版社，2008:473.

凡词赋、经义进士及律科、经童府试之处，大定间，大兴、大定、大同、开封、东平、京兆，凡六处。明昌初，增辽阳、平阳、益都为九处。承安四年复增太原为十。中都、河北则试于大兴府，上京、东京、咸平府等路则试于辽阳府。余各试于其境。[①]

又，明昌元年(1190)，金廷曾敕令府试地设置考试院。“章宗明昌元年正月，……上是其言，诏免乡试，府试以五人取一人，仍令有司议外路添考试院，及群经出题之制”[②]。“金代科举的管理部门是礼部，礼部之下的中央和各地府都设有词赋试院和经义考试院，相当于唐宋以来的贡院”[③]。

金代的平阳府为河东南路路治，河东南路大致辖今天临汾、运城、长治、晋城四市以及晋中、吕梁、河南省的部分县区。可见，金代时这些地区的士子明昌年间(1190—1195)及以后要在平阳府参加府试(金代科举分为乡试、府试、会试、御试四级)。平阳府也确曾专门设置过贡院或称(考)试院，故有元好问所作《平阳贡院鹤》的问世。至于贡院与试院名称的差异，理应不足为奇。前揭明清人所作《平阳考场记》和《重建平阳试院记》，也称平阳贡院为试院、考场，可见试院就是贡院。可知金代平阳府确曾设置过贡院。至于金代平阳贡院的具体方位，已经无从考知。

在金代之前的北宋时，晋州(平阳府)要组织辖区内的解试，是否设置过专门的贡院，由于缺乏记载，尚不知。没有专门设置贡院时，地方的选拔考试大致是暂时借用官衙、学校、寺庙等处的房舍，或临时搭建，“平阳旧无试院，岁于旷地盖厂校，士民苦其役，士患风日雨雪

---

①(元)脱脱. 金史[M]. 北京:中华书局,1975:1146.

②(元)脱脱. 金史[M]. 北京:中华书局,1975:1136.

③刘海峰,李兵. 中国科举史[M]. 上海:东方出版中心,2006:247.

不足蔽。”

二、抗金英雄梁兴是怀、卫(今属河南)间人而非平阳(今临汾)人

“太行山忠义社”是南宋初年两河地区不愿从金者自发组成的地方抗金武装,因曾集聚活动于太行山区而得名。其中一支武装的首领本名梁兴(一作梁青),人称“梁小哥”,曾率众在河东平阳一带重创金兵,也曾配合岳飞军抗金作战,史书亦称其为“平阳义士梁小哥”。

关于梁兴的籍贯,目前所见的有今山西省临汾市(尧都区)、山西省晋城市泽州县周村镇、河南省三种之多。

记梁兴为平阳(今山西省临汾市或临汾市尧都区)人的著述。如山西省史志院编《山西省志·人物志》(上)①;山西省史志院编《山西通史·宋辽金元》②;《临汾市志》③;《临汾方志丛书》之《临汾史话》④、《临汾历代人物》⑤。《临汾市军事志》记梁兴、梁青为二人,梁兴“平阳人”,梁青“河南怀、卫间人”⑥。还要一提的是,临汾市尧都区近年兴建的古城公园,该公园的名人广场镌刻了50位诞生于平阳大地的著名历史人物,其中就有梁兴,配合宣传的内部书籍《临汾历史上的50位名人》载曰“梁兴,尧都人,南宋著名抗金英雄,曾与岳飞联合抗金,威震中原,为捍卫大宋立下了赫赫战功”。

记梁兴为晋城市泽州县周村镇人, 主要依据是现存泽州县周村

---

①山西省史志院. 山西省志(人物志)[M]. 北京:中华书局,2008:529.

②山西省史志院. 山西通史(宋辽金元卷)[M]. 太原:山西人民出版社,2001:169.

③临汾市志编委会. 临汾市志[M]. 北京:海潮出版社,2002:1745.

④周征松. 临汾史话[M]. 临汾方志丛书. 太原:山西人民出版社,2006:100.

⑤扆晓红. 临汾历代人物[M]. 临汾方志丛书. 太原:山西人民出版社,2006:132.

⑥临汾市军事志编委会. 临汾市军事志[M]. 临汾:内部印行本,2010:436.

镇东岳庙内的《重修庙祀记》,“金粘没喝位闰于宋,兵(大概是“岳”字之误)武穆义旗北指,镇之梁兴筑砦响应,人心敢于叛金者,乃不忍变于夷者”①。该庙重修于明朝后期的1546—1552年间,“工始于嘉靖丁未夏六月,落成于壬子秋九月”②,碑记由梁寀所撰,时间大概在重修东岳庙竣工之时或稍后。《晋城人物传》据此收录梁兴为晋城泽州人。③

记梁兴籍贯今属河南。南宋人李心传《建炎以来系年要录》作“梁青者,怀、卫间人”④;南宋人熊克《皇朝中兴纪事本末》也作“小哥名青,怀、卫间人也”⑤。宋金时,怀州治河内(今河南省沁阳市),卫州治汲县(今河南省卫辉市西南),均属今豫北。

《建炎以来系年要录》和《皇朝中兴纪事本末》是研究宋金史的最基本史料之两种,均为南宋人所作,所记两宋之交抗金英雄梁兴的籍贯理应更为可靠。而记梁兴为晋城泽州周村镇的《重修庙祀记》梁寀所作不会早于1552年, 距离梁兴去世的1148年已经有400多年之久。上述记梁兴为临汾市尧都区人的著述均为现代人所编著,不知出处何在。查康熙《平阳府志》、民国二十二年《临汾县志》,均未见梁兴(梁青)为平阳或临汾人的记载。不知将梁兴记作平阳(临汾)人的始作俑者为谁,以致后人以讹传讹。此外,持梁兴为晋城泽州周村镇人的学者所谓金代时今晋城属于河东南路统辖,河东南路路治平阳府,本籍晋城泽州的梁兴有的书记作“平阳人”也属合理,这种论说对于廓清梁兴籍贯所载也没有任何实际意义。当然,金代的河东南路尚统辖今河南省的怀州和孟州,而文献记梁兴为怀、卫间人,因此也不能

①晋城市地方志丛书编委会. 晋城金石志[M]. 北京:海潮出版社,1995:525.

②晋城市地方志丛书编委会. 晋城金石志[M]. 北京:海潮出版社,1995:526.

③晋城市地方志丛书编委会. 晋城人物传[M]. 北京:中国城市出版社,1993:21.

④(宋)李心传. 建炎以来系年要录[M]. 上海:上海古籍出版社,2008:314.

⑤(宋)熊克. 皇朝中兴纪事本末[M]. 北京:北京图书馆出版社,2005:704.

轻易否定梁兴为“平阳人”这种说法绝对错误，但至少这里所说的“平阳”专指“临汾”是错误的。

综上所述可知，抗金英雄梁兴籍贯应为河南，并非平阳（今临汾市），当然也非晋城泽州。

（发表于《晋阳学刊》2012年第5期）

山西洪洞大槐树移民的几点思考

一、明初山西移民历史与文献记载

明初洪武、永乐年间，为了开荒复垦、屯田积粮、打击豪强、加强北边防御、拱卫北京等原因，政府或政治强制或政策招徕，多次组织全国多地民众移徙它乡，掀起一次次移民浪潮，对发展生产、恢复国力、加强统治、巩固边防、繁荣国都起到了明显的积极作用。《明史·食货志》曰“其人户避徭役者曰逃户，年饥或避兵他徙者曰流民，有故而出侨于外者曰附籍，朝廷所移民曰移徙”。在此期间，山西民众也参与其中。据《明实录》《明史》《续文献通考》等文献记载，山西平阳府、太原府、泽州、潞州、沁州、汾州、辽州、朔州所属民众被征发调遣，为明初经济社会发展做出了重要贡献。而山西北部作为防御蒙古的边地，明政府也曾调遣山西及外省民众移居山西北部长城沿线，包括驻军携带的大批家属、复原为农的士兵及其家属。在洪武、永乐年间的山西移民中，后代影响最大的当数晋南洪洞大槐树移民，以大槐树为集散地的晋南移民，是移向外地；还有晋北马邑移民，以马邑圪针沟为代表的晋北移民，是移出、移入兼有。故而有明初山西移民“南有大槐树，北有圪针沟”的说法。

关于明初山西移民，《明实录》和《明史》屡有记载。

1.《明史》卷77《食货志一》载“户部郎中刘九皋言：‘古狭乡

之民听迁之宽乡,欲地无遗利,人无失业也。’太祖采其议,迁山西泽、潞民于河北。后屡徙浙西及山西民于滁、和、北平、山东、河南。……成祖核太原、平阳、泽、潞、辽、沁、汾丁多田少及无田之家,分其丁口以实北平。”

2.《明太祖实录》卷 84 载“(洪武六年,1373)八月辛卯,大将军徐达等师至朔州,徙其边民入居内地。”

3.《明太祖实录》卷 85 载“(洪武六年,1373)十月丙子,上以山西弘州、蔚州、定安、武、朔、天城、白登、东胜、澧州、云内等州县北边沙漠,屡为胡虏寇掠,乃命指挥江文徙其民居于中立府(安徽凤阳),凡八千二百三十八户,计口三万九千三百四十九,官给驴、牛、车辆,户赐钱三千六百及盐、布、衣衾有差。”

4.《明太祖实录》卷 110 载“(洪武九年,1376)十一月戊子,迁山西及真定民无产业者于凤阳屯田,遣赍人冬衣给之。”

5.《明太祖实录》卷 193 载“(洪武二十一年,1388)八月癸丑,户部郎中刘九皋言:‘古者狭乡之民迁于宽乡,盖欲地不失利,民有恒业。今河北诸处自兵后田多荒芜,居民鲜少。山东、西之民自入国朝生齿日繁,宜令分丁徙居宽闲之地,开种田亩,如此则国赋增而民生遂矣。’上谕户部侍郎杨靖曰:‘山东地广,民不必迁。山西民众,宜如其言。’于是迁山西泽、潞二州民之无田者,往彰德、真定、临清、归德、太康诸处闲旷之地。令自便置屯耕钟,免其赋役三年,仍户给钞二十锭,以备农具。”

6.《明太祖实录》卷 197 载“(洪武二十二年,1389)九月壬申,后军都督朱荣奏:山西贫民徙居大名、广平、东昌三府者,凡给田二万六千七十二顷。”

7.《明太祖实录》卷 197 载“(洪武二十二年,1389)九月甲戌,山西沁州民张从整等一百一十六户告,愿应募屯田,户部以闻。命赏从整等钞锭,送后军都督佥事徐礼分田给之,仍令回沁州召募居民。时上以山西地狭民稠,下令许其民分丁于北平、山东、河南旷土耕种。故从整等来应募也。”

8.《明太祖实录》卷223载“(洪武二十五年,1392)十二月,后军都督府都督佥事李恪、徐礼还京。先是命恪等往谕山西民愿徙居彰德者听,至是还报,彰德、卫辉、广平、大名、东昌、开封、怀庆等七府民徙居者凡五百九十八户，计今年所收谷粟麦三百余万石，棉花千一百八十万三千余斤，见种麦苗万二千一百八十余顷。”

9.《明太宗实录》卷12下载“(洪武三十五年,1402)九月,命户部遣官覆实太原、平阳二府,泽、潞、辽、汾、沁五州,丁多田少及无田之家,分其丁口以实北平各府州县。仍户给钞,使置牛具、子种,五年后征其税。”

10.《明太宗实录》卷34载“(永乐二年,1404)九月,徙山西太原、平阳、泽、潞、辽、汾、沁民一万户实北京。”

11.《明太宗实录》卷46载“(永乐三年,1405)九月丁巳,徙山西太原、平阳、泽、潞、辽、汾、沁民万户实北京。”

12.《明太宗实录》卷50载“(永乐四年,1406)正月乙未,湖广、山西、山东等郡县吏李懋等二百十四人言愿为民北京。命户部给道里费遣之。”

13.《明太宗实录》卷67载“(永乐五年,1407)五月乙卯,命户部徙山西之平阳、泽、潞,山东之登、莱府等府州民五千户隶上林苑监,牧养栽种。户给道里费一百锭,口粮五斗。”

14.《明太宗实录》卷188载“(永乐十五年,1417)五月己亥,山西平阳、大同、蔚州、广灵等府州县民申外山等诣阙上言‘本处地硗且窄,岁屡不登,衣食不给,乞分丁于北京、广平、清河、真定、冀州、南宫等县宽闲之处，占籍为民，拨田耕种，依例输税，庶不失所。'从之。仍免田租一年。"

上述文献未尽全面，但可以看出，移民的情况较为复杂。有政府组织迁移的，有主动响应政策应募屯种的，还有主动请求迁徙的；有垦种，有屯田，有牧养；前往的地方有安徽凤阳、北京、河北、山东、河南等地；涉及的山西政区有太原、平阳两府和泽、潞、辽、沁、汾、朔六州。其中提及平阳府的有洪武三十五年（1402 年）、永乐二年（1404）、永乐三年（1405）、永乐五年（1407）、永乐十五年（1417）五次。除却平阳府之外，太原、泽、潞、辽、沁、汾民众绝不会舍近求远，先赴大槐树集中而后前往目的地，那么自然不应该属于洪洞大槐树移民的范畴。

二、洪洞大槐树移民问题及研究

明初洪洞大槐树移民，明清的正史未见明确记载，而清代中期以来的方志、碑刻、家谱却多有记载，尤其是清代、民国及现代的谱牒。一般认为，洪洞县城外官道边的广济寺为集散地。民国时已经编有专门志书。连续 200 多年、散布数省多地的地方文献如此记述，且有学者文士异口同辞，没有理由怀疑明初洪洞大槐树移民是历史的虚构。

关于大槐树移民，1921 年，倡议修建大槐树移民纪念遗址的邑人景大启撰《古大槐树志》1 卷；1931 年，柳蓉、柴汝桢编成《增广山西洪洞古大槐树志》4 卷。开启了洪洞大槐树研究的序幕。近 30 年来，对洪洞大槐树移民问题研究最多的当数洪洞县的学者张青、林中元，二人均担任洪洞县县志办主任，曾合编《洪洞古大槐树志》（山西人民出版社，1988 年）、《寻根在洪洞——洪洞古大槐树处移民志》（山西人民出版社，1999 年）。张青还曾编著《洪洞大槐树迁民志》（内部图书，1998 年）、《洪洞大槐树移民志》（山西古籍出版社，2000 年）、《洪洞大槐树寻根》（山西古籍出版社，2003 年；精装 2 册，平装 4 册）、《山西洪洞大槐树》(山西人民出版社,2004年)、《洪洞大槐树志》(山西人民出版社,2012年)、点校《增广山西洪洞古大槐树志》(香港天马图书有限公司,2000年)、《洪洞大槐树移民史》(山西人民出版社,2019年),其中新近出版的3厚册《洪洞大槐树移民史》大概是总结之作。成为对洪洞大槐树移民研究投入时间最长、用力最多、成果最多的当地学者,也是最具代表性的研究专家。林中元编著《迁民后裔话迁民》(内部图书,2000年)。河南学者黄泽岭、郑守来多年关注大槐树移民,曾联合编有《迁民姓氏寻源》(石油工业出版社,1999年)、《大槐树迁民》(中国档案出版社,2000年);黄泽岭编有《移民大迁徙》(之一、之二)(当代中国出版社,2001年)、《移民的传说》(当代中国出版社,2003年)、《来自大槐树》(中州古籍出版社,2012年,全12册),用功甚大。从学术方面深入探讨大槐树移民的当数北京学者赵世瑜和山西学者乔新华师生二人,分别出版了《说不尽的大槐树——祖先记忆、家园象征与族群历史》(北京师范大学出版社,2018年)、《为什么是洪洞:大槐树下的文化传统与地方认同》(人民出版社,2010年);上海的山西籍学者安介生《山西移民史》(山西人民出版社,1999年)也对明代大槐树移民加以探讨。这些均成为洪洞大槐树移民代表性的高水平学术研究成果。

30年来,关于大槐树移民,地方文史爱好者编撰有多部书籍、多篇文章。但存在的问题也很明显,概念不清楚,如把明初或明代山西移民与明初洪洞大槐树移民混为一谈,把有明一代洪洞移民外地和明初洪洞大槐树移民混为一谈;资料利用不严谨,对家谱资料不加辨析引以为证。这些不科学的倾向造成大槐树移民问题泛化,务必引起重视、引以为戒,要充分借鉴高校学者研究成果,否则不利于大槐树移民问题的科学和深入。

大槐树移民研究,需要在资料收集及研究提升方面下大功夫。比如所谓移民18次，笔者核对《明实录》，发现并不准确，将复杂问题简单化、同质化，现有的理解需要重新审视。确实记载洪武、永乐洪洞大槐树移民的明代前期、中期文献尚未找到，找到最近的是平阳府。看来寻找关于洪武、永乐洪洞或平阳府移民的明代文献（正史、文集、笔记、方志、碑刻、谱牒）是第一要务，充分依托清代、民国记载大槐树移民的方志、碑刻、谱牒整合考量移民历史，比如尽量收集齐全清代、民国记载洪洞大槐树移民的家谱、碑刻，辑录其中可能包含的明代记载，依照时间先后排列，形成资料长编，至少可以形成清代、民国完整的证据链，同时利用丰富的口传资料包括故事传说研究大槐树移民文化。这些都是洪洞大槐树移民研究需要继续开展的工作。在资料收集方面，不妨再模仿1982年洪洞县志办从《参考消息》发布公告征集移民资料，通过影响较大、较广泛的报纸网站发布消息征集洪洞大槐树移民谱牒、碑刻及口碑资料，最好附录书籍及碑刻图像，以便核对利用，利用近些年国内家谱编修热潮，顺势而为，在大槐树寻根祭祖园建立移民资料信息中心，同时积极发挥海内外重点家谱收藏单位、研究专家、爱好者的力量，形成合力，共同提升大槐树移民研究水平。

三、洪洞大槐树移民文化

洪武、永乐年间，政府组织平阳府一带民众从洪洞大槐树集散出发迁徙，大概没有问题，但是年代久远，一百年前，到民国邑人修建大槐树遗址时，保存在洪洞周围的直接资料证据已经难以找寻，这从民国编成的《古大槐树志》和《增广山西洪洞古大槐树志》所录碑文（如贺柏寿《重修大槐树古迹碑记》）、诗歌（如张淑琳《古大槐树歌》）便可看出。但清代、民国流传至今的碑刻、家谱及口耳传说，众口一词认定“问我家乡在何处，山西洪洞大槐树”，就是最强有力的证明材料。

认识大槐树移民，要注意历史与文化现象的区别和联系。洪武、永乐年间政府组织平阳府一带民众从大槐树集散出发是历史，近现代以来泛化的大槐树移民是文化现象。大槐树移民的泛化，有多种因素，诸如清末民初汉族文化心理重构、年代久远谱牒资料缺乏对大槐树移民的攀附和遥寄。随着家族历史研究的深入，会有越来越多的家族证明和明初洪洞大槐树移民毫无瓜葛，但这丝毫不会降低洪洞大槐树在汉民族后裔心目中的神圣地位。认祖归宗、家国情怀是中国人世代传承的内在精神法则。明初洪洞大槐树移民至少已经成为300多年来汉民族集体的祖先记忆。

明初洪洞大槐树移民本来是一部心酸史，亲人被迫分离，违背了安土重迁、聚族而居的传统伦理。但此后600年间逐渐形成的大槐树移民文化，反而成为中国人得以团结、凝聚的力量源泉，成为世代中国人美好的祖先记忆。没有人口迁徙就没有中华民族的形成，就没有绚丽多彩的华夏文化。洪洞大槐树成为华人的精神家园、祭祖圣地。寄托于明初大槐树移民历史上的虚构是一种美好的文化现象，任何人没有理由因为历史无法重建或已经证明纯属虚构而去破坏这种美好。因此，挖掘洪洞大槐树移民的故事传说，建构洪洞大槐树移民文化也是非常有意义的文化事业，有助于中华民族的伟大复兴，有助于中国梦的实现。

（发表于《民主与科学》2018年第3期）

平阳商人研究浅议

晋商是明清时期杰出的地域性商帮，与陕西商人合称西商，与徽商齐名，并称为一北一南实力最为雄厚的商帮。明清五百年间，晋商经营国内外贸易，尤其是明代晋商盐粮交易入中实边巩固国防，清代晋中商人创办票号汇通天下、开通“万里茶道”从事洲际贸易，留下了多处闻名全国的晋商古宅大院，成为山西商人最为突出的业绩。2017年，习近平总书记视察山西时，高度评价晋商精神，“山西自古就有重商文化传统，形成了诚实守信、开拓进取、和衷共济、务实经营、经世济民的晋商精神”。晋商历史及其文化精神是山西民众宝贵的精神文化财富。

以往的晋商研究中，晋中一带平遥祁县太谷商人及票号研究积累了大批成果，但晋中以外的晋南、晋东南、晋北商人研究较为薄弱。然而真实的历史却是有明一代，晋南、晋东南商人业绩突出，盐粮、潞绸、铁货行销全国，晋中商人兴起最早始于明末，到了清代才大规模崛起凸显。明代王士性《广志绎》和沈思孝《晋录》均记载“平阳、泽、潞，豪商大贾甲天下，非数十万不称富。”① 雍正年间《长芦盐法志》卷二“沿革”条记载“明初，分商之纲领者五：曰浙直之纲、曰宣大之纲、曰泽潞之纲、曰平阳之纲、曰蒲州之纲”。清代，平阳商人实力依然雄

①(明)沈思孝. 晋录[M]. 上海：商务印书馆，1936：3.

厚，不减当年，临汾亢家跻身公认的全国首富行列。清人徐珂《清稗类钞》记载“山西富室，多以经商起家。亢氏号称数千万两，实为最巨。”清末宣统二年（1910）《中国经济全书》称“康（即亢）氏自清迄今，凡二百余年，其家运之隆盛，可谓极矣。”近人邓之诚《骨董琐记全编》卷三“富室”称:“康熙时，平阳亢氏、泰兴季氏，皆富可敌国，享用奢靡，埒于王侯。”时至今日，如果说晋中商人是晋商的杰出代表，大概是没问题的，但曾有学者所谓“晋中是晋商的发源地”“晋商即晋中商人”，显然就不符合历史实际了。

明朝，平阳府大致包括今临汾、运城两市，直至雍正六年（1728）蒲州升级设府。今运城市域的晋商以蒲州、绛州、解州最为有名。而临汾市域的商人以太平、襄陵、曲沃、翼城、临汾、洪洞较为集中且有名。30多年来，晋商资料收集、晋商研究成果主要集中在山西票号及晋中商人。泽潞商人研究成果不多，而平阳商人研究尚未深入开展。比如研究明清以来经济史者大多知道，在明清时代的北京，平阳商人开设的会馆数量多且较为有名，清代最为知名的富商临汾亢家，而关于平阳商人经营的具体情况，大多语焉不详。这种现状不利于晋商研究的区域深耕和整体提升，造成了近现代商业史研究的一处薄弱环节。

关于平阳商人，山西省内外的研究者均认为崛起于明代，发迹历史早于晋中商人，但多持因研究资料缺乏历史情况不明的态度。究竟现存平阳商人研究资料是何等规模，明清及民国平阳商人的历史状况如何，本文试图略加探讨。本文所谓的平阳商人仅指今临汾市域商人群体，可以称之为平阳商帮，涉及时段大致包括明清及民国。

一、现存的平阳商人研究资料

和晋中商人研究资料尚有成批量存世而言，平阳商人研究资料确实处于分散状态，目前就数量而言，是显然比不上晋中商人的，但也绝非少见、罕见,背后的原因是迄今尚未进行过专门收集整理和广泛利用,以致散存多地多人手中。

首先是书面资料,包括方志、谱牒、诗文集、日记。清代到民国临汾各辖县所编县志,尤其是晚清民国的县志,均有或多或少的商人商业资料,包括物产、实业、商务、交通、人物等卷目。如民国《襄陵县新志》卷五《生业略·商》载"境内市面萧条,无大资本家。邑人多服贾于甘肃、宁夏、南京、北京等处次之。前邓庄水烟,畅销关东各属,今已滞塞。惟烧酒一宗,出售蒲、解、绛属,为数颇多,而耗粮亦甚伙也"①,是证明晚清民国时襄陵商人多在西路甘肃、宁夏一带经商的好材料。方志《列传》中多有商人"服贾""贸易"的简短记录,尤其"列女"传中屡见夭亡商人妻子在家养育子女、扶助弟妹、赡养公婆的艰辛。新编的县志、乡镇志、村志中,晋商资料不难寻获,尤其是襄汾县出版的30多种村志村史,几乎都有晋商资料,切不可忽视。反映商人家族的谱牒,尚有不少保存,如洪洞马牧许家、洪洞草集刘家、洪洞苏堡刘家、襄汾南高刘家、襄汾丁村丁家、襄汾师庄尉家、翼城北绛孙家、翼城王庄北丁翟家、平水亢家,对商人世系、事迹、家规,多有记述,同时也要充分利用这些商人家族后代新编的家谱族谱。内容关涉清代民国商人、商业活动的诗文集、日记及游记,也有一些存世,如今人整理编印出版的《张瑞玑诗文集》《卧虎山人感慨集》《清季洪洞董氏日记六种》等,尚未整理的,也可以检索《山西文献总目提要》。

其次是实物资料,包括碑刻、书信、账簿、契约、合同、汇票、行商指南、杂抄、名帖、诉状。现在临汾市所辖17县(市、区),保存有大量碑刻资料,其中关于商人商业的碑刻(包括拓片),目前已知的有200通以上,保守估计存世者至少能翻一番,包括墓志墓碑、会馆碑、捐资

---

①(民国)襄陵县新志[M].襄汾:襄汾县志编委会,1986:68.

碑、集会碑、禁约碑、桥道交通碑等，时代从明朝中期到民国，分布县域以今襄汾、翼城、曲沃、洪洞、侯马、浮山、尧都区为最多，其中三分之一为商人墓志，碑刻所见商人经营以盐、粮、烟叶、棉布、铁货、杂货为主，商人家族有襄汾县南高刘氏家族。这批碑刻，约有一半在以前的晋商研究中未曾利用过，有较高的利用价值。尤其是省外尚存的平阳商人会馆碑，如晋翼会馆、临襄会馆、山陕会馆等等，见证了平阳商人联络乡谊、团结互助、共同致富，彰显了平阳商人的雄厚实力。平阳商人在外经商的书信，现在尚有大批保存，主要集中在多处晋商博物馆、民间收藏者及商人后裔手中，多是在外地经商的平阳商人寄回家乡问候亲人、汇报在外情况，笔者目见以今襄汾新绛一带商人为最多，涉及经商地点省外有兰州、白银、宁夏府、西宁、商洛、北京、包头、赤峰、安阳、洛阳、南京等地，省内有碛口、太原、大同、永和关；行商情况有货物品种、买卖收支、土匪打劫、军队抢掠等。账簿，存量也不少，或线装或函装，涉及商号、货物品种、收支明细。路程，俗称规程、脚程，属于行商指南，多为经折装，有函套，笔者所见以襄汾商人为最多，如《赴台儿庄商号路程里数折》，记录了从距离太平县永固村 40 里的家中出发至台儿庄 1505 里，沿途所经各地名称、里程及“打尖”“宿店”。杂抄，多汇账目、货品、指南、里程、歌谣谚语、应酬尺牍等内容于一体，较为多见。如《生意人苦情歌》所谓“劝世人在家中要寻正干，万不可出门来贸易外边……”之类商人诉苦歌谣；“凡寺庙神佛之傍不可居也，显官财主之侧不可居也……”之类行商指南。名帖，既有商人的，也有商号的。当然，实物资料更要包括尚存数量众多的契约、合同、汇票、照片、器物、商业老物件、古宅大院等，笔者目见某收藏者私人收藏的临汾地域商号印章（起首章、押数章、落地章、骑缝章、防伪章）就有千枚以上，“六必居”盛菜的陶瓷罐、竹篓还有不少保存至今。

再次是口述资料，包括尚健在的老年平阳商人及其员工伙计的采访记录，尤其是上述人员后代的回忆录，对于丰富平阳商人商业历史也是不可多得的珍贵资料，不妨从市县区各级政协《文史资料》、《回忆

账本

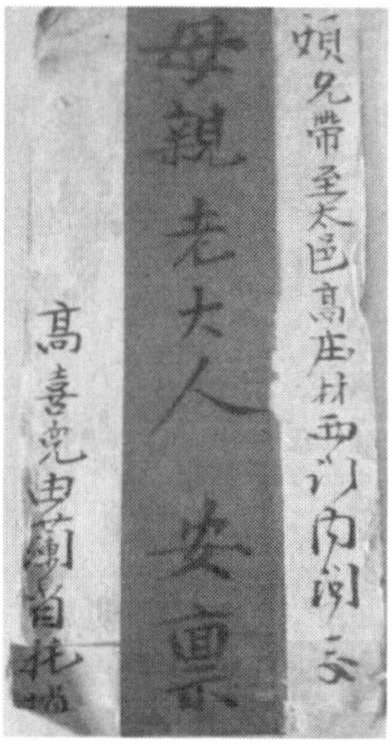

书信

脚程

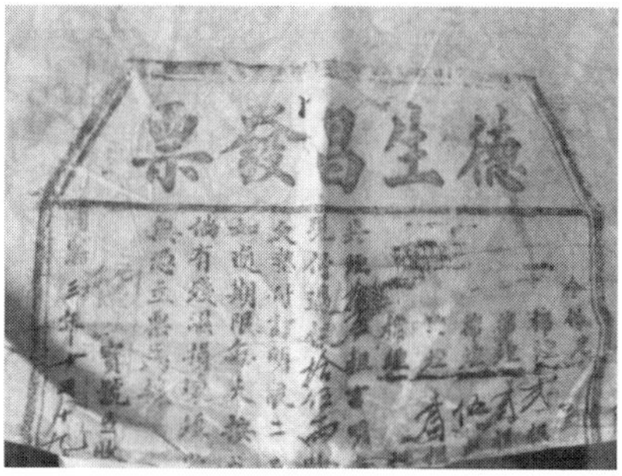

发票

录》、人物《传》中搜寻。明清民国五百多年间，许多平阳商人因经商寓居外地，后代遂落户他乡，最著名的清代临汾亢百万，寓居扬州。如上引清末宣统二年（1910）《中国经济全书》称“康（即亢）氏自清迄今，凡二百余年，其家运之隆盛，可谓极矣。”通过访问调查外省外市尤其是甘肃、宁夏、青海、陕西、新疆五省区的临汾商人后裔及当地文化商业部门收集平阳商人资料也是不可或缺的一环，笔者估计西北五省区尤其是甘肃、宁夏会有大批保存，即使处于散落状态。

此外，尚有外地保存的商业文书，其中多有关涉平阳商人商业。

如1994年晋中地区发现的抄本《行商遗要》[1]，是祁县商人渠家茶庄“长裕川”办茶厂、制茶、运茶、销茶的详细实录，同时也是茶庄伙计外出经营茶叶业务时随身携带的行动指南和行为规范守则，记述了清代从祁县总号到湖南安化茶山基地行程3990里，属于“万里茶道”或曰“茶叶之路”的重要路段，其中所记一段“大西路”从茅津渡上岸经由夏县、曲沃高显镇、临汾、霍州到达祁县，临汾乃此茶路的必经之地，说明临汾地域也参与晋商茶叶运销，属于“万里茶道”的组成部分。祁韵士《万里行程记》记载“高县镇”曰“镇为曲沃县所辖，直隶省栾城、获鹿所出棉花、布匹，贩运者皆卸集于此，商旅甚多”[2]，可见当时高显镇商贸活动之盛。北京的老字号酱园“六必居”，因经营柴、米、油、盐、酱、醋六种货品而得名，明朝中后期临汾商人赵氏兄弟创办，存续至今，尚保存有一批20世纪90年代中期从临汾征集到的“六必居”商业文书资料。

二、现存资料所见的平阳商人历史状况

翻检分散的平阳商人有关资料，有一些商业现象是清晰可见的。如襄陵、太平两县，清代、民国经商者人数庞大，其中太平县地接绛州，有“绛太帮”之称谓，文书也出现“太平帮布商”落款；清代太平县隶属绛州，“绛太帮”或许与汾河水运、秦晋古商道密切相关。襄陵太平商人在省外从事商业活动者多在西北诸省，尤其是兰州、银川、西宁一带，大多是中小商人，从事杂货为主的生意，原因在于当时西北地区经济发展相对较为滞后，民众消费能力有限，单一货物经营难以维持长久。商号成员都是结伙拉帮的乡人，从学徒到跻身管理层有一

---

①张亚兰.《行商遗要》释读与研究[M].太原：山西经济出版社，2018.

②(清)祁韵士.万里行程记[M].太原：山西人民出版社，1992:5.

套稳定的运行机制，涉及相关术语如东家、保人、相公、师傅、掌柜、顶身股。据存世抄本及口述史料，有保人担保始能进店学徒，三年不得回家，在店里干杂务，不发工钱，俗称“熬相公”；三年期满学成才能成为店员，稍机灵的在前柜干活，迎来送往，内向的分配在后柜，交际能力强的在外“跑柜”；为了激发店员的积极性，店员在店数年后可以银两入股或东家给予轻微人力股，年终分红；综合能力强的店员可以逐步晋升为掌柜，有大掌柜、二掌柜、三掌柜之分，掌柜或银两入股或有一定份额人力股；店员返乡离店时，掌柜要搜身，回到家乡后，不允许去东家家中。路途遥远，其实好不容易的探亲在家也就三五日而已。因返乡不易，所以捎信成为常态。家书是双向的，既有在外经商者委托返乡者捎回故乡的，也有家人通过返乡者捎给在外经商者，内容多是相互问候、汇报在外及家里情况、托某某捎回 / 捎去银两、物品（衣服、食品）、代问众亲友安好，涉及具体翔实的商业事宜也较为有限。从笔者掌握的信息来看，襄汾当地保存的多是在外经商者捎回家乡的书信，信封、信纸均有，信封中间多有粘贴一条红纸，上面签署收信者名讳，信纸毛笔书写，内容多有八行者，但也不拘一格；信封署名落款有“兰”“兰省”当指兰州，“太邑”是指太平县。襄汾当地现存的商人家书数量很多，不时就有现身，特别是一家一人小批量的，搜寻也没有太大难度。往西北的行商路线大致是太原——临汾——运城——永济——风陵渡——西安——兰州——凉州——肃州——敦煌——乌鲁木齐；另一条是沁水——翼城——曲沃——新绛——河津——禹门口——韩城——西安——兰州。襄陵、太平商人外出经商的第二个集中地是北京，他们在京师建有会馆数处，多经营油料、纸张、古玩。当地成规模种植芝麻、油菜，民国时加种棉花，因而能出产芝麻油、菜籽油，既在本地销售，有不少盖有商号印章的销售凭证存世，也运销北京。纸张货源之一便是邓庄麻纸。古城人在北京琉璃厂开设古玩店多家,如英古斋、涵雅斋、万义号、渊识斋、晋秀斋、震寰斋。太平商人曾有“四大家”之说法:南高刘家、师庄(赵康)尉家、北柴王家、南赵杨家。最著名的刘笃敬是清末民初晋省名气很大、地位很高的人物,即出自南高刘家。

曲沃商人最显眼的行业是烟草,据说是明末引进种植,因水土适宜,清代渐成规模,并向周边县扩散,烟草加工蔚然成风。烟草还远销蒙古地区、俄罗斯,乡人组建了骆驼队长途运输,有护卫力量,开通了平阳商人中蒙俄万里“烟草之路”。曲沃产烟,直至改革开放之前,“曲沃”牌香烟仍是山西名品。现存烟坊遗址。今人编著的《话说高显》[①]一书有集中论述。曲沃高显镇成为商业重镇,客商云集,尤其是来自河北的布商。现有曲沃当铺账本存世,晋中商人在曲沃开设有票号,票号是在临汾市域少有的。

洪洞商人经商多在北京、山东,多有盐商,如马牧许家在山东济南府经营盐业,现今许家大院遗迹尚见实力雄厚,当地流传有不少有关故事传说,诸如从洪洞马牧村至济南,每几十里就有许家开设的宿店,每年年终骡马从济南驮回的银两从许家大院门口一直排到村外,足见利润之丰厚,不过这似乎是个共性的富商家传说。笔者在马牧调查时,得知许家其实也是多种经营,在村中开设有经营性的豆腐作坊。

民国时翼城商人在北京经营布匹,主要是从县外进货销售,据说在京师布匹销售业中占有不小份额,翼城商人因而以卖布名噪一时。临汾人经商多在北京,据说清代已有千人,1949 年前夕有 2000 余人,如京城老字号“六必居”酱菜园、“万全堂”药店、“敬记”纸庄。浮山人在北京经营饭店餐饮较多,新版县志记载说清代中后期在北京开办的商号有 59 家,有名的老字号“都一处”就是浮山人所办。

---

①李永堂,郑德理. 话说高显[M]. 曲沃:山西省曲沃县晋文化研究会,2010.

在研究资料较为分散的状况下，平阳商人研究已有一些成果。如杨治平《骄傲的“平阳商人”——兼论与晋中地区“祁、太、平”商人之区别》（“平阳鼓楼”微信公众号）、李琳之《家国往事》第一编《迷离商贾》（中国文联出版社，2015年）、周征松《关于襄汾商帮的历史考察》（《史志学刊》2016年第1期）、刘秋根《〈曲沃行氏诉讼簿〉与晋南商人家族的捐纳及商业》（《文物天地》2015年第10期）、李永福《明清时期“襄汾商人”探究——兼析“晋商即晋中商人”现象》（《太原理工大学学报（社会科学版）》2015年第4期），指出了平阳商人研究的内容丰富、重要意义及目前研究严重不足。临汾市县曾出版《晋商史料全览·临汾卷》（山西人民出版社，2006年）、《翼城晋商史料》（翼城县政协内部印行，2008年）、《尧都文史》第十三辑《晋商史料专辑》（尧都区政协内部印行，2005年）、《襄汾文史资料》第十二辑《晋商专辑》（襄汾县政协内部印行，2005年）、《丁氏家族与丁村》（山西人民出版社，2012年）、《襄汾明清富商》（襄汾县三晋文化研究会内部印行，2019年）、《爱国实业家、晋商领袖刘笃敬》（赵向阳著，襄汾县景毛乡政府内部印行，2015年）、《师庄尉家传奇》（临汾市作家协会内部印行，2016年）、《话说高显》（山西省曲沃县晋文化研究会内部印行，2010年）等书籍。

想必随着平阳商人研究资料有计划地收集利用，平阳商人的历史面貌会渐次展现出来，先局部后整体，先个案后综合。譬如2018年夏天，山西省茶文化研究会和临汾市茶文化研究会有关研究人员依据《行商遗要》所记“大西路”路线从平陆茅津渡到洪洞进行调研，田野发现诸多晋商遗迹及史料，以前少为关注，特别是发现平阳商人也从事茶叶加工和销售，有实物为证，过去曾经长期流传晋南商人不销茶的说法。

三、平阳商人研究需要解决的几个问题

与晋中商人及票号研究相比较而言，平阳商人资料分散，此前也未开展过系统挖掘梳理，以致造成了明清时期平阳商人历史状况信息零散、详情不明。在观察思考平阳商人历史状况时，笔者认为有如下问题亟待解决，对推进平阳商人研究、逐步廓清明清平阳商人历史是有益的。

（一）明代平阳商人崛起的原因

既然晋商由于明初入中实边而崛起，但是在明代地缘依次紧邻边地的晋北商人、晋中商人尚未发达，而崛起的却是平阳、泽潞商人。明代平阳府尚统辖今运城，除却有盐池之外，文献记载晋南人多地少，没有多少余粮，平阳商人崛起或是因为晋南自古经济状况相对较好，有一定原始资本积累，加上有历史传承的经商传统，从而得以集聚资金从外地贩运粮食，乘机借助国策崛起。

（二）平阳商人活动的时段

如果平阳商人从明初崛起，其兴衰经历了明清、民国，大致直到20世纪50年代公私合营才整体谢幕。研究山西票号者认为票号与清政府结束同时消亡，但从晋商活动轨迹来看，山西各地商人的商业活动普遍持续到新中国成立初期；在民国时期，山西商人依旧颇具规模、实力依然雄厚。

既然平阳商人活跃于明清到民国，那么有明一代历史状况必须搞清楚，且要理清明代大致的发展阶段及脉络。这里也要对明代今临汾区域和运城区域商人略作区别，有学者认为蒲州商人是明代山西最早的晋商，明代今运城的蒲州、解州、绛州商人状况如何，与临汾汾河沿岸数县经济较好县域商人从事大规模商贸活动的时间先后、相互关系。记载平阳商人活动的资料，清代后期和民国最多，明代更少，

如何弥补，且要划分发展阶段去展现历史状况，需要下大力气。清代民国时，晋中商人崛起，那么晋南地区平阳、蒲州、绛州商人实力究竟处于何等水平，与平遥太谷祁县介休灵石商帮相比如何，不定量比较则无法定性。

（三）平阳商帮的历史存在

相对于晋商祁太平商帮开设票号、开通“万里茶道”，平阳商人也是以商帮出现的。既有全国或区域影响较大的商号，在省内外多地开设分号，资本雄厚，如临汾亢家跻身全国富商最前列，太平的“四大家”。也有襄陵、太平两县数量庞大的商人在西北从事商贸，结伙拉帮，尽管多是中小商人，但整体颇具规模，经商成为普遍现象，所以有“绛太帮”“太平帮”“襄陵帮”之称谓。曲沃烟商、翼城布商、洪洞盐商，大多雇佣乡人，组建运输的骆驼队，开设以家乡命名的会馆，名噪一时，影响久远。平阳商帮确实是一种历史存在。

（四）平阳商人的历史地位及贡献

包括平阳在内的晋南地区，其经济水平在山西长期处于发达地区，农业基础好，商业也较为活跃，工矿业如煤炭、铁、铜资源较为丰富，有汾河水运，也是泽潞铁器运销西北的必经之地。但明清时期，今临汾运城经济的整体水平在全国而言已经处于中游水平，那么如此活跃的商帮缘何未能撑起当地的富庶，这个问题或许也是评估明清两代晋商贡献与山西在全国的经济实力之间的关系尚未回答的。大概明清时期，包括晋南在内的山西主体仍是农业区域，农业水平也一般，整体经济实力在全国处于中游，活跃的平阳、泽潞、晋中商人尽管解决了部分晋人的生计，甚至出现了不少富商大贾，对山西出产物品的外销、山西需用物资的调度起到了明显作用，但晋商利润回报作用终究是有限的，山西经济终归未能跻身富裕省份行列，或许此时工商业比重大的省份才是经济实力最为雄厚者，但山西仍是农业省。平阳商人兴起较早，或许部分商人由于各种原因移居他乡外地，典型者如清代临汾亢家，其产业主要在南方徽州、扬州，对家乡的贡献逐渐弱化。拉长放大来看，平阳商人对于地域经济民生贡献是积极的，对于全国也有积极的贡献，如物资供销、纳粮实边、稳定西北，因而具有全国影响，但也不该没有经过客观比较，给予过高评价，晋商研究也应是如此。

大量平阳商人在西北五省从事商贸，既活跃了当地经济，有利于民生，如泽潞铁货运销西北，其运输线路经过临汾地域（阳城——沁水——翼城——曲沃——新绛——河津——韩城——西安），而在西北五省从事商品批发零售的平阳商人无疑会销售泽潞铁货，经由平阳商人之手把晋东南的铁货以及其他物资转销国外肯定存在，那么明清时期平阳商人参与“一带一路”也是有可能的。据渠绍淼先生研究，明朝嘉靖以后，晋商中出现不少大的盐商和丝商，沿着“丝绸之路”，把丝绸等多种商品销往中东，尤其是晋城凤台县大阳镇生产的缝衣针和绣花针大量出口，几乎进入了中东的每个家庭。

（五）平阳商人与山陕商人

有一种意见认为，所谓的山陕商帮、西商其实是晋南商人与陕西关中商人的联盟，因地域相邻，语言习俗相近。梳理资料发现，晋南商人与关中商人确实有过合作，但据西北大学李刚教授团队研究成果①，绝非山陕商人只是晋南和关中商人的联营，晋中商人也有和秦商合作共建山陕会馆、在西北和江淮间合力经营的活动。至于山陕商帮中晋商来自晋中、晋南哪个区域人数较多，尚无专门研究。

①王俊霞. 明清时期山陕商人相互关系研究［M］. 北京：中国财政经济出版社，2014.

（六）适当区别内外经营及开设商号

明清及民国时期，从事商业活动的平阳商人数量众多，所设商号也定是为数较多。商号有大、中、小之分，有的在本地经营，有的在省内区外经商，有的在省外经商，这些都是研究平阳商人时需要关注的对象群体。但具体研究时，似乎应该优先关注那些规模较大的商号，他们有一定规模，在区内区外多设分号，尤其在平阳之外，对大商号多开展个案研究；对于中小商号而言，多进行整体研究，应该多关注其行商坐贾地域，特别是在区外的，否则将在本地经商的中小商贩分别进行个案研究，难免有失琐碎、宽泛。于是乎，研究平阳商人开设的商号，也要瞩目本地规模较大的和外地经营具有一定规模的，否则统计明清及民国平阳商人商号会没有主次重点。也就是说，研究时要有一定的针对性。遗存的平阳商人账本、合同、契约多有当时商号名称，尤其是平阳商人商号为家乡公共建设捐资名录，更应注意利用，如尧都区魏村镇天寿山世尊院残碑“大清国山西平阳府临洪二邑在京都发财姓名布施开列于后……”、洪洞景村三官庙《四外客商捐施资财补殿宇金妆碑》。新近在侯马古玩市场现身的一份布施文书，内容是在陕甘宁经商的晋商为今侯马一带某公共建筑捐款题名及数额，提到兰州、平凉、固原、临潼、泾阳、同州等地商号若干。

综上所述，关于平阳商人现存的研究资料及研究成果，尽管远不及山西票号、晋中商人研究成果丰厚，但资料仍有一定存量，亟待有计划地收集整理和利用。同样，明清民国时期，晋东南商人或曰泽潞商帮的研究资料现存也丰富，研究价值也是极高的，他们开通了数条“铁器之路”，有待进一步加强研究、加快开发利用。不过，笔者观察认为泽潞商人的研究现状似乎比平阳商人稍好一些。平阳商人、泽潞商人的研究现状，与晋中商人相比，均不尽如人意，需要有识之士持续发力。诸如晋中商人票号广设海内外，但在晋南缘何开设票号较少，至今未有令人信服的解释，本身就是对平阳商人商业研究不深入的表现。

在临汾及山西经济转型、大力发展文化旅游业的当下，挖掘平阳商人及其文化是切实可行的，具有积极的现实文化意义。最好由临汾市政府出面组织协调，充分依托高校科研院所力量，加强田野调查工作，尽力收集、寻访临汾市域及市外、省外公私收藏，兼顾省内外平阳商人后代的口述采访，统计汇总大小商号便于鉴别现存资料，梳理平阳商人五六百年间的发展脉络，填补平阳商帮研究宣传的一处空白，填补临汾历史及晋商研究的一个缺环，给先辈及后人一个交代。良好的平阳商人研究成果会丰富、完善晋商研究，有助于临汾乃至山西省的文化研究及开发利用。

（发表于《地域文化研究》2020 年第 4 期）

山西南部清代碑刻题名“封首”考论

洪洞是晋南名邑，今洪洞县于1954年由原洪洞县和赵城县合并而成。地域较大，文物古迹甚多，文化积淀厚重。在深入洪洞田野调查的过程中，先后发现数通碑刻题名连续出现大量“封首”称谓，多者居然有几十个甚至上百个，典型者如万安镇韩家庄玉皇楼乾隆三十七年（1772）重修捐资碑连续出现“封首”至少172个，赵城镇新庄村嘉庆二十四年（1819）《辛庄村义学碑》连续出现“封首”27个，新庄村圣王庙道光二十七年（1847）重修圣王庙碑连续出现“封首”51个，最终确定洪洞县域“封首”碑有12通。围绕洪洞地域四向寻找，主要依据《三晋石刻大全》所载碑文，在洪洞西面的蒲县发现有“封首”碑5通，南面的尧都区发现“封首”碑1通，北面的霍州市发现“封首”碑1通和“分首”碑27通、灵石县发现“封首”碑1通，东面的古县和安泽县尚未发现。这些碑刻的年代，集中在清代，早起康熙，下到光绪，尚未发现明代及以前者。由于“封首”不少存在于碑阴，而统计时主要使用的《三晋石刻大全》大多未录碑阴文字，从而造成统计的遗漏肯定存在，但比率大小不好判断。这样仍旧可以确定碑刻题名出现“封首”不算孤例，在清代山西南部的洪洞地域周围曾有存在。

阅读碑文发现，碑刻题名中的“封首”，几乎都与乡村兴办公共事业尤其是重修寺庙中发起合会组织筹集资金有关。与封首近似的首事、香首、纠首在山西各地的碑刻题名中较为常见，但“封首”较为罕见，其职能过去未见专门研究，加上首事、香首、纠首在一块碑刻中多是出现 1 次，最多也就不超过 10 次，但像洪洞县同一块清代碑刻连续出现“封首”有 51 次甚至 172 次，这就甚为奇怪了。因此，就现有碑刻探讨“封首”职能，对于清代山西基层社会研究无疑具有一定的学术意义。

一、现存的“封首”碑

目前找到的“封首”碑刻，共有 20 通，分布在临汾市辖的 5 县市和晋中市所辖 1 县，地域大致属于山西南部。其中，洪洞 12 通、蒲县 5 通、尧都区 1 通、霍州 1 通、灵石 1 通。除 1 通刊立时代未详，19 通都是清代，包括康熙、雍正、乾隆、嘉庆、道光、光绪，时代最早为康熙四十三年（1704）、最晚为光绪十五年（1889），时间跨度近乎 2 个世纪。存放地点，蒲县东岳庙 3 通，洪洞县赵城镇新庄村圣王庙 2 通；洪洞县万安镇共有 4 通；洪洞 2 个村子的圣王庙均有，赵城镇新庄村圣王庙 2 通，明姜镇圣王村圣王庙 1 通。

从碑刻内容关涉的事件来看，均是为与乡村民众生活密切相关的公共事务集资筹款，其中 16 通是民间修建与信仰祭祀相关的庙宇，也包括配置祭神器物、筹集祭祀经费和戏资，这是主体，1 通内容不详，其余 3 通为兴建义学、应付官差、修路。16 通碑记述为此组织了筹资捐款的合会，多以百人会为名，大概为泛称，最多者设立 4 个会，还有老会存续。

碑刻上“封首”的书写，均是关乎捐资，碑阳碑阴均有。多为每一“封首”之后罗列人数不等的姓名，以人名为主体，也包括一些商号、××伙，甚至还出现×王神，尚未发现封首只有 1 人者；多有碑上刻有几十甚至上百组“封首”，每组“封首”后附有人数不等姓名。“封首”

的排列，多有按村庄分组，也有一村数组十几组“封首”的。与封首一并出现的民间组织负责人，有首事、纠首、经理、总管、总督首，也往往为数人，这些似为举办公共事业的上层组织领导者，属于封首的上级。

这20通封首碑，以洪洞县内《辛庄村义学碑》、重修圣王庙、重修玉皇楼3通捐资碑最具代表性。新庄村《辛庄村义学碑》有27组封首，组成情况较为复杂；新庄村重修圣王庙碑，封首出现一组5位“×王神”；重修玉皇楼碑连续出现“封首”至少172组，以村庄为单位，最多的曹家庄竟有封首25组。

由此可知，封首大致属于村落或寺庙为兴办公共事务而发起筹资募钱的个人及个人组成的组织。

表1　山西南部现存“封首”碑

碑名	刊刻时间	现存地址	事由	合会	组织者
《立碑为记》	康熙四十三年(1704)	洪洞县万安镇韩家庄	重修三教庙宇	百人胜会	各村封首，管钱粮、买办、管账，执事
圣王庙碑	乾隆三年(1738)	洪洞县明姜镇圣王村圣王庙	重修圣王庙	百福胜会	封首
《创建鸾驾旗幡等记由》	乾隆十八年(1753)	洪洞县曲亭镇薄村	配置神庙建醮器物	集金会	封首10人，经理首事2人
捐资姓名碑	乾隆三十七年(1772)	洪洞县万安镇韩家庄玉皇楼	重修玉皇楼	立会	20余村镇封首172组以上
重修广德真君庙碑	乾隆四十六年(1781)	洪洞县万安镇娄沟村二郎庙	重修镇海广德真君庙	百人摇会	8村封首共105人

续表

碑名	刊刻时间	现存地址	事由	合会	组织者
《玉皇大帝重修碑记》	嘉庆十九年（1814）	洪洞县淹底乡后泉村	重修玉皇庙	百人会	经理3人，首事5人，封首25人
《辛庄村义学碑》	嘉庆二十四年（1819）	洪洞县赵城镇新庄村圣王庙	兴建义学	义学会	首事11人，封首27组
联会捐资碑	道光三年（1823）	洪洞县甘亭镇甘亭村圣母庙	应付官差	联会（第一会、第二会、第三会、第四会）	经理2人，封首
《流芳百世》	道光六年（1826）	洪洞县龙马乡景村慈云寺	重修祖师殿	香火摇会	总督首，总理，封首10余组
《重修水甬道路碑记》	道光十三年（1833）	洪洞县万安镇万安村娥皇女英庙	重修水甬道路	公请摇会	首事，封首，督工
圣王庙碑	道光二十七年（1847）	洪洞县赵城镇新庄村圣王庙	重修圣王庙	修理嘉会	首事15人，封首51组
《万福攸同》	光绪十五年（1889）	洪洞县广胜寺	重修关圣帝殿	义举摇会	封首，绅士，经理
《重修诸祠创建僧房碑记》	雍正三年（1725）	蒲县东岳庙	重修诸祠创建僧房		封首20人，建修天堂为首4人
《碑记》	乾隆七年（1742）	蒲县东岳庙	补修东神山院宇诸亭	石人神会	纠首4人，封首17人
《用垂永久》	乾隆四十二年（1777）	蒲县东岳庙	筹集戏资		纠首14人，封首32人

续表

碑名	刊刻时间	现存地址	事由	合会	组织者
《重修资生圣母庙碑记》	乾隆四十五年(1780)	蒲县蒲城镇城关村南屏山晋文公祠	重修资生圣母庙	百人神会	封首,督工总纠首4人
《万载余年》	年代不详	蒲县克城镇克城村小学佛庙			封首24组
捐资碑	道光八年(1828)	尧都区姑射山仙洞沟	筹集朝山之资	复圣会	封首10人,首事人9人,管老34人
重修庙宇碣	嘉庆十九年(1814)	霍州市开元街道东关居委会关帝阁	重修庙宇	会中,会内,老会	总管5人,封首
《永垂不朽》	乾隆十七年(1752)	灵石县翠峰镇延安村关帝楼	重修关帝楼		封首5组

二、嘉庆《辛庄村义学碑》剖析

洪洞县赵城镇新庄村(清代、民国村名为辛庄)圣王庙院墙外侧存有一通嘉庆二十四年(1819)《辛庄村义学碑》。当年辛庄村为兴学育人创办义学,村里专门成立义学会,负责集资筹款建校并购置田产作为义学办学经费。义学会最初有74人纳钱,集资作为本金建校,后来又用余资购置水地7亩,每年地租收入供给义学使用。前后五六年,事成会散,立碑留名以彰显捐资者善行义举。

碑文如下:

自古业莫高于读书,教莫大于义学。本村苦读书无力,公议联成义学一会,共人七十四位,每位纳钱五百五十文。自嘉庆十八年起，至二十二年止，所得余资置田二段。其一段坐落寒君殿，东西畛水地一亩六分；其一段坐落郭家圪塔，东西畛水地五亩四分五厘。每年租利以供义学费用，庶斯文不绝，英俊时兴，以增闾里之光也。是为叙。

住持真福。

首事陈清泰、陈永泰、贾世旺、贾一功、贾复盛、张洪仁、杨魁学、王天德、陈有泰、张明福、郭魁元。

封首杨金梁、杨金梁、杨金梁、龙虎伙。

封首陈清泰、五人伙、陈星平。

封首贾一功、任德洪。

封首成福、□亮。

封首贾世洪、子母伙、贾世洪、杨宗辉。

封首李淑廉、李反身、赵秉诚。

封首徐有、照福德、□发盛、二人伙。

封首贾世旺、贾申伙、吉成号、顺天取、贾世旺、贾一壁。

封首杨魁学、杨庚、张瑾、杨贯伙、贾张伙。

封首陈有泰、陈永泰、陈毓桂、韩玉山、郑世纪。

封首陈永泰、义学□、二人伙、刘昌、崔发春、三人伙。

封首张洪仁、续□龙、张汤伙。

封首张明福、张明学、郑王伙、贾□先。

封首郭魁元、兄弟伙、郭张仪、三人伙。

封首贾复盛、六人伙。

封首李果香、吉庆号、贾进德、万庆号、李果香、李攀凤。

封首杨茂仓、杨张伙、义和号。

封首王天德、武便、叔侄伙。

封首贾世兴、贾一爵、张长豫、李登科、李连科、三人伙。

封首贾有盛、贾一伦、籍天福。

封首陈康泰、陈毓楠、陈大胜、陈学书。

封首王世杰、合家伙、子孙会。

封首续仓有、续仓有、三人伙。

封首郭莳仓、任刘伙、二人伙、四人伙。

封首李万盛、兄弟伙、四人伙。

封首陈夫贤、陈贯伙、三人伙。

封首丛如、七人伙。

义学会立石

嘉庆岁次己卯年闰四月谷旦①

碑文所载,辛庄村义学会最初于嘉庆十八年(1813)由74人发起集资,每人捐550文,预计到二十二年(1817)截止,历时4年。建校完毕后,立碑于二十四年(1819),实际参与捐款人数翻了一番,包括村民个人、商号及村民组织××伙、子孙会。

碑文书写,“住持”居首,其次为“首事”11人,再次为“封首”27组27行。“封首”之后罗列人名、商号、××伙、子孙会等等。此碑中,“封首”出现27次,也就是27组,罗列的人名不重复者共计有66个(其中杨金梁重复2次,贾世洪、贾世旺、续仓有均重复1次),商号名4个(吉成号、吉庆号、万庆号、义和号),××伙28个(依次为龙虎伙、五人伙、子母伙、二人伙、贾申伙、杨贾伙、贾张伙、二人伙、三人伙、张汤伙、郑王伙、兄弟伙、郭张伙、三人伙、六人伙、杨张伙、叔侄伙、三人伙、合家伙、三人伙、任刘伙、二人伙、四人伙、兄弟伙、四人伙、陈贾伙、三人伙、七人伙),子孙会,义学□。

①汪学文. 三晋石刻大全·临汾市洪洞县卷[M]. 太原:三晋出版社,2009:457—458.

“封首”统辖的××伙，有的由两姓组成，如贾申伙、杨贾伙、贾张伙；多有“数字+人”组成，如二人伙、三人伙、四人伙、五人伙、六人伙、七人伙；也有直系血缘亲属组成的伙，如子母伙、兄弟伙、叔侄伙、合家伙；也有专门命名的伙，如龙虎伙。仅有1个会，即子孙会。

11位任首事者均同时担任封首，身兼两职。其中，陈永泰是首事、封首，同时也是封首陈有泰小组织的成员；贾世旺是首事、封首，同时也是自任封首的小组织成员；贾世洪和续仓有，既是封首，同时也均是自任封首的小组织成员；杨金梁既是封首，同时又是自任封首的小组织两个成员。上述27个封首组织内重复出现的人员，或是多项当承担一两个份额，足见他们对集资创办义学的超常热情。

“首事”似为主持其事者，属于上层组织领导者。“封首”似为“首事”之下所设的集资组织负责人，在“封首”领导下组成集资小组织，由单个村民、商号、村民组织××伙或子孙会组成，具体办理集资筹款。封首之下的伙、会，大概集体承担或负责筹集一项具体钱款份额。

新庄村义学碑

新庄村重修圣王庙碑碑阴(局部)

辛庄村民，经济条件有限，但对创办义学兴学育人多有热情，众议组建义学会，发起集资捐款，谋划 4—5 年完成此事，建学校、购置学田、延请教师。初期发起者 74 人，到立碑时人数已经比初期翻了一番，寺院住持、商号、××伙、子孙会、单个村民共同参与，形成合力，最终建成义学，便于村中孩童读书学习，对提升村民教育水平功不可没。

三、封首的选任及职能

（一）封首由首事、纠首等公议推选而出

新庄村重修圣王庙碑曰“本村旧有圣王庙一座，年深日久，风雨飘摇，楼台殿阁损伤甚多。村人目睹心伤，苦修无资，因于道光十六年公举首事十五人，恭请封首五十位，联成修理嘉会，共人二百零一位，每位纳钱三佰三十文。……自此整理新解，庙貌辉煌，实系诸翁资助，不惟人感其德，即神亦降之福矣。二十七年会终，封首及纳会人姓名开列于后，立石以垂不朽云。”[①] 此次重修圣王庙，公举首事 15 人，恭请封首 50 位，组建了修理嘉会。

洪洞县淹底乡后泉村嘉庆十九年（1814）《玉皇大帝重修碑记》载“本村崔怀仁、张元任、郝纯修等意欲重修，乃费无所处，约同志三十余人为封首，成百人会，拔十一之资。”[②] 崔怀仁、张元任、郝纯修等约请封首。

蒲县东岳庙乾隆四十二年（1777）筹集戏资《用垂永久》碑记载“乾隆丙辰岁，东神山纠首老先生等十位，因土戏亵神，谋献苏腔。又虑戏资无出，议请封首三十人募银二百两，置租三十三千，每年除纳贡而外，得租三十千以备戏资，诚盛事也……近因天时人事之不齐，神

①汪学文. 三晋石刻大全·临汾市洪洞县卷[M]. 太原：三晋出版社，2009：514.

②汪学文. 三晋石刻大全·临汾市洪洞县卷[M]. 太原：三晋出版社，2009：449.

事几至废坠。□值四十一年首事与同事张纬祖、王端、曹子申等十四人同心协力，遵前人之制，复请封首三十二人募钱二百余千”①。东神山纠首老先生等十位议请封首，四十一年首事与同事张纬祖、王端、曹子申等十四人遵前人之制复请封首。

根据碑文所记，“恭请封首五十位”，“约同志三十余人为封首”，“议请封首三十人”，“请封首三十二人”。封首从事的是组织募钱的公益事业，碑文书写使用“请”“约”本是表示敬意，正如“公举首事”，封首应是合会发起人首事、纠首公议推选而出的，值得信赖，有一定能力，不会是强制摊派，带有半自愿性质。

（二）封首为公共事务募捐的实施者

现存的20通封首碑。13通是重修神庙，1通配置神庙建醮器物，1通筹集朝山祀神之资，1通筹集娱神唱戏的戏资，可知16通是与祀神直接相关；其余的4通，除1通内容不详外，1通兴办义学，1通修路，1通为应付官差筹钱。几乎是乡村或神庙兴办公共事务，尤其是与祀神直接相关。除却应付官差筹资带有一定行政色彩，其余均是纯粹的公共事务。

为了完成公共事务，一村或神庙附近数个村落民众合议，往往成立自助的合会组织，公推负责人首事、总管、经理、纠首、香首之类领衔，推选封首具体负责实施筹款，直到钱款到位，公共事务举办完毕，封首完成使命，随即结束。

封首实施筹款募钱。如上述蒲县东岳庙《用垂永久》碑记载“又虑戏资无出，议请封首三十人募银二百两……近因天时人事之不齐，神事几至废坠。□值四十一年首事与同事张纬祖、王端、曹子申等十四人同心协力，遵前人之制，复请封首三十二人募钱二百余千”。《玉皇

①王东全. 三晋石刻大全·临汾市蒲县卷[M]. 太原：三晋出版社，2013：174.

大帝重修碑记》载“本村崔怀仁、张元任、郝纯修等意欲重修，乃费无所处，约同志三十余人为封首，成百人会，拔十一之资。”

碑刻所见，封首数量比实际捐款的人数要少。“公举首事十五人，恭请封首五十位，联成修理嘉会，共人二百零一位”。修理嘉会共有成员 201 位，他们是实际的捐钱者，其中的首事 15 人、封首 50 人，他们是合会的负责人和募钱的实施者。“约同志三十余人为封首，成百人会”，百人会的成员应该在 100 人左右，其中封首 30 多人。

不少碑上在封首所列姓名之后附有所捐钱两数额，如霍州市东关居委会嘉庆十九年(1814)重修庙宇碣载封首 28 位姓名后“以上各施钱千八百文”[①]。

(三)封首与合会相始终

现存的 20 通封首碑，其中 16 通均与合会有关，如修理嘉会，“道光十六年公举首事十五人，恭请封首五十位，联成修理嘉会，共人二百零一位，每位纳钱三百三十文”；复圣会，“久有虔心而力不逮，因于祖师庙中请一复圣会，以为每年朝山之资”[②]；义学会，“公议联成义学一会”。更多的名为百人会。

合会的发起者，多是纠首、香首、首事。如圣王村重修圣王庙碑“香首等又于乾隆元年四月二十六日公办百福盛会，积金数载”[③]。从碑文来看，往往也是“纠首”“首事”“香首”人数较少，“封首”略有增加，“随会人”数量最多，构织成金字塔式。

乡村举办公共事务，民众资金有限，于是乎组建自助的合会，合会的主体功能就是集资筹款，最终的目的是完成乡村公共事务。纠

①段新莲. 三晋石刻大全·临汾市霍州市卷[M]. 太原：三晋出版社，2014：201.
②王天然. 三晋石刻大全·临汾市尧都区卷[M]. 太原：三晋出版社，2011：191.
③汪学文. 三晋石刻大全·临汾市洪洞县卷[M]. 太原：三晋出版社，2009：347.

首、香首、首事发起合会，推选封首，封首要具体实施集资募钱，是合会的重要成员，不一定是主要负责人，但至少应是重要参与者。至于成立合会与约请封首孰先孰后或是同时产生，姑且不知。

纠首、香首、首事负责的是乡村公共事务，“冀后之膺首事者，观余斯文，勤于公事，同心协力，与乡人兴利除弊”，尽管不属于行政系统，但带有一定轮值性质，“今之所谓香首者，似第因焚香礼神而名也，而其实则所以倡一乡之人，相与兴利除弊同心协力以理一乡之事者也。故重其人，必三年公举；考其绩，必三年有成。其任至重，其责至巨也。”① “理宜合社重修，但香总等每年轮转，不肯轻任其责”②，“值四十一年首事”。从碑文可见，纠首、香首、首事常有带功名“监生”“廪生”“从九”之类者，带有功名的属于绅士阶层，而封首则与纠首、香首、首事不同，不见带有功名，随会而生，一旦公共事务完成，封首使命终结，会散命止。如新庄村重修圣王庙组建的修理嘉会，从道光十六年联会到二十七年会终，前后存在了 11 年，恭请的封首就有 50 位。随即立碑记事以彰捐资、组织者美德，“今会已完，工程告竣，谨将出过布施人位立碑刻石以志云”③。

（四）封首的身份

碑文所见，封首理应是具体个人。“恭请封首五十位”，“议请封首三十人”，“复请封首三十二人”。但多有例外，如新庄村重修圣王庙碑，第一组“封首”所列依次为“圣王神、圣王神、牛王神、马王神、龙王神”，出现五位神名，且圣王神重复出现；《辛庄村义学碑》出现“封首杨金梁杨金梁杨金梁龙虎伙”，杨金梁两次重复出现。《辛庄村义学

①汪学文. 三晋石刻大全·临汾市洪洞县卷[M]. 太原：三晋出版社，2009：554.

②段新莲. 三晋石刻大全·临汾市霍州市卷[M]. 太原：三晋出版社，2014：279.

③段新莲. 三晋石刻大全·临汾市霍州市卷[M]. 太原：三晋出版社，2014：201.

碑》封首出现诸多“××伙”、商号，在新庄村重修圣王庙碑亦是如此。

诸如前述《辛庄村义学碑》27个封首27组27行，每个“封首”之后的人名、××伙、商号可能组成一个募钱小组，在这个小组中，每个名字负责一个钱数份额；“封首”之后第一位姓名几乎都是人名，不会是××伙或商号，极可能此第一人便是小组负责人。《辛庄村义学碑》27组“封首”其中11组第一人即是11位首事，有的首事在一组“封首”中位居首位，却又在其他“封首”组中居于第二位，如陈永泰；新庄村重修圣王庙碑，碑阳刻有首事15人姓名，碑阴有“封首”51组，除去第一组为神名外，其余50组均是人名为首，与碑阳所记“恭请封首五十位”相符合，上述15位首事同时也是其中15组“封首”第一人。“封首圣王神圣王神牛王神马王神龙王神”出现神名，更像一个募钱小组，由这些神灵的香火钱顶或出1份份额，这里的“圣王神”顶2份。“封首杨金梁杨金梁杨金梁”可能是杨金梁个人顶3份，也就是出3份钱，当然这3份钱他都可以募集而来。如此看来，封首有时也并非单个人，是个募钱小组。韩家庄重修玉皇楼捐资碑，多数村庄均有数组封首，最多者有20多组。

那么，“封首”之后罗列的人名、神名、商号名、××伙，可能是每个名字承担1个份额，有的属于均摊。如上述“以上各施钱千八百文”“公议联成义学一会，共人七十四位，每位纳钱五百五十文”“公举首事十五人，恭请封首五十位，联成修理嘉会，共人二百零一位，每位纳钱三百三十文”“议请封首三十人募银二百两……遵前人之制，复请封首三十二人募钱二百余千”。

四、“分首”与“封首”的关系

在洪洞县北向相接的霍州，利用《三晋石刻大全》只找到1通封首碑，却找到了27通碑刻题名有“分首”。这27通碑也是清代碑刻，

包括雍正、乾隆、嘉庆、道光、光绪，年代最早雍正十三年(1735)，最晚光绪三十三年(1907)，跨度有170多年。碑文内容，与祀神直接相关的有22通，其中修建庙宇的有18通，增置祭神器物2通、筹集献神之资2通；其余5通为办理甲事2通、筑堤1通、修建公共工程1通、营建宗祠1通。26通碑均有合会，有的甚至还设有东、中、西3会，多以百人会为名。“分首”多是分组，多者50多组。与“分首”并刻的有总管、香老，甚至出现“东会分首”“中会分首”“西会分首”“会内分首”等名称。

从霍州27通“分首”碑碑文所述，其“分首”与前述“封首”选任、职能基本相似。发起联会的多是香首、总管，邀请分首负责募钱。“于嘉庆廿一年秋，会同合社商议，邀请总管公送分首联成百有余人，分为东、中、西三会，共拔布施金七百余金”①；“乾隆二十七年，香首高思雨、任绍琏有感于斯，欲联摇会拔金钱以为修建之资，遂举总管八位。殆二十八年，香首闫明声、任洪章继之，而会始联成，又虑不给于费，约四方好善长者，输己财以裕乎后”②；“(光绪)八年，公举阎道修、张清秀、郭龙章、刘维为、张圣儒、阎德恒，身膺甲总，甘任劳怨，欲续前人之基，不惜经营之力，能忘私以为公，尤和衷而共济，念时势之艰难无法拆措，惧甲事之废坠，有志振兴，因而公同商酌，复设一集义会，邀请分首郭德明等三十五人董事。幸皆谨慎勤劳，急公好义。摇会之后，甲中长钱玖拾余缗，由是蓄积渐厚。”③ 只是霍州出现阎氏家族内部成员先后两次联成摇会筹资建设宗祠，属于家族内部的事务。

这样可以大致判断，“封首”与“分首”实为同样一种称谓，两种书

---

①段新莲. 三晋石刻大全·临汾市霍州市卷[M]. 太原：三晋出版社，2014:214.

②段新莲. 三晋石刻大全·临汾市霍州市卷[M]. 太原：三晋出版社，2014:134.

③段新莲. 三晋石刻大全·临汾市霍州市卷[M]. 太原：三晋出版社，2014:328.

表 2　霍州现存“分首”碑

碑名	刊刻时间	现存地址	事由	合会	组织者
《创建真武大帝龙天土地行窑戏台碑序》	雍正十三年(1735)	退沙街道许村玄武祖师庙	创建真武大帝龙天土地行窑戏台	百人会	香老,分首
《(重修龙王庙)碑记》	乾隆三年(1738)	三教乡下三教村	重修龙王庙	合会	总管,分首
《霍郡安乐村创建庙宇碑记》	乾隆十一年(1746)	三教乡安乐村	创建庙宇	百人摇会	香老,总管,主事,纠首,分首 4 组 44 人
重修玉皇庙碑	乾隆十九年(1754)	师庄乡成王庄村玉皇庙	重修玉皇庙	百人会	总管,分首 34 组
重修龙王庙碣	乾隆二十五年(1760)	辛置镇向东村龙王庙	重修龙王庙	请会	总管,分首
《霍郡北乡白二里朱家岭村重修庙宇碑记》	乾隆三十年(1765)	师庄乡朱家岭佛庙	重修庙宇	百人会	分首 25 组
《山神庙碑》	乾隆三十年(1765)	李曹镇石鼻村土地庙	创建山神庙	百人会	总管,分首
《重建碑记》	乾隆三十二年(1767)	辛置镇宋庄村关帝庙	修庙建桥	摇会	总管,分首 35 组
《永久碑记》	乾隆三十三年(1768)	师庄乡陈家山头观音庙	重修庙宇	百人盛会	总管,分首 36 组
《祖师庙新建碑记》	乾隆三十八年(1773)	辛置镇下马宬关帝庙	新建祖师庙	摇会	新旧香首,分首 36 组

续表

碑名	刊刻时间	现存地址	事由	合会	组织者
《永垂不朽》	乾隆三十八年(1773)	陶唐峪乡孔涧村	重修庙宇	百人会	总管，分首30余组
《龙神会》	乾隆五十五年(1790)	大张镇贾村玄帝庙	筑堤	百人摇会	总管,分首
《万善同归》	乾隆五十六年(1791)	开元街道东关居委会关帝阁	重修关帝阁	百有余人联成一会	总管，分首，督工,香首
重修真武庙碑	乾隆五十七年(1792)	辛置镇辛置村真武庙	重修真武庙	共请摇会	总管，分首50余组
《万世流传》	乾隆五十七年(1792)	开元街道东关居委会关帝阁	筹集献神之资	百人会	总管，分首；会内管钱,会内分首
《百世流芳》	嘉庆元年(1796)	开元街道东关居委会关帝阁	筹集献神之资	百人摇会	总管，管钱，分首
重修真武庙碣	嘉庆六年(1801)	辛置镇辛置村真武庙	重修真武庙	百人摇会	总管,分首
《重修碑记》	嘉庆九年(1804)	师庄乡朱家岭佛庙	重修佛庙	百人会	分首50余组
《流芳百世》	嘉庆十年(1805)	开元街道东关居委会关帝阁	纳草办夫，地方攒粮，种种差遣	百人会	总管,分首
《百世常留》	嘉庆十年(1805)	大张镇大张村药王庙	重修药王楼	摇会	管会总管,分首
兴隆阁碑	嘉庆十四年(1809)	开元街道东关居委会关帝阁	增置祭神器物、朝山费用	百人会	总管,管钱总管，分首31人

续表

碑名	刊刻时间	现存地址	事由	合会	组织者
《百世流芳》	嘉庆十六年(1811)	辛置镇下马窊关帝庙	增置祭神器物、修补之资	朝山会	总管，分首47组
《重修碑志》	道光二年(1822)	辛集镇段庄村三教庙	重修三教庙	东、中、西三会	会总管,东会分首18组、中会分首10余组、西会分首10余组
《阎氏长门宗祠记》	道光二十七年(1847)	霍州署	营建宗祠	百人摇会	总管,分首
《文光昭明》	同治八年(1869)	师庄乡师庄村魁星阁	重修文昌阁	集成一会	分首
集资碑	光绪九年(1883)	辛集镇南东村龙王庙	修建公共工程		分首
《振理前二甲碑记》	光绪三十三年(1907)	陶唐峪乡义旺村	办理甲事,增置办公场所	集义会	分首

写方法而已。在清代的洪洞、赵城、蒲县民间多写作“封首”,在霍州民间多写作“分首”,与地域当年的习惯称呼有关。“封首”既与“分首”一致,大概在合会组织募钱中处于纠首、首事、香首地位之下,属于纠首、首事、香首之下的组织领导人,如此就好理解其名称的含义了。

此外,蒲县东岳庙乾隆五十四年(1789)重修东岳大帝宝殿开光建醮演乐碑,捐资题名出现“分募首”,同碑还有“转募首”“纠募首事”“统募首事”[①]等几种称谓;灵石县张家山村乾隆五十年(1785)修庙

①王东全.三晋石刻大全·临汾市蒲县卷[M].太原:三晋出版社,2013:194.

碑，捐资题名依次为“香首”“总纠首”“分纠首”[①]，也出现“分纠首”。尚不知此“分募首”“分纠首”与“分首”“封首”关系如何。

至于“封首”“分首”的上级纠首、首事、香首，在不同地域有多种称谓，笔者翻检《灵石碑刻全集》一书，粗略发现光是“纠首”就有都纠首、总纠首、总理纠首、经理纠首、督工纠首、监工纠首、起意纠首、用功纠首、司钱纠首、攒敛纠首、在外收敛纠首、募化纠首、副纠首、值年纠首、经理执年纠首、香纠、执年香纠如此之多的称谓。关于封首、分首与纠首、首事、香首、总管之间的分工与权力运作，值得下一步继续研究。翻检《洪洞介休水利碑刻辑录》一书，未发现捐资题名有“封首”“分首”存在，说明兴修水利之类公共事业有较强的行政干预，反而修建神庙之类公共事业可缓可急，基本属于乡村民众自发的行为。

五、结语

通过梳理山西南部 6 县市现存 20 通清代“封首”碑和霍州 27 通清代“分首”碑发现，“封首”与“分首”实为同一种称谓。在清代的山西南部，基层民众为了顺应民意举办诸如修建神庙及相关的公共事务时，会有人数不等的纠首、首事、香首、总管等发起合会，推选封首 / 分首实施募钱事宜，封首 / 分首带有自愿性，待到集资足够完成公共事务后，合会结束，封首 / 分首身份自行解除。封首 / 分首一般是个人，但有时也会是一个由个人领导的募钱小组，由个人、商号、× × 伙组成，在封首 / 分首小组中，碑刻所录“封首 / 分首”之后第一人为小组负责人，每个名字包括个人、商号、× × 伙、神名承担完成一项钱款份额。碑文所见，封首 / 分首募钱举办的公共事业除了主体是修建神庙及配置相关的祀神器物、经费、娱神演剧戏资外，尚有修路修桥筑堤、

---

①景茂礼，刘秋根. 灵石碑刻全集[M]. 保定：河北大学出版社，2014：620.

举办甲务、应付官差、兴办义学，甚至家族成员发起合会集资修建宗祠。根据募款需要，公共事务所涉地周围的乡村民众往往是捐款的主体，一个村落为此会有1个或数个甚至几十个封首组织，随着合会的存续、工程的进展，封首存在短者多是数年，长则十多年，任期不固定。

总之，封首/分首属于基层民众自发举办公共事务的募钱组织负责人，具体承办集资募钱，从属于纠首、首事、香首、总管，往往与合会相始终，不轮值。这种首事（纠首、香首、总管）、封首/分首、村民个体、商号、伙建构起来的合会组织，为乡村某项公共事务而公议组织建构，往往存在有期限，多半是自愿的，共同应对乡村公共事务，并非行政组织，也不具有强制功能，代表了中国古代民间基层社会生活组织的一种模式。封首属于非行政系统的民间基层合会组织负责人员，多承担村落或地域内的公益性事务，身份带有临时性，但其发挥的历史作用不容忽视，对其职能的认知有助于基层社会史研究。

（刊登于《中国社会历史评论》第29卷，天津古籍出版社，2022年）

临汾尧文化研究开发的几点思考

一、帝尧故里与尧都平阳

尧是中华民族的人文初祖，有历史记载的五帝之一。《尚书·尧典》记"曰若稽古帝尧，曰放勋。钦、明、文、思、安安。允恭克让，光被四表，格于上下。克明俊德，以亲九族，九族既睦，平章百姓，百姓昭明，协和万邦，黎民于变时雍。"尧与舜法天、知人、仁民、爱物、施政布德的光辉形象，泽被千秋万代。孔子推崇备至，祖述尧舜，孟子言必称尧舜。尧是中国理想政治、儒家思想、圣贤文化的人文渊薮。

关于尧的文献记载，传世甚少，多是后代寥寥追记。加上其后历代追尊，其遗迹、故事传说在全国分布广泛，更是加重了廓清历史与文化的难度。现代的研究一般认为，尧是部落名号，并非专指一人。关于尧的故里，包括出生地、建都地、陵墓所在地，目前有争议的涉及至少 7 省近 20 市县，包括：山西临汾市尧都区和襄汾县，太原市，晋中市平遥县，长治市长子县，运城市绛县；江苏省高邮市和淮安市金湖县、扬州市宝应县；河北保定市顺平县和唐县；山东菏泽市定陶区和济宁市曲阜市；湖南株洲市攸县、常德市桃源县和常德市；河南省濮阳市范县；浙江省兰溪市。其中山西临汾、河北唐县、山东菏泽 3 地最为有名，时代早、历代祭祀、遗迹较多、故事传说丰富。

和河北唐县、山东菏泽相比，山西临汾是全国最著名的尧都所在地。《史记》集解引"《帝王(世)纪》云:尧都平阳,于《诗》为唐国。"《水经注》载"应劭曰:(平阳)县在平河之阳,尧舜并都之也。"唐宋元明清的全国地理总志、大一统志,均记尧都在平阳临汾。至晚西晋元康年间(291—299)之前就建有尧庙,但据《水经注》引《魏土地记》,可能曹魏时就已建有尧庙,"魏立平阳郡治此矣,(汾) 水侧有尧庙, 庙前有碑。《魏土地记》曰:平阳城东十里汾水东原上有小台,台上有尧神屋、石碑。"现今临汾城南的尧庙系唐显庆三年(658)朝廷拨款兴建,其后历代修缮,遗存至今。存有元代尧庙规模图碑。现为省保单位。临汾城东北 30 多公里处有尧陵,2006 年成为国保单位,据金碑记载,唐初此处就有尧陵,史载元明两代曾有修缮,现存尧陵近年复修,有古碑若干通。帝尧祭祀历时久长,故事传说密集,相关非物质文化遗产厚重。尤其是近年襄汾县陶寺遗址,遗址内涵丰富,城墙、瓮城、宫殿区、仓储区、手工业区、墓葬区、观象台、圭尺等等,已被多数专业学者认为是尧的都城。

综合各种因素来看, 以临汾为核心的临汾盆地是尧最为主要的活动区域,同时也是建都之地,尧都平阳即今山西临汾一带是当之无愧的。

二、尧文化是临汾最具特色的地域文化品牌

临汾地处山西南部,辖 17 县(市、区),与本省吕梁、晋中、长治、晋城、运城 5 市接壤,黄河流经临汾西部永和、大宁、吉县、乡宁 4 县,与陕西省隔河而界。临汾市西部是吕梁山区,东部是太岳山区,中间是汾河谷地,当地人所谓"两山夹一川"。市区中心的钟楼四向题额曰"东临雷霍""西控河汾""南通秦蜀""北达幽并", 地理位置重要可见一斑。临汾是中华民族重要的发祥地之一,历史悠久,文化积淀厚重。旧石器中期的丁村人、旧石器晚期的柿子滩遗址书写了中华文明的

早期篇章,龙山文化时期的陶寺遗址开启了早期中国的序幕,帝尧曾在此建都,“尧都平阳”,春秋时期晋国称霸中原上百年,战国时期韩赵先后对峙争雄,秦汉隋唐为国家要地,魏晋十六国北朝为战略要冲,金元时代为核心区域,明代为晋商发源之地。历史文化可圈可点之处甚多,为古代中国一大重要区域,古称平阳,首府临汾(今尧都区)与晋北的大同、晋中的太原并称山西三大区域核心城市。

临汾的地域文化内涵丰富,当地人提出的特色文化有尧文化、丁村文化、晋国文化、大槐树移民文化、戏曲文化、雕版印刷文化、根祖文化、黄河文化等等。近年来,17 辖县(市、区)打造的文化品牌,比如尧都区的尧文化,洪洞县的大槐树移民文化,霍州市的中镇文化和廉政文化,古县的牡丹文化,安泽县的荀子故里文化,浮山县的《弟子规》文化,襄汾县的丁陶文化,曲沃县的《诗经》文化和晋国文化,侯马市的晋国文化,翼城县的晋国(含古唐和霸国)文化,隰县小西天佛教文化,蒲县东岳庙道教文化,吉县壶口黄河文化和人祖山文化,乡宁云丘山和合文化,大宁县的黄河文化,永和县的乾坤湾黄河文化和红色文化,汾西县的师家沟民居文化。就全市范围、全国影响而言,尧文化、晋国文化、大槐树移民文化、戏曲文化最有特色。

四者再比较:晋国存在 600 年,建都在今曲沃翼城侯马一带,后来三晋韩赵魏纷纷迁都省外,后来的晋文化实际成了山西全域文化,而非特指晋国文化;大槐树移民文化有 600 年历史,是明初洪武、永乐年间政府强制迁移平阳府一带民众到外地垦种,大槐树成为后代移民后裔集体的祖先记忆;戏曲文化本指金元时期戏曲传播发展并繁荣于平阳(河东南路、平阳路治所所在,路辖今晋南晋东南的临汾运城长治晋城)一带的戏曲,至今遗存的金元戏台全国最多且最为集中,但后来临汾当地的戏曲并未在全省及全国具有突出地位;尧文化立足于尧都平阳,却是文献、遗存、考古、传说皆具,开端于中华文明初期，历时久远，绵延不绝，历代政府祭祀不断，加上尧为中华民族人文初祖，其建都于此，天下实现大治，为后代千秋向往，推崇备至。还有现实考虑的重要一点，大槐树移民文化重心在洪洞；晋国文化重心在曲沃翼城侯马；戏曲文化遗存主要是几座元代戏台；尧文化的尧都主体在今市府所在的尧都区一带，尧都比晋都级别要高，同时，临汾的尧文化并非仅限于尧都区，包括洪洞、襄汾、翼城、安泽、浮山均有尧的遗迹及传说故事，于是乎尧文化就成了临汾最有特色且具有全市统领意义和全国影响的文化品牌，在市域四大文化中居于首位。

三、当代临汾尧文化的研究挖掘

20世纪80年代中期开始，临汾的一些地方文化学者就通过各种方式积极呼吁当地政府加强对尧文化的重视，尤其是通过政协提案渠道。1991年，临汾市（今尧都区，2000年11月改名）政协文史委适时编辑出版了《尧都胜迹》（中国文史出版社）一书。到了1997年2月，临汾市（今尧都区）成立了临汾市尧文化研究与开发委员会，编撰出版了《帝尧与平阳》（内部图书，1997年），主要的学术贡献是石柏青先生，写了《帝尧·平阳与华夏文化》长篇文章。1998年4月，尧庙广运殿失火焚毁，当年10月开始复建，一年后竣工。1999年，平阳木版年画收藏专家赵大勇、赵随意父子编著《尧都平阳与尧舜禹》（山西古籍出版社）出版。1999年，临汾市（今尧都区）政协编印了《尧天舜日》（内部图书），内容包括“尧文化专论”“尧都史话”和“尧文化随笔”。2000年3月末4月初，临汾市（今尧都区）主办了“海峡两岸尧文化学术研讨会”，层次较高，选编论文集由尧都区三晋文化研究会、根祖文化研究会于2005年内部出版。2000年12月，王春元《尧文化的研究与思考》（中央文献出版社）出版。2002年，尧都区史志办编纂的《临汾市志》（全3册，海潮出版社）出版发行，其中设有专编《尧文化》，约7万字。

2002年,临汾市领导刘合心率领三晋文化兼尧文化交流团,赴台北出席海峡两岸尧文化论坛。2006年,石青柏编著《临汾帝尧》(山西人民出版社)出版,收入《临汾方志丛书》。

2006年12月,临汾市(原临汾地区,2000年11月改称临汾市)成立了尧文化研究与开发委员会;2007年4月,主导了尧陵修复及祭尧活动;6月,创办发行了会刊《尧文化》(现在临汾市三晋文化研究会会刊改名为《尧文化研究》);开办了"尧文化"门户网站;12月召开了"首届中国·临汾尧文化高层论坛"。2008年,高树德编著《中华之根祖:尧文化研究综述》(作家出版社)出版。2008年,位于临汾的山西师范大学地理学院马志正教授所著《尧舜都城的环境研究》内部印行。2013年出版的《临汾市志》(全4册,中华书局)设有"唐尧文化"专卷,约5万字。2015年4月,临汾市委宣传部承办的"尧文化暨德廉思想研讨会"在临汾召开,年底出版了论文集《帝尧之都 中国之源:尧文化暨德廉思想研讨会文集》(中国社科出版社)。

在临汾研究挖掘尧文化的过程中,涌现出三位杰出的当地文化人士。已故的石青柏(临汾市委党校教师),20世纪80年代中期积极呼吁政府和社会重视尧文化,先后编著《帝尧·平阳与华夏文化》和《临汾帝尧》,为临汾的尧文化研究做了最基础的资料收集工作。刘合心(原为临汾市人大常委会主任,现为临汾市三晋文化研究会会长),多年致力尧文化研究及开发利用,组建临汾市尧文化研究与开发委员会,修复尧陵均是由他主导发起进行,撰写了多篇关于临汾帝尧的文章,陆续收入出版的《中国的源头》(人民文学出版社,2002年)、《源头集》(南开大学出版社,2009年)、《我的文化梳理》(内部印行,2012年),近来结集出版《尧文化知行录》(山西人民出版社,2017年),为临汾的尧文化做出了突出贡献。乔忠延是临汾当地的文化学者,高产的作家,为研究尧文化也出了大力,曾编著出版《尧都史鉴》(山西古籍出版社，1999 年）、《漫话帝尧》（中国文联出版社，2008 年）、《帝尧史话》（山西教育出版社，2015 年）、《帝尧传》（北岳文艺出版社，2017 年），其作品结集为《根在尧都丛书》，包括《尧都土话》《尧都人杰》《尧都史鉴》《尧都沧桑》《尧都风光》5 册，为宣传尧都做出了贡献。此外，临汾市委党校的石耀辉也多年致力于尧文化研究，是内部期刊《尧文化》及《尧文化研究》的主要负责人，所写的文章收入所撰论文集《尧都文脉》（中国文联出版社，2008 年）中，他还利用市委党校培训各级干部的平台宣传其提出的“治临汾者知尧文化，知尧文化者治临汾”理念。2000 年前后，时任临汾市（尧都区）主要领导的王春元为重修尧庙、开发尧文化、召开海峡两岸尧文化研讨会拍板决策，组织落实，还编著出版了《尧文化的研究与思考》，也是尧文化开发的有功之臣。

四、临汾研究开发尧文化的几点建议

（一）临汾尧文化研究开发要有包容性

既然尧为部落名号，那么尧部落活动生息完全可能是移动不定的。平阳是尧都，尧的建都之地，也就是尧部落经历过较长期迁徙活动最后选择该地定居下来且创建最初国家的地方。《帝王世纪》载“帝尧始封于唐，又徙晋阳，及为天子，都平阳。”尧部落也有可能从河北唐县迁徙到太原一带，再由太原南迁到平阳一带，开花结果，由野蛮到文明，进入早期国家。平阳至少是尧都之一，且是规模较大、建制规格较高的尧都。帝尧定居于平阳一带，也并非活动区域仅仅局限于今尧都区一带，应该范围更广，是在临汾盆地。今日尧都区北面的洪洞、霍州，西面的蒲县，东面的浮山、安泽，南面的襄汾、翼城、绛县（运城市绛县发现西晋永和二年“唐尧寓处”石碑，2008 年，绛县“尧的传说”列入国家级非物质文化遗产名录）均有尧的遗迹、传说就不难理解了。决不能用现代的行政区划束缚住研究开发的宽广视野，尤其是尧都区(尧庙、尧陵、出生地伊村)与襄汾县(陶寺尧都城)相距不远,理应联手开发,打造三尧(陶寺尧都、尧庙、尧陵)文化,不能画地为牢,就像尧都区一方面依靠陶寺考古材料证明尧都真实存在,一方面开发尧文化拒绝襄汾,甚至发生争抢尧都的煞风景事件。

尧最初出生的地方,最后埋葬的地方,文献和考古尚无正式结论。临汾挖掘尧文化也不要决然排斥河北唐县、山西太原、山东菏泽等地。目前没有充足证据证明尧或者数个尧从出生、即位到去世埋葬都在晋南临汾一带,上述地区也可能是尧部落曾经活动过的区域。因此,临汾要做的尧文化研究开发就是要把尧在临汾盆地活动、建都的历史尽量搞清楚。充分研读、分析、评判其余数省多地的尧文化遗迹,知己知彼,用更大的视野、更宽广的胸怀开展临汾地域尧文化研究,方能产生科学理性的研究成果。

(二)临汾尧文化研究开发应建立一定的机制

先是县级临汾市,后是地级临汾市,均组建过尧文化研究机构,现在尧都区的尧文化研究会少见活动,而市里的仍在继续。20年里,市县的尧文化研究会为临汾的尧文化研究开发做出过积极贡献,承办过全国性的学术会议,出过书籍,办过期刊,开创奠基功不可没,但持续上台阶、上层次的愿景并未达到。

在山西建设文化旅游大省的当下,临汾也在转型发展,理应更好地利用尧文化品牌,为临汾市域经济社会发展发挥促进作用。不妨由市里统筹,重整或重建市级尧文化研究机构,最好通过地方立法建立制度,每年财政划拨一笔专项经费,或者筹集社会资金,经费问题绝不能因为主要领导变更而中途停废,以市里为主,联合相关区县文化部门及有关研究人员,适当聘请省内外有关专家学者合作研究,组建尧文化研究队伍。政府出面协调提供研究会固定活动场所,专项经费用于常规工作,每年设立若干研究课题,可以采用课题招标研究方式，定期召开目标明确的学术研讨会，科学规划，逐步推进，稳健提升，实现临汾是全国尧文化研究中心的建设目标。

在具体研究方面，可以从各种史书、文集、临汾地域方志碑刻中汇辑有关尧的文献记载，汇集临汾现存的尧文化遗迹和关于尧的故事传说、民俗活动，汇集已有的临汾尧文化论著及文艺作品，汇集海内外关于帝尧的研究成果，组建尧文化研究资料信息中心，为以后的研究奠定资料基础。同时设立专家学术委员会，逐年分批设立研究课题，聘请省内外学者参与合作研究。若干年以后，临汾可以成为名副其实的尧文化研究高地。

（三）临汾尧文化研究开发应充分吸收借鉴科研院所相关成果

从地方学者呼吁重视尧文化至今 30 年过去了，临汾的尧文化研究主力是临汾当地的学者和文化人士，出版书籍、撰写论文，功不可没，但通读之后不难发现，不少论著泛泛而谈，重复叙说，对尧文化研究挖掘实质提升、对外地学者有启发借鉴的作品相对较少。而临汾召开的几次市外、省外学者参与的尧文化研讨会上，高校、科研院所专家学者提交的尧文化研究论文水平总体还是较高的，有助于提升临汾尧文化研究挖掘整体水平。尤其是近年来，科研院所专家学者和高校博士、硕士学位论文研究尧文化及临汾尧文化的已经积累了一批，如张晨霞《帝尧传说与地域社会》（学苑出版社，2013 年）等。当地学者一定要及时、认真研读，借鉴吸收，与外地学者产生交融共鸣，形成研究合力。

临汾尧文化研究中，地方学者是主力、中坚，但绝不能自说自话，甚至不太遵守研究规范随意引材料下结论，以讹传讹，应广泛深入结合高校科研院所相关研究成果，才能使研究更具科学性，那么地方形成的研究成果才会被学术界重视，从而提升临汾尧文化研究的信誉和实力。

临汾的尧文化得到社会和政府重视，与20世纪末期物质文明、精神文明“两手都要硬”广为提倡的社会形势、改革开放以来传统文化受到深度关注大致同时；世纪之交又与发展文化旅游业密切配合。历经20多年研究挖掘，成绩有目共睹，但不足也是明显的，发力时断时续，后劲不足，和山西省大部分地区的地域文化研究开发极为类似，好的文化资源没有发挥更大的经济和社会效应。在山西提出建设文化旅游三大板块的当今，临汾以“中国根　黄河魂”为文化旅游品牌，致力打造尧文化旅游园区，展示“唐尧故都　魅力临汾”，临汾的尧文化研究开发迎来了前所未有的发展机遇。只要省市领导重视，市县政府积极组织落实或市场化运作，科学规划，学者真情参与，临汾的尧文化研究开发必将取得新的更大成果，为全市文化旅游注入持久有效的活力。

参考文献：

1. 尚书[M]. 北京：中华书局，2013.
2. (汉)司马迁. 史记[M]. 北京：中华书局，2013.
3. (北魏)郦道元. 水经注[M]. 上海：上海古籍出版社，1990.
4. (晋)皇甫谧. 帝王世纪[M]. 沈阳：辽宁教育出版社，1997.
5. 石青柏. 临汾帝尧[M]. 太原：山西人民出版社，2006.
6. 高树德. 中华之根祖[M]. 北京：作家出版社，2008.
7. 临汾市志编纂委员会. 临汾市志[M]. 北京：中华书局，2013.
8. 张晨霞. 帝尧传说与地域社会[M]. 北京：学苑出版社，2013.

（刊登于《发展导报》2018年6月8日）

浅析洪洞地域的舜文化遗存

尧舜禹是上古时期的三位圣王，尧和舜名列三皇五帝之“五帝”之列。唐宋以来的全国地理总志、一统志中，大多记载尧都平阳、舜都蒲坂、禹都安邑。一般认为尧都平阳在今山西临汾一带，舜都蒲坂在今山西永济一带，禹都安邑在今山西夏县一带。今临汾、永济、夏县三地，均处山西西南部，关于尧舜禹的文化遗迹、民俗活动、传说故事甚为密集丰富，既有实物、文字记述，也有口耳相传，尽管现存者主体年代不太久远。山西南部曾是尧舜禹建都之地，成为佐证山西是华夏文明的直根、重要的发祥地，因而也是中华文明中重要的山西文化元素。

随着临汾市襄汾县陶寺遗址考古工作的不断推进，大批史前文物陆续被发现，帝尧曾在陶寺建都逐渐成为学术界的共识。山西南部的尧文化遗存，集中在以陶寺为中心的临汾盆地，东西南北四向均有，其中以今尧都区、襄汾县、洪洞县、浮山县、绛县较为集中。

最近几年，主持陶寺考古发掘的何驽先生提出陶寺为尧舜之都，看来对临汾盆地的舜文化遗存整理研究很有必要。临汾盆地的舜文化遗存，涉及洪洞、尧都、翼城等县域，集中在今洪洞、翼城两县，此两地均与舜耕历山传说有关，尤其是洪洞县的“三月三接姑姑迎娘娘”民俗，更是持续时间久远，成为当地影响较大的重要民俗活动，也有当地文化学者提出舜都蒲坂在万安的说法。

一、地方志记载的尧舜文化

万历《平阳府志》卷四《坛壝祠庙附》载“舜庙，在县西四十里圈头村，宋天圣七年里人李良辅建，邑郎中孙抑记。”

万历《洪洞县志》载“帝舜娥皇女英祠，昭宗天祐二年封懿节祠，祠在县西二十里舜岭上。”雍正《洪洞县志》同。

民国《洪洞县志》卷八《坛庙》载“尧庙二，一在县南东张村，宋天圣八年建，有碑记。一在县南羊獬村，元至元十四年里人杨道甫建。”“舜庙三，一在县东苏堡村，康熙间邑绅刘衷等重修；一在县南范村，元大德十年里人张元庆建；一在西圈头村，宋天圣七年里人李良辅建。”“娥皇女英庙四，一在县东门外；一在县南羊獬村；一在县西万安镇北门外；一在县西英山上，又名英山神祠。”另据康熙《平阳府志》卷十《祠祀·洪洞县》载“英山神祠，在县西三十里。”

道光《赵城县志》卷二十七《坛庙》载“圣王庙，在南门外东堡上，元至元中建，祭祀古帝虞舜。”

据上述今洪洞县域四种旧志即万历、雍正、民国《洪洞县志》和道光《赵城县志》以及万历《平阳府志》记载的不完全统计，洪洞至少有尧庙二、舜庙四（舜庙三、圣王庙一）、娥皇女英庙四，经过了唐、宋、元、明、清、民国，时代从唐末直到民国，从未中断。此外县志记载尚有英山、舜岭。想必其他地方文献也有记载。据传说娥皇、女英为亲姐妹，是尧的女儿，同时嫁给舜为妻。尧都平阳，舜耕历山，洪洞地域形成“三月三接姑姑迎娘娘”远古走亲民俗，历时久远，至今仍在活态传续。足见洪洞地域是一处尧舜文化厚重之地。

二、洪洞现存的舜文化遗迹

洪洞地域现存的舜文化遗迹，主要包括舜（王）庙、圣王（圣王村、圣王乡、圣王庙)、娥皇女英庙,以及“三月三接姑姑迎娘娘”习俗等。

(一)舜(王)庙

据今人所编《洪洞名胜》,万安镇东圈头村南500米的历山上现有新修的舜王庙,又称神立庙。原本宋天圣七年(1029)里人李良甫重建,又称神立庙,规模宏大,有舜王殿、娘娘殿、两宫娘娘庙、药王庙等建筑,1942年被侵华日军全部烧毁。20世纪80年代以来,在舜王庙遗址逐渐重修,现有舜王殿、娥皇女英殿,每年三月初三、四月二十八、五月端午、六月十八、九月初九,当地民众均有庙会活动。[①]

据《洪洞古刹名寺》[②],甘亭镇羊獬村东北原有舜王庙一座,土改时期拆毁,1980年在原址重建。明姜镇圣王村现有舜庙一座,亦称圣王庙,为清代建筑。

(二)圣王

1. 圣王村

在洪洞一带,舜也被称为圣王。《洪洞县地名录》记载,圣王村委会为圣王乡所在地,辖圣王、短畛里两个自然村,村委会驻圣王。“圣王,地处丘陵,耕地2800亩,897口人。相传,此地朱坟(一说“朱家”)圪塔是舜王降生之地。舜在位以仁政平治天下,初耕历山,教民种田,后世尊为圣王,故名。”[③]

圣王村现有舜庙一座,也称为圣王庙。据《洪洞名胜》记载,圣王舜庙位于明姜镇圣王村学校内,占地2亩余。圣王舜庙始建于明天顺八年(1464),现存大殿为清代建筑,大殿内供奉着舜王,左右分别是娥皇和女英塑像。殿外台基左右各有石碑1通,为前代嘉庆年间重修

①董爱民. 洪洞名胜[M]. 洪洞:内部印刷,2004:384.

②董爱民. 洪洞古刹名寺[M]. 洪洞:洪洞县旅游文化研究会,2011.

③洪洞县人民政府. 洪洞县地名录[M]. 洪洞:内部印行,1987:59.

碑。“据传说，舜王出生于此地的诸冯圪塔，诸冯圪塔位于圣王舜庙西北千米余的土山上，地形较高，后人建有庙宇。”①

圣王村现存明代屯田碑1通，碑额题“赵城县圣王屯”，可知圣王之地名明代已有。另据村之舜庙碑记，清代名圣王庄，隶属侯村里。

2. 圣王乡

《洪洞县地名录》记载，圣王乡位于洪洞县东北部霍山脚下，距县城20公里。东与古县为界，西与赵城镇相连，南与明姜镇为邻，北与苑川乡接壤。乡政府驻圣王村。1961年从明姜公社分设圣王公社，1984年改设圣王乡②，2001年与明姜镇合并为新的明姜镇。

3. 圣王庙

赵城镇新庄村村西现存圣王庙一座，始建年代不详，据庙中正殿顶板题记，乾隆三十四年（1769）和道光二十六年（1846）曾予以整修。现存建筑有正殿（三圣殿，供奉尧舜禹）、东西配殿、戏台等，院内有道光重修庙记碑1通，院外有嘉庆建义学碑1通。

据《洪洞古刹名寺》，明姜镇沙窑村现存圣王庙一座；龙马乡岳柳村西南现存圣王庙一座，创建年代不详，清嘉庆二十一年（1816）重修，2005年重建圣王殿；左木乡李家坪村现存圣王庙一座，道光四年（1824）、光绪元年（1875）重修。此外，左木乡翟庄村下翟庄自然村中有三圣庙一座，道光十年（1830）曾重修，供奉老君、孔子、圣王。

据《洪洞金石录》，现存康熙十五年（1676）赵城县李村里《上王安乐二圣神庙碑》，编者认为“上王”或为圣王③。

陈泳超《背过身去的大娘娘》④一书中对圣王庙做过专门研究。他

①董爱民. 洪洞名胜[M]. 洪洞：内部印刷，2004：450.

②洪洞县人民政府. 洪洞县地名录[M]. 洪洞：内部印行，1987：58.

③李国富. 洪洞金石录[M]. 太原：山西古籍出版社，2008：171.

④陈泳超. 背过身去的大娘娘[M]. 北京：北京大学出版社，2015.

曾在洪洞一带进行多年田野调查，发现洪洞、霍州、尧都、沁源均有圣王庙，但其神主却有舜、伯益、唐太宗3位。其中，洪洞县龙马乡沟北村有圣王庙，神主为舜；明姜镇沙窑村圣王庙神主为舜；万安村安乐庙系由圣王庙改名而来，神主为舜。而尧都区吴村镇太明村圣王庙神主却为伯益，现存同治年间《重镌碑记》称为“伯圣”；道光《直隶霍州志》所记霍州有圣王庙祭祀唐太宗；雍正《沁源县志》记沁源有圣王庙祭祀唐太宗。他认为，一般而言，和龙王、牛王、马王诸神并立的圣王也可能为伯益，主管农业相关事务；舜王和伯益均可作为圣王庙的主神。

《背过身去的大娘娘》所载现存的三处圣王庙（沟北村、沙窑村、万安村），神主均是舜；万安村过去田地里尚有另一座小的圣王庙，单供舜王一人，现已消亡；明姜镇中心广场附近关老爷庙，左侧偏殿为“三王殿”，供奉圣王、龙王、马王，圣王居中，据村中老者讲，此圣王肯定不是舜王，至于是谁，他也说不清楚；而尧都区太明村的神主是伯益，霍州和沁源的均是唐太宗。看来，除却明姜镇关老爷庙三王殿之圣王非舜外，洪洞县域尚存的圣王庙神主尚未发现非舜者。陈教授所谓和龙王、牛王、马王诸神并立的圣王也可能为伯益之说法，有一定道理，但也需要进一步去调查验证坐实。笔者前去洪洞万安一带调查，万安舜王安乐庙，现在复建的大殿中，据修庙的村民讲，神主为舜，但八蜡、马王、牛王、三霄娘娘神像与舜并排塑立，当然舜居中，且略高于其他诸神。

至于《洪洞古刹名寺》所列岳柳村、李家坪村现存圣王庙之神主究竟为谁，需要进一步调查核实。但据笔者调查，舜作为圣王在洪洞地域是较为普遍的现象。

（三）娥皇女英

1. 娥皇女英庙

据《洪洞名胜》记载，万安村西北隅现存娥皇女英庙一座，又称娘娘庙，占地约10亩，始建年代不详，现存建筑为清代所建。娘娘庙现存建筑有前殿、后大殿、献厅等。前殿内供奉娥皇女英塑像。殿前乾隆五十三年（1788）《崇祀娥皇子孙圣母圣诞碑记》记载，每年六月十八日为娥皇圣母诞辰。前殿东有"三圣庙"，中供奉舜王，东为东岳大帝，西为老君。①另外，娘娘庙现存有康熙十三年（1674）"二位娘娘宫中公备物件"记事清单石碣。

2. 姑姑庙

洪洞县城南15公里的甘亭镇羊獬村村西汾河东岸的沙滩上有一座占地60余亩的姑姑庙，也称尧庙，传说此地是尧的行宫和两个女儿娥皇女英生活与出嫁之地。庙园曾被毁。1990年以来重建。庙内有皇姑殿，亦称姑姑殿，民间统称娥皇女英为皇姑，而羊獬村及周围村民则称为姑姑，也有称娘娘、圣母者，殿内神台上有娥皇女英塑像。庙内现建有尧王大殿，正殿后有寝殿，塑有帝尧和皇天圣母像；寝殿院内东侧竖有1通"二皇姑录"碑。②

此外，洪洞一带现存多处娘娘庙、姑姑庙，或有祭祀娥皇女英者。

（四）"三月三接姑姑迎娘娘"习俗

至于洪洞一带至今每年民众自发组织的"三月三接姑姑迎娘娘"习俗，从羊獬到历山，阵容庞大，场面热烈，沿途村民参与热情甚高，这是一种活态的舜文化，和其他舜文化区域相比较也是甚为少见，特征鲜明。

---

①董爱民.洪洞名胜[M].洪洞：内部印刷，2004:425.

②董爱民.洪洞名胜[M].洪洞：内部印刷，2004:170.

（五）其他

在万安村一带，舜的遗迹尚存多处，如舜岭、妫汭、姚商院、二郎庙等，传说故事甚为密集。在洪洞地域，有多座三官庙，乡人说有的三官庙供奉的是尧舜禹。

三、洪洞佚失的舜文化遗迹

据《洪洞古刹名寺》一书的不完全统计，洪洞县亡佚的舜文化遗迹包括舜（王）庙、圣王庙、娥皇女英庙等。

（一）舜（王）庙

大槐树镇之张村；苏堡乡之范村；明姜镇之圣王村西北朱峰圪塔。

（二）圣王庙

大槐树镇之北营村、后坡底村、西冯堡村、沟东村、南王村、大胡麻村；甘亭镇之郭堡村；广胜寺镇之南堡村、石桥村；刘家垣镇之黄村；龙马乡之赤荆村、塾堡村；明姜镇之中社村、东太吉村、营田庄村；苏堡镇之董寺村；万安镇之温家庄村、东梁村、涧西村、南李村、普安村、西漫底村；辛村乡之西李村、程曲村、辛村、登临村；淹底乡之吉村；赵城镇之沙桥庄村、赵城城内、沟里村。上述村庄内原均有圣王庙，现均亡佚。其中有的近些年修复，如南王村圣王庙，1985 年和 2003 年两次复建，供奉的圣王是舜。

上述这些亡佚消失的圣王庙，也未尽全面，其神主究竟是舜或是其他，还需进一步调查研究。陈泳超教授《背过身去的大娘娘》提到大胡麻村中已经消亡的圣王庙，采访三位村中老者，都说圣王不是舜。但从洪洞一带的调查来看，供奉舜的圣王庙应是主体。

（三）娥皇女英庙

大槐树镇之常青村，原有娥皇女英庙，位于洪洞县城东门外，已毁。

此外,《洪洞古刹名寺》一书所记载的亡佚寺庙,有不少娘娘庙、姑姑庙、三圣庙等,或许也有祭祀舜及娥皇女英者。

四、尧都区的三圣庙和霍州的圣王庙

洪洞地域有舜王、圣王信仰,建有多处圣王庙。在洪洞周围的尧都区和霍州,也有一些关于三圣、圣王的信仰,典型者如尧都区的三圣庙和霍州的圣王庙。

今尧都区一带,历史上建有多处三圣庙,即供奉尧舜禹三圣。现有碑刻存世,如现存尧庙的明正德《三圣庙碑》、嘉靖二年(1523)《三圣庙祭器记》和魏村镇吴家庄的乾隆《三圣庙重修碑》。亡佚的,如刘村镇北卧口村三圣庙,原有万历年间碑刻3通;大阳镇大堡村原有三圣庙,曾有道光年间记事碑《三圣庙□□》;吴村镇吴村原有三圣庙,曾有咸丰年间记事碑《重建三圣庙静宁宫碑记》。[①]可见,今尧都区一带的舜信仰也有一定空间分布。

据《三晋石刻大全·临汾市霍州市卷》[②],霍州白龙镇陈村圣王庙尚存明天启元年(1621)《重修圣王庙碑记》,载曰"独有圣王之神,司我民间禾稼,保我阛阓桑蚕,上而国课军需,下而民生日用,无不藉明神以翊赞,直与司农司八穑□□□相为表里者也"[③],南环路街道圣佛村圣王庙存有清康熙二十八年(1689)《重修圣王庙碑记》,大张镇西张村圣王庙存有清乾隆六年(1741)《修建圣王庙碣》(1999年村中重建圣王庙,刊有《西张村重修圣王庙碑记》曰"庙中所供神象唐太宗李世民也,此乃华夏文明史上一代明君,广为世人称颂与供奉"),陶唐

---

①王天然. 三晋石刻大全·临汾市尧都区卷[M]. 太原:三晋出版社,2011.

②段新莲. 三晋石刻大全·临汾市霍州市卷[M]. 太原:三晋出版社,2014.

③段新莲. 三晋石刻大全·临汾市霍州市卷[M]. 太原:三晋出版社,2014:66.

峪乡双头垣村圣王庙存有道光六年(1826)《创修圣王庙碑记》,陶唐峪乡南程村圣王庙存有清道光七年(1827)《补修圣王庙碑记》和同治十三年(1874)《重修圣王庙碑记》。大张镇下乐平村关帝庙献厅东墙上尚存《补修圣王殿香亭东山门并鞔鼓记》,“今下乐平村路北古有圣王、关帝、二郎三圣殿”。此书收录2004年《重建盛王庙碑记》,据称存于陶唐峪乡成庄村盛王庙,此庙建于康熙二十年(1681)十月,1972年被拆除,2004年村民集资重建,此“盛王”疑为“圣王”,但书中均作“盛”,尚待进一步核实。此外,霍州曾建有三圣庙、四圣庙、三圣寺,如辛置镇阴底村尚存乾隆十八年(1753)《重修四圣庙碑记》。

嘉靖《霍州志》卷二《宫室志·祠宇》载“圣王庙,在城东南里许高阜上,有碑记。”[①]康熙《霍州志》基本相同。道光《直隶霍州志》卷十四《祠庙》载“圣王庙,在城东南里许,道光五年合社重修。祀唐太宗。按礼制,凡帝王之尊,非民间所得亵祀也。”[②]可见至晚明嘉靖年间,霍州已建有圣王庙,神主为唐太宗。此外霍州也建有唐太宗庙。结合上述陈泳超教授研究成果,霍州圣王庙的神主多有唐太宗,另外神主功能也有保护农业禾稼,至于陈村所存明代圣王庙碑的圣王庙神主是谁,需要前去核实。唐太宗尽管贵为帝王,但在晋南、晋东南却有作为农业保护神存在的文化现象,如虫王庙就有供奉唐太宗为神主。如此看来,霍州地域的圣王庙神主或许多为唐太宗。

至于圣王为伯益,据襄汾县古城镇伯王庙2015年《伯王庙重修碑记》,“伯王名益,授封于舜,职在护禾驱害,因功绩高而深得民心,故而建庙为纪”。结合《背过身去的大娘娘》所述晋南地区广为分布的伯王庙,可知伯益在晋南民间作为农业保护神存在。而作为圣王的

①(嘉靖)霍州志[M].霍州:霍州市史志编纂委员会,2001:39.

②(道光)霍州志[M].霍州:霍州市史志编纂委员会,2001:292.

舜，在民间尤其是洪洞地域是否也有农业保护神的功能，需要进一步研究，尤其是开展田野调查工作，但舜作为早期农业领袖是毋庸置疑的。

五、洪洞地域舜文化与临汾尧文化的关联

历史是真实的发生存在，文化现象尽管包含有历史的影子，但毕竟不是历史，可以有选择地构建。历史与文化现象可以共生并存。

文献、考古、口传故事、民俗四相结合，确定临汾盆地是尧文化的主要区域，陶寺极有可能就是尧都。相传尧帝年老传位于舜，开创治世，合称尧天舜日，被历代儒家羡称。尧舜文化影响互动从而有了可能。

从洪洞现存的历代方志记载来看，从来没有舜出生及耕作于洪洞一带的文字记述，看来舜耕洪洞一带的历山不一定是真实的历史存在，很可能是一种后起的文化现象，属于当地民众的文化记忆。根据地方文献记载，洪洞一带关于舜的文化遗迹最早是在唐末，距今已有 1100 年时间，现存遗迹多是清代者。尽管考古发掘证明万安一带有陶寺时期文化遗址，但目前没有直接证据证明舜部落曾在此地活动，因而万安与舜部落的历史活动仍然无法直接挂钩。结合舜部落的活动历史，可以推测洪洞一带的舜文化并非原生，很可能是从属于尧文化而派生出来的，但也有千年以上历史，且随着历史的推移，洪洞的舜文化越来越丰厚，从上述现存及亡佚消失的舜王庙数量来看，甚为密集，加上“三月三接姑姑迎娘娘”历史久远、规模盛大、民众参与热情很大，足见洪洞一带舜文化之厚重，至少成为山西省域内一处重要的舜文化区域。

临汾地区在挖掘研究尧文化时不能画地为牢，将目光仅仅盯在尧都、陶寺，还要统辖四向如浮山、绛县的尧文化遗存，以及附属于尧

文化的舜文化,尤其是较为典型的洪洞舜文化,这样才能为尧文化研究和开发利用注入新的文化元素,打造临汾盆地与枝繁叶茂的尧文化之间的对应,对于临汾市域弘扬尧舜德孝文化、文旅融合均具有积极的社会应用价值。

(刊登于《晋学研究》第一辑,商务印书馆,2021 年)

《弟子规》

贾存仁与《弟子规》成书

《弟子规》是清代前期开始出现的一部蒙书，属于修身类，教育童蒙人生处世的道德伦理和行为规范；三字一句，两句一韵，总共360句，1080字。这部书自清代后期方渐趋流行，历经民国，到现今更是成为教育少年儿童道德品质养成方面社会公认的代表性蒙书之一。既是蒙学经典，亦跻身著名的传统文化典籍之列。传世的《弟子规》版本甚多，多是晚清民国的版本，或单行（有的配图），或与另一同类他书合刻，或汇刻于丛书，内容文字大同小异。

据光绪七年（1881）津河广仁堂刊《弟子规》所载同治二年（1863）贺瑞麟之序，《弟子规》原名《训蒙文》，作者为清初绛州（治今山西省运城市新绛县）人李毓秀，后经活动于李毓秀稍后的平阳府浮山县贾存仁改订，并改名为《弟子规》，传世的版本为贾存仁改订本。然而流传至今的《弟子规》，大多署作者名为“绛州李子潜”，子潜是李毓秀的字；只有极少数同时署有改订者贾存仁名字（字木斋）。遂使《弟子规》的作者就是李毓秀几乎成为共识，如光绪《直隶绛州志》之《著述总目》径直说“《弟子规》……李毓秀著”[①]，民国《山西献征》卷五《儒行》

①（光绪）直隶绛州志[M]. 中国地方志集成·山西府县志辑. 南京：凤凰出版社，2005：363—364.

之《贰尹李子潜先生事略》亦谓“遗著有《弟子规》，风行于世”[①]。而对《弟子规》流传亦做出重要贡献的贾存仁则渐渐被人淡忘。加上贾存仁文献记载较少。于是，贾存仁这位清代山西学者长期以来沉寂无闻。即便在其家乡浮山，人们也很少提及，更鲜知他与传世蒙书《弟子规》之间的密切关系。

2008年，山西省临汾市浮山县某铁厂扩建施工中挖开古墓，出土了两方墓志，《皇清例赠文林郎辛卯科副榜贾木斋先生暨配张孺人合葬墓志铭》[②]（以下简称《贾存仁墓志铭》）和《皇清处士原考儒学生员显考显亭府君暨配显妣范太君显继妣王太君合葬墓志》[③]（以下简称《贾皇宝墓志铭》）。《皇清例赠文林郎辛卯科副榜贾木斋先生暨配张孺人合葬墓志铭》正是贾存仁的墓志铭。青石质，长方形，长95厘米、宽48厘米、厚13厘米，志文53行，满行28字，共1373字，楷书，志盖篆书。该墓志的出土，使改订《训蒙文》成《弟子规》的贾存仁史实逐渐明朗，对于《弟子规》的研究无疑具有重要意义。惜学界少为关注。本文即以《贾存仁墓志铭》为主，结合《贾皇宝墓志铭》及其他文献，对贾存仁的生平与家世、著述、改订《训蒙文》成《弟子规》予以考述，不足之处敬请方家指正。

一、贾存仁的生平与家世

（一）生平

据出土的《贾存仁墓志铭》，贾存仁字木斋，清前期平阳府浮山县

---

①常赞春．山西献征[M]．台北：山西同乡会，1980：4—5.

②张金科，姚锦玉，邢爱勤．三晋石刻大全·临汾市浮山县卷[M]．太原：三晋出版社，2012：181—182.

③张金科，姚锦玉，邢爱勤．三晋石刻大全·临汾市浮山县卷[M]．太原：三晋出版社，2012：232—233.

人，生于雍正二年（1724）二月二十二日，去世于乾隆甲辰（1784）闰三月七日，寿六十一。生而颖悟，读书务求根柢，对宋五子及理学诸书用功尤甚。事亲至孝，其母范氏生病十五年，卧床不起七年，奉侍左右，极尽孝道；抚弟友爱备至，交友切挚，接引后学殷殷不倦，言行起居有度，有儒家道德君子风范。少游庠序，甲子（1744）科考未中，居艰后淡于进取，辛卯（1771）乡试方中副车，时年47岁。随后游学京城，曾在周永年家当过家塾先生，当时朝廷开《四库全书》馆，周永年是参与主持辑佚《永乐大典》的馆臣，贾存仁秉笔厘订《冯氏易》，书成，主持学者无异议。名士戴震长于博洽，贾存仁为学味其深奥，二人交谈，移晷不倦，甚为投机，相得益彰。丙申（1776）在家乡设馆，辛丑（1781）掌教临邑安泽书院。壬寅（1782）家居，欲编订经世之学成一书，以求裨于实用，惜以劳瘁生疾。两年后病逝于家中。归葬于祖居地浮山县城南之佐村。

（二）家世

据贾存仁及其父墓志铭，始祖贾宗道，世居浮山县城南之佐村。贾宗道八传至贾钟玘，是为贾存仁高祖，始徙家浮山城内，可见贾存仁应出生及成长于浮山县城内。曾祖贾润，早卒。祖父贾祥凤，曾以吏候选平阳府经历司经历，慷慨重义；平素豪迈于古籍不深究，但立言行事多默契古人；教育儿子皇宝安心读书，勿操心家事；祖母段氏。父贾皇宝，生于康熙四十四年（1705）十二月十一日，为人严毅方正，以古道自励，喜读书，日夜不休，终身不倦，但读书不为时文所限，多深究大义。早年在庠序即有名声，23岁为邑庠生员。贾存仁母范氏，继母王氏。范氏父范卓然，邑庠生员。范氏生二子，贾存仁居长，贾存义为次。贾存仁妻张氏，“有懿德，精女工，能甘勤苦，佐先生学”，生于雍正元年（1723）三月二十六日，长贾存仁一岁，逝于嘉庆四年（1799），晚贾存仁15年，寿七十七。张氏生二子一女。长子贾友石，初名璋瑛，后改名若芾，乾隆己酉(1789)拔贡生，试用教谕，甲寅(1794)署盂县学，中式当年恩科举人，拣选知县，娶妻赵城教谕卫君珆孙女；次子贾若蔚，继贾存义为后，娶妻乔氏，妻父乔琼林为癸酉(1753)科举人；一女，嫁李莘。二子一女排行为贾友石为长，女为次，贾若蔚最幼。贾存义年少亦肆力攻读，娶妻侯氏，双双早卒，无后。贾存仁有孙三：子宾、子甯、子宓，孙女二，都是长子贾若芾所出。贾若蔚无后，贾存仁最小孙贾子宓自幼奉祖父母命，过继贾若蔚抚育。贾存仁去世时，有曾孙一，贾子宓出；曾孙女一，贾子宾出。

贾存仁远代祖以儒术为业。中经明亡入清，国家政权易鼎，皈依田农，隐于田间多年。其祖父贾祥凤生当清朝承平之时，继承祖先志向勉励子孙攻读诗书，从此砚田笔耕，尽管家境日落，但不为趋利所动。其父贾皇宝读书在当地有名声，成为生员。到贾存仁时，在生计艰难中刻苦攻读，专心儒术，精通小学，学业水平赫然有名，科举中副榜，终成一时名士，在家乡一带广有声誉，光绪《山西通志》之《文学》有传。[①]贾存仁长子贾若芾为拔贡生，后中恩科举人。贾存仁的前后几代，尽管仕途方面不显达，但祖孙三代(父、己、子)至少均为生员，贾存仁的家庭在当地跻身士族行列。贾家姻亲关系亦多是当地士族之家，贾存仁外祖父是生员；长子贾若芾妻卫氏之祖父曾任赵城教谕；次子贾若蔚妻乔氏之父为举人。在贾存仁这个家庭中，长子贾若芾科举功名最高，职务身份亦最高；贾存仁学术水平最高，有著述数种。

现在浮山县佐村贾姓后裔[②]家中尚保存有光绪年间《贾氏家谱》抄本，内容主要是世系图，贾存仁及其父祖辈均有系名。村中还有乾隆年间贾氏祠堂一座，连同附属建筑占地数亩，曾被用作小学因而得

①(光绪)山西通志[M].北京：中华书局，1990：10798.

②两方墓志也在他家院中存放。

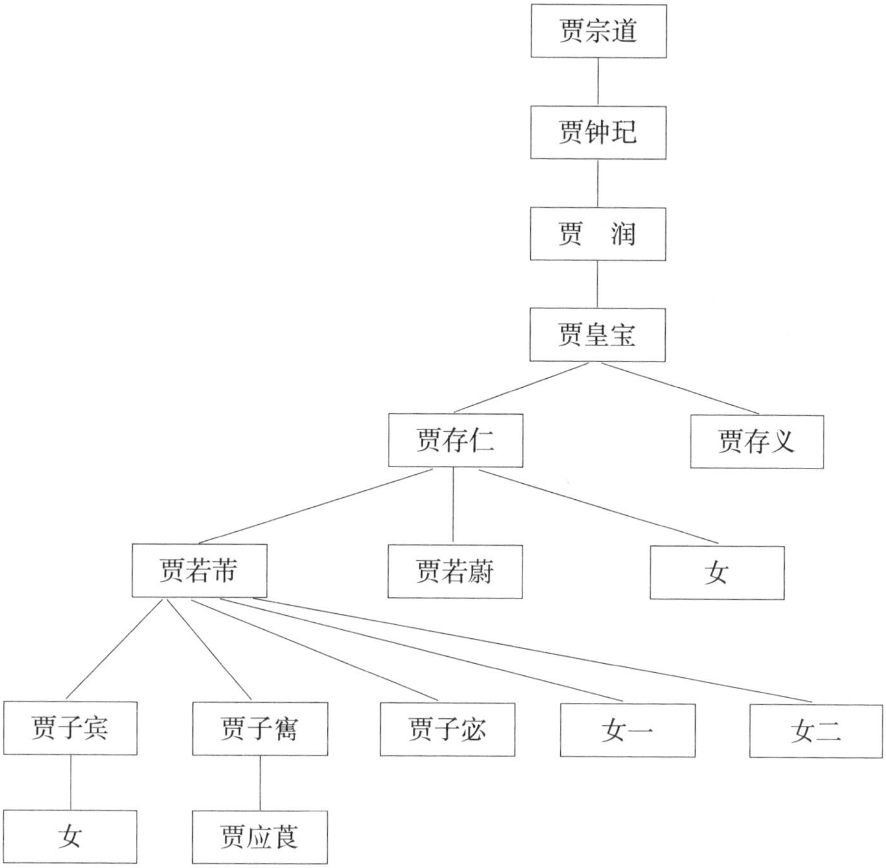

贾存仁世系简图

以保存，梁上题记“时大清乾隆五十七年岁次壬子三月初六日吉时竖柱上梁　贾氏合族公建祠堂三间　伏愿福寿永昌”依然清晰可见。

二、贾存仁的著述

贾存仁一生，主要活动于家乡浮山一带。自幼颖悟，为同邑名士李学邃器重；遵从祖训，刻苦攻读。后专于宋五子及理学著述，于小学有专精。学问功底深厚，中副榜后游学京城，曾在周永年家当过家塾先生。周永年在当时已是知名学者，既能邀请贾存仁教授其子弟，说明认可贾存仁的学识,他的水平非同一般。因与周永年交结,被其举荐短期参与《四库全书》编撰工作,厘订《冯氏易》;与戴震交谈,相得益彰。在京城与知名学士结识,切磋学问,长进明显。自是水平益高,"著述益夥,成《四书千一录》《等韵精要》《音汇》诸书"。1776 年回到家乡设帐教书,1781 掌教安泽书院,教授生徒。1782 年起居家,"益肆力经世之学,将订成一书以质贤达,期有裨于实用",惜因病未成。贾存仁"会通治礼,抱疾犹披览商订不辍"。去世后,文稿散佚,常有见之者,读来"谓其礼用明晰,敷陈恺切。大类《陆宣公奏议》,吕新吾先生《呻吟语》《实政录》诸书",可见贾存仁具有深切的社会关怀。

贾存仁未有文集编成传世,文稿散佚严重。其著述,相关文献所记略有出入。贾存仁去世的次年(1785),洪洞人范鹤年曾撰《余田贾老先生懿行碑记》[①],所记其学术成就有教授童蒙的《弟子规》《正字略》,"又订正《弟子规》《正字略》,以课童蒙";音韵方面三书《韵诗考源》《等韵经要》《音汇》,"中年讲授韵学,自《华严指南》《皇极经世》而下,数十种胥淹贯,由是成《韵诗考源》《等韵经要》《音汇》三书"。此外,尚有读四子书的札记,校正《颜曰千一录》《家语》等书讹谬,成书与否不得而知。《贾存仁墓志铭》所记有《四书千一录》《等韵精要》《音汇》三种,"自是著述益夥,成《四书千一录》《等韵精要》《音汇》诸书"。光绪《浮山县志》记有《等韵精要》《弟子规》《正字略》,"精韵学,著有《等韵精要》《弟子规》《正字略》诸书行世"。[②]光绪《山西通志》载有《正字略》《等韵精要》《弟子规》三书,"精于小学,著有《正字略》《等韵精要》及《弟子规》诸书"。[③]

①(民国)浮山县志[M]. 浮山:浮山县地方志办公室整理本,1989:764.

②浮山县地方志办公室. 明清浮山县志[M]. 太原:山西人民出版社,2010:642.

③(光绪)山西通志[M]. 北京:中华书局,1990:10798.

由上可见，贾存仁的著述，编订成书者，尚未有确数。大致分为三类：音韵学方面三种《韵诗考源》《等韵精要》《音汇》；教授童蒙的两种《弟子规》《正字略》；订正儒学典籍的《四书千一录》《冯氏易》。传世的大概只有《等韵精要》和《弟子规》两种。《续修四库全书》收《等韵精要》一书，内容部头较小，为“河东贾氏家塾定本”，“乾隆乙未（1775）春镌”，书口下方均标“贾氏家塾刻本”，扉页还署有“韵诗考源　音汇嗣出”“本塾藏版”等字样，可知是贾存仁家塾课本，雕版应在当地，按计划《韵诗考源》《音汇》随后也要付梓印行，但最终是否雕版成书不得而知；书首有贾存仁作序，写于乾隆四十年（1775，乙未）二月既望，大概书序完成稍后就开始雕版。学界认为该书是清代中原音韵的重要著作之一，已有一些研究成果①。《韵诗考源》《等韵精要》《音汇》三部音韵著述代表了贾存仁在音韵方面研究的杰出成就。《弟子规》尽管在清代后期以来广为流传，版本亦多，但毕竟是贾存仁在李毓秀《训蒙文》基础上改订而成，贾存仁对《弟子规》流传有功，可以不算作他独自完成的著述。

贾存仁去世后，同里好友李重远曾为其作传，“同里李公重远者，笃学人也，久与先生处，追记先生言行，为立传”；同年好友张友奋曾为贾存仁撰墓志铭，“绛县张公友奋与先生为同年友，以道谊相勖勉，知之稔。尝为先生志铭，付嗣君友石”。嘉庆四年（1799），贾存仁妻张氏去世后，太平（治今临汾市襄汾县汾城镇）人贾履中（1794 年中解元，1799 中年进士）应贾若芾所请而撰《皇清例赠文林郎辛卯科副榜贾木斋先生暨配张孺人合葬墓志铭》，当年九月刻石埋入坟茔。贾履

①余跃龙.《等韵精要》研究[D]. 太原：山西大学博士学位论文，2010；张辉.《等韵精要》研究[D]. 长春：吉林大学硕士学位论文，2007；邹湘梅.《等韵精要》音系研究[D]. 厦门：厦门大学硕士学位论文，2007.

中所撰的《贾存仁墓志铭》是参考李重远写的《贾存仁传》和张友奋所作的贾存仁《墓志铭》而写成,“追记先生言行,为立传。余尝取而读之,质之张公志文”。但是新出土的《贾存仁墓志铭》并未提其著述有《弟子规》一书,至于李重远和张友奋所作是否提及《弟子规》,不得而知。而上述贾存仁去世次年撰成的《余田贾老先生懿行碑记》所述贾存仁的成就却有《弟子规》,“又订正《弟子规》《正字略》,以课童蒙”。原因大概在于从贾存仁改订《训蒙文》成《弟子规》到其去世再到1799年这几十年间,《弟子规》不太流行,名气不是很大,也不是代表贾存仁学术水平的主要著述,以致《贾存仁墓志铭》未载。《弟子规》的广为流传乃至风行应该是晚清民国以来的事,这与《弟子规》的传世版本多在这一时期大致是吻合的。

贾存仁的诗作,目前尚未见到传世者;文章,目前能知道的仅有他为其父所撰的《皇清处士原考儒学生员显考显亭府君暨配显妣范太君显继妣王太君合葬墓志》和《〈等韵精要〉序》2篇,语言质朴,行文表述井然有序,文风严实。

三、贾存仁改订《训蒙文》成《弟子规》

(一)《弟子规》系《训蒙文》改订而成

关于传世的《弟子规》系贾存仁改订李毓秀《训蒙文》而成,目前见到最为详尽的文献当为光绪七年(1881)津河广仁堂刊《弟子规》所载同治二年(1863)贺瑞麟序,“此书旧相传为绛州李子潜先生作,同治初元来绛,因求先生诸书得见。所谓《训蒙文》者,其义例、语意即此书所本,而视此特详,则又窃疑是书或先生晚年修改,即得徐州刊本,乃知浮山贾存仁木斋重为删订如此,贾之重订,固不能没先生之实,但其明白简要,较便初学,盖为有功于先生者,而改今名亦切事实,正童稚之脚跟，开圣贤之涂辙，殆与原书无异旨也”[①]。同治元年(1862)，陕西三原人贺瑞麟来绛州，得见《训蒙文》和《弟子规》两书有先后关联，后见到徐州刻本《弟子规》，方知传世《弟子规》为贾存仁删订李毓秀《训蒙文》而成。极有可能此徐州刻本《弟子规》就记有《弟子规》系贾存仁改订李毓秀《训蒙文》而成之类的话语。同时，他指出为“删订”“重订”。贺瑞麟编辑西京清麓丛书所收李毓秀《训女三子文注》书尾亦记曰“《训蒙文》，浮山贾木斋存仁重加改定，即今《弟子规》，尤于此书相发云”[②]，谓其“重加改定”。晚清民国间，贺瑞麟的再传弟子夏县人赵璞(1896—1960)所撰《河东四先生传·李子潜先生》亦谓“按《训蒙文》，即世行《弟子规》”[③]。由于同治年间贺瑞麟在绛州见到《训蒙文》及《弟子规》两书，略加比对，又见到徐州刻本所言贾存仁删定而成，那么先有李毓秀《训蒙文》，经贾存仁改订成《弟子规》，后广为流传，应该没问题。正如雍正《山西通志》卷一七五《经籍·杂类》之《家训》类载“李毓秀，《训蒙文》一卷”[④]。在李毓秀生活的年代，只有《训蒙文》，尚未改名为《弟子规》。当时已有一定知名度，属于李毓秀的知名著述。

至于《弟子规》改订《训蒙文》的具体情况，由于未能见到传世的《训蒙文》原书及其内容文字，无法一一辨识。但从上述贺瑞麟比对两书后所谓的“删订”“重订”“重加改定”以及盱眙金静观堂重刻本《弟子规》所谓的“节订”无疑可以确定，贾存仁对《训蒙文》的改编首先体现为删节、压缩，李毓秀《训蒙文》内容文字比贾存仁《弟子规》要多。

---

①弟子规[M]. 光绪七年(1881)津河广仁堂刊本，上海图书馆藏.

②李毓秀.《训女文》注释[M]. 西京清麓丛书. 光绪十四年(1888)刊本，国家图书馆藏.

③赵璞. 敬业文集[M]. 香港：银河出版社，2010：146.

④(雍正)山西通志[M]. 北京：中华书局，2006：4465.

而贾存仁的改订使得此书更适应教授童蒙，他擅长音韵，大概在押韵方面作了加工修订，更为适合童蒙记忆背诵，因此《弟子规》日后越来越流行，而《训蒙文》则渐渐湮没无闻。

另外，津河广仁堂刊本《弟子规》书尾杨树椿所写的跋语也提供了一丝线索，“愚案，第四章‘见人善’以下二十四句，贾本在第三章‘莫闲管’之下，文义不属，今据《训蒙文》移之，但不知何以有是误。案，‘道人善’八句，《训蒙文》原文在第三章，属言信之事，适与‘见人善’句法相似，贾本或偶因此而互乱欤！但此八句于爱众之义亦合，姑乃其旧。”这是他比对贾存仁改订本《弟子规》与李毓秀《训蒙文》之后，为绛州此次刊行《弟子规》写的跋语。这是目前能见到的关于两书内容比勘的重要信息。由此可以粗略局部上推两书的内容编排。但跋语所言仅是局部文字编排位置不同，并未提及《弟子规》对《训蒙文》的删订或节订，所涉及的两书内容文字似又相同，明显与贺瑞麟作序所谓的“删订”不符，故也不敢轻易排除贺瑞麟和杨树椿在绛州见到的《训蒙文》就是李毓秀的原编本。

（二）传世《弟子规》的作者署名

《弟子规》的广泛流行，是在晚清民国以来，故传世版本甚多，但署名多是“绛州李子潜”。截至目前，笔者调查发现同时署有“李子潜贾存仁”的《弟子规》有 4 种。其中丛书收录 1 种：复性斋丛书本《弟子规》[①]，慎修堂藏版，咸丰五年(1855)刻本，“绛州李子潜先生元著　浮山贾存仁木斋节订”。单行本 3 种：光绪戊戌(1898)汴省鲍乾元书铺重镌本《弟子规》，“绛州李子潜先生原著　浮山贾存仁木斋节订”；山西解州书院刻本《弟子规》[②]，“绛州李子潜原本　浮山贾存仁重订”；

①北京大学图书馆有藏。

②国家图书馆藏，“陈垣同志遗书”印章。

丹初阎敬铭批注本《弟子规》[1],中和堂藏版,“绛州李子潜原本　浮山贾存仁重订”。

复性斋丛书所收咸丰五年(1855)刻本《弟子规》,书首有《〈弟子规〉题辞》1篇、《重刻〈弟子规〉序》2篇,从该丛书编辑者——江南学者王检心所作的《〈弟子规〉题辞》和《重刻〈弟子规〉序》可知,早在道光乙未(1835)年,王检心在北京已经见到家塾使用《弟子规》作为教材,后来他购得南归,先后于1845年、1855年两次于南京一带义学印行。这是目前所能见到最早的《弟子规》版本系统,可知此1835年的《弟子规》就同时署有两位作者姓名。光绪戊戌(1898)汴省鲍乾元书铺重镌本《弟子规》,书首也有序,为同治十三年(1874)孟夏之月李慎所作,书末署有“戊寅(1878)小阳月盱眙金静观堂重镌。戊戌(1898)春三月又刊于大梁”。由此追溯,1878年盱眙金静观堂重刻本《弟子规》所用的底本也同时署有两位作者的名字。

传世的《弟子规》绝大多数署名为李子潜,少有一并署有贾存仁者。尽管贾存仁改订李毓秀《训蒙文》成《弟子规》,但是在前者基础上删订而成,主旨思想一以贯之,李毓秀初创功劳大,贾存仁有改善之功,但毕竟不是他独自发凡起例编撰而成。所谓“贾之重订,固不能没先生之实……盖为有功于先生者……殆与原书无异旨也”。这也正是后代流传的《弟子规》只署李子潜名字而不署贾存仁的主要原因。但这种流传状况,也使得人们渐渐淡忘了贾存仁改订的功劳。遂引发了现今李毓秀家乡山西省运城市新绛县与贾存仁家乡山西省临汾市浮山县对《弟子规》作者问题的争论。那么,同时署二人名字看来更为合理,但我们无法苛求前人。

有趣的一点是,晚清民国以来,李毓秀的家乡绛州多次印行《弟

①笔者自藏。

子规》,此地古代就是经济文化发达之地,雕版印刷也很发达,金元的平水刻就在这一带,而绛州刻本《弟子规》尚未见到署有贾存仁者。与此同时,贾存仁的家乡浮山县却只有同治和光绪的县志记有他曾撰有《弟子规》一书。

墓志所记可见,贾存仁是儒家伦理道德的践行者。作为基层文士,贾存仁承继父祖遗风,一生刻苦攻读、治学,言行有度,致力坚守和弘扬儒家伦理道德。晚年在京城、家乡一带设帐教书,前后约有10年,他主要从事教授童蒙的家塾教育,因此需要较好的童蒙教材,而他的家乡浮山与绛州共处晋南,距离也就二百里地,他容易见到绛州李毓秀所编《训蒙文》,出于教授童蒙需要,加上他有音韵学特长,于是乎将《训蒙文》压缩、改编押韵为《弟子规》一书。《弟子规》更适合童蒙记诵,于是在他去世后流传渐广,而《训蒙文》却流传渐少。传世的《弟子规》系贾存仁改编李毓秀《训蒙文》而成,但传世的《弟子规》却大多只署"李子潜",造成了人们认为传世《弟子规》作者就是李毓秀的简单认识。《弟子规》得以传世,李毓秀所编《训蒙文》是基础和前提,但贾存仁的改编之功也不可埋没,他是《弟子规》传世的有功之臣。

附:

皇清例赠文林郎辛卯科副榜贾木斋先生暨配张孺人合葬墓志铭

乾隆甲辰,木斋先生既世,即葬矣。越十有五年己未,德配张孺人卒。先是,绛县张公友奋与先生为同年友,以道谊相勖勉,知之稔,尝为先生志铭,付嗣君友石。友石以窆道之须仍启也,未果刻。比孺人卒,而先生潜光,益阐轶于前,张公已物故,乃寓书属文于余。余维先生行谊在人口,盖棺论定之后,士林屹立,丰碑树路衢已。又吁请旌表,以风励一时,昭示来兹,膺盛典建棹楔,入孝子祠章矣。初不藉余言为重,而余乃乐为志之铭之者,正古作者临文不愧之意,而尤欲阐发其隐俾人知，知先生犹有未尽也。

先生姓贾氏，讳存仁，字木斋，世居浮邑南左村。自高祖讳锺玘徙城内，再传为曾祖祖润，三传为祖父祥凤。尝考授府经历职，非其志也。生皇宝，字献廷，有声黉序，为先生考，妣范氏，继妣王氏。范生子二，先生居伯，次讳存义，早卒。上世业儒术，自明季播迁隐于农者累叶，大父祥凤公生当我国家承平之时，志绍先业，以诗书勖子孙，自是砚田笔耕，家日以落，然不为利驱，至先生而愈苦愈励，盖其难也。先生生而颖悟，有至性，读书务求根柢，尝寝食于有宋五子及诸理学书。事亲至孝，范孺人病十五年，卧床不起者七载余，先生左右侍奉，七年之中未尝解带安眠。丁内外艰，哀毁骨立，治丧不做佛事，不设荤馔，不用鼓吹，当时非笑之，不为动。抚弟友爱备至，弟亡久，言及辄流涕。交友切挚，接引后学殷殷不倦。居平无疾言遽色，遇是非可否确不可易，终不毁方瓦，合徇俗为俯仰。先生之游京师也，馆于济南周林汲太史，维时朝廷开四库馆，命词臣厘订古籍。太史领修，有《冯氏易》属先生秉笔，书上，无驳议。都下为人文渊薮，戴东原太史号一时鸿博，每与先生谈，移晷不倦，盖戴之所长者博洽，而先生每有所得，则能味其深奥，故为所许也。自是著述益夥，成《四书千一录》《等韵精要》《音汇》诸书。丙申后馆于乡。辛丑掌教安泽书院。壬寅家居，益肆力经世之学，将订成一书以质贤达，期有裨于实用。而先生以劳瘁病矣，越二年卒，甲辰闰三月七日也。距生雍正二年二月二十二日，寿六十有一。同里李公重远者，笃学人也，久与先生处，追记先生言行为立传。余尝取而读之，质之张公志文，而先生之本末益见。盖先生孝于亲，友于弟，切偲于友朋，辨析疑难于经义。居贫而不怨，守正而不阿，皆人之所知，而所未尽知者，则先生胞与之心，其伟抱硕画蕴诸中，而堪见诸用也。先生会通治礼，抱疾犹披览商订不辍。殁之日，其稿散佚，然常有见之者，谓其体用明晰，敷陈恺切。大类《陆宣公奏议》、吕新吾先生

《呻吟语》《实政录》诸书，则先生可知矣。先生少游庠序，居艰后澹于进取。辛卯中副车。配张孺人，有懿德，精女工，能甘勤苦，佐先生学，生于雍正元年三月二十六日，于嘉庆四年六月初十日卒，寿七十七。子二，长即友石，名若芾。乾隆己酉拔贡生，试用教谕。甲寅署盂县学，中式是年恩科举人，拣选知县，娶卫氏，赵城司训君珆公孙女。次若蔚，继存义公后，娶乔氏，癸酉科举人琼林女。女一，适李君莘。孙男

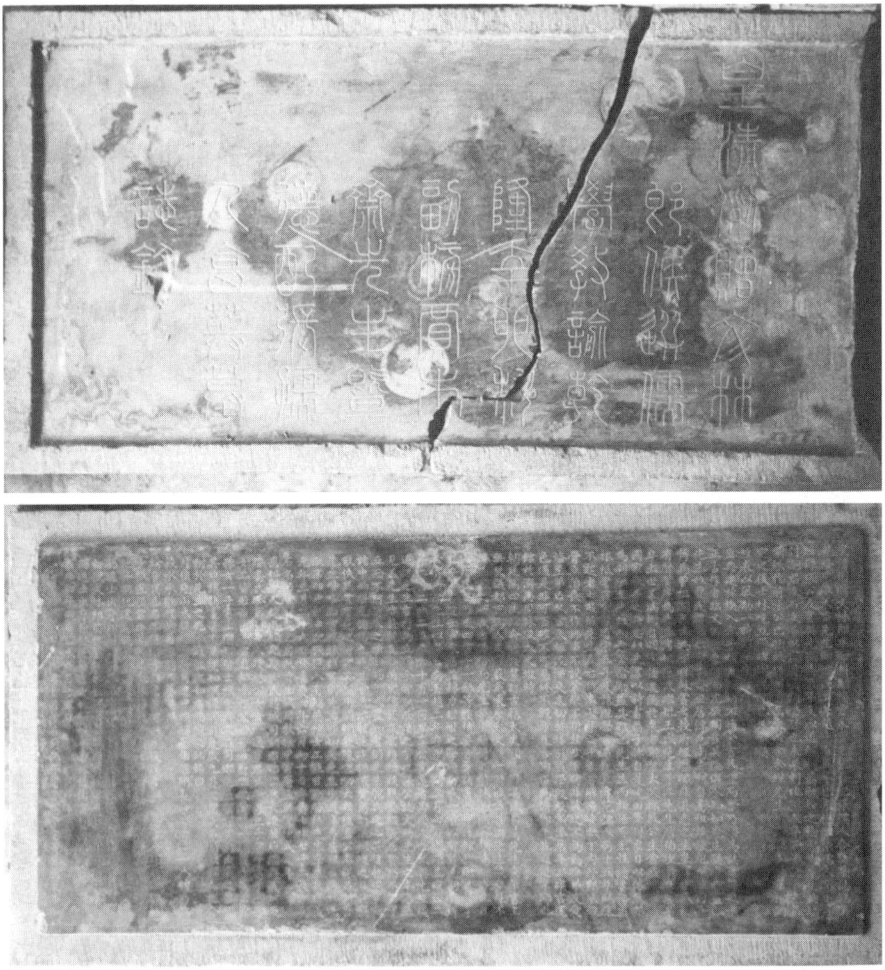

贾存仁墓志

三:子宾、子寯、子宓,孙女二,皆若芾出。子宓自幼奉祖父母命,若蔚抚之。曾孙一,应莨,子寯出。曾孙女一,子宾出。联姻皆士族。余与友石同乡荐,兼宗谊,曾订出处之雅,闻其口讲指画皆有法度,知渊源所自。是岁九月之望,友石将扶孺人柩合祔于先生之兆。余故叙次如右,而缀之铭。铭曰:月岭尧山东岩崿,蓊郁周遭中磅礴。景伯经术长沙略,荟萃一人时乃作。菽水承欢颜愉若,谁则不养偏娱乐。纶音褒嘉名不铄,移孝作忠基有讬。矧复谟言斟以酌,自古纲维由绵络。少微星陨云垂暮,著述散佚谁疏沦。应有精神达虚廓,茂先望气识干镆。他年羽化辽海鹤,笑归华表游云壑。

赐进士出身即月刑部主事前甲寅科解元年宗愚侄履中顿首拜撰

敕授文林郎前挑发江西知县署九江府同知宗愚侄云翀顿首拜书

赐进士出身翰林院庶吉士加一级年愚侄任伯寅顿首篆盖

嘉庆四年岁在己未九月十五日

不孝子贾若芾、若蔚,孙子宾、子寯、子宓,曾孙应筤瘗石

(发表于《中国典籍与文化》2016 年第 2 期)

贾存仁改订《训蒙文》成《弟子规》的自身因素

《弟子规》是清代前期出现的一部蒙书，旨在教导少年儿童日常应遵循的行为规范。该书的前身是绛州（今运城市新绛县）学者李毓秀（1647—1729）编撰的蒙书《训蒙文》，部头不大，雍正《山西通志》记李毓秀撰有《训蒙文》一书。乾隆年间，平阳府浮山县学者贾存仁（1724—1784）将《训蒙文》压缩、改编，并改书名为《弟子规》，传世的《弟子规》正是贾存仁改订本，内容以《论语·学而篇》中的“弟子，入则孝，出则悌，谨而信，泛爱众，而亲仁，行有余力，则以学文”为纲，三字一句、两句一韵，总共 360 句、1080 字。内容适合童蒙日常实际，浅显易懂，文句前后押韵，便于背诵记忆，因而自清代后期以来广为流行，成为中国古代一部著名的蒙书，流传广泛，近些年来诵读《弟子规》在华人世界更是被广为提倡。

传世的《弟子规》，绝多大数只署作者名为“李子潜”（李毓秀字子潜），少有一并署有“贾存仁”者，遂使流传广泛的《弟子规》作者就是李毓秀基本成为共识，而改订《训蒙文》成《弟子规》的贾存仁却渐渐被人们淡忘。笔者迄今发现同时署有“贾存仁”的清代后期刻本《弟子规》只有 4 种，且曰贾存仁木斋（贾存仁字木斋）“节订”“删订”“重订”，可见他至少作了压缩《训蒙文》的改编工作。同治年间，绛州刊刻

《弟子规》时，陕西学者贺瑞麟曾见到过《训蒙文》及《弟子规》，并对两书加以比对。中科院藏《西京清麓丛书续编》之《养蒙书九种》所收同治十二年（1873）开雕《弟子规》，书末有复斋贺瑞麟所写跋语曰“《弟子规》，绛州李子潜先生毓秀著，原名《训蒙文》，浮山贾木斋存仁即其原书修删之，改今名。尝疑‘见人善’以下二十四句皆‘亲仁’事，而误入‘谨信’条内，绛州刻板时朝邑杨仁甫移植‘色不媚’下，细按即续‘百事坏’后，与本文上下语意庶不阻碍。又移‘道人善’八句入‘谨信’条，恐当时传写之差，未免惑误后学，故略订正。然皆据《训蒙文》原书，非敢僭妄，识者详之。”

贾存仁改编过的《弟子规》，比《训蒙文》更适合教导童蒙，后来越来越流行，而李毓秀《训蒙文》逐渐亡佚少见。由于无法见到《训蒙文》原书，故无从得知两书先后改订的具体细节。但毋庸置疑，《弟子规》得以传世，贾存仁做了重要贡献，他是《弟子规》一书的有功之臣。

关于贾存仁这位生活于乾隆年间的山西晋南学者，文献记载较少且极简单，光绪《山西通志》和光绪、民国《浮山县志》均有简传。2008 年，他的墓志从家乡浮山县佐村出土，一同尚有其父贾皇宝墓志、其子贾友石墓志志盖。遂使贾存仁史实逐渐明朗，对研究《弟子规》具有重要的学术价值。

贾存仁生活的年代，已有李毓秀《训蒙文》流传，这是他改订而成《弟子规》的基础。而缘何他能改订，且改订后愈益适合教学童蒙，乃至后来风行于社会。其自身的处境及学养也是不可或缺的。

首先，是他教授童蒙的教材需要。贾存仁是基层文人，一生在科考功名方面没有多大成就，47 岁时才中副榜，随后入京，曾在京城名学者周永年家任过家塾先生，由京返乡后先后在家乡浮山、临邑安泽书院设帐授徒，也曾开办过家塾。在教授弟子过程中，需要切实可行的好教材，于是把在家乡容易见到的李毓秀《训蒙文》这部童蒙教材改编来使用。加上他长于小学，精通音韵，所以在熟悉《训蒙文》文字内容、编纂旨趣的前提下，删订并易名为《弟子规》，更便于童蒙使用。光绪七年（1881）津河广仁堂刊本《弟子规》贺瑞麟序曰“贾之重订，固不能没先生之实，但其明白简要，较便初学，盖为有功于先生者，而改今名亦切事实，正童稚之脚跟，开圣贤之涂辙，殆与原书无异旨也”，杨树椿跋曰“立言显豁，深俾童蒙”“语语浅近，垂髫读之，易知易行”。贾存仁的改订，不是推倒重来，而是优化完善，是遵循李毓秀原书精神的改良，对李毓秀是有功的。

其次，是他对儒家伦理道德的坚守与弘扬。贾存仁为其父所撰墓志铭自述其祖父“平生慷慨重义，有古鲁仲连之风”“立言行事多默契古人”，父亲“为人严毅方正，以古道自励”，家风醇厚。贾存仁对待父母极尽孝道，对待胞弟友爱有加，对待友朋勉励切偲，对待经义疑难反复辨析，居贫而不怨，守正而不阿。《贾存仁墓志铭》记他“事亲至孝，范孺人病十五年，卧床不起者七载余，先生左右侍奉，七年之中未尝解带安眠”；与《弟子规》宣讲的“亲有疾，药先尝；昼夜侍，不离床”是吻合的。《贾存仁墓志铭》记他“抚弟友爱备至，弟亡久，言及辄流涕”，后来让次子贾若蔚继立为其弟贾存义之后，与《弟子规》宣讲的“兄道友，弟道恭；兄弟睦，孝在中”大致吻合。贾存仁祖父临终遗言，要节俭办理身后丧事，其父贾皇宝不避流言，毅然遵从。《贾皇宝墓志铭》记“擘画后事，只命举，世俗鼓吹、酒筵、散布、拆柬之类，悉罢之。闻者骇愕，皆谓先考且勿遵，而先考毅然遵之……饮食不御酒肉，虽三年如一日焉。”贾存仁为父母举丧，既承继父祖遗愿，也遵从文公家礼。《贾存仁墓志铭》记他“丁内外艰，哀毁骨立，治丧不做佛事，不设荤馔，不用鼓吹，当时非笑之，不为动”，《余田贾老先生懿行碑记》记他“丁内外艰，哀毁骨立。举，世俗鼓吹、酒宴、浮屠之类，悉罢之。一遵文公家礼，设灵帛、朝夕进颒巾奉养之具如事生。期内仅啜淡粥、素蔬，外寝终三年。其经营窀穸也，虑土穴易圮，乃手执叉角火砖，躬率甃砌焉。”与《弟子规》宣讲的“丧三年，常悲咽，居处变，酒肉绝。丧尽礼，祭尽诚；事死者，如事生”是吻合的。《余田贾老先生懿行碑记》记“循循守子弟礼，始终无简略……为人谦退而端严，与人无忤色，遇不可必达其意，未尝诡随求合”。他的一生，言行举止大致能践行儒家道德君子要求，“入则孝，出则弟，谨而信，泛爱众，而亲仁，行有余力，则以学文”，将这些行为规范身体力行，内化于日常。在教书育人中，他无疑会倡导、传播这种道德准则。在阅读使用《训蒙文》的过程中，服膺李毓秀教育童蒙的道德主张和处事行为规范。于是乎适当加以改订，编成《弟子规》，教授童蒙，就是对儒家伦理道德最好的继承和弘扬。

现在贾存仁及贾皇宝墓志存放在浮山县张庄乡佐村贾姓后裔院中，贾友石墓志志盖存放于县城某粮食加工厂院内。佐村尚保存有光绪年间《贾氏家谱》抄本，内容主要是世系图，贾存仁及其父祖辈均有系名。村中还有乾隆年间贾氏祠堂一座，连同附属建筑占地数亩，曾被用作小学因而得以保存，梁上题记“时大清乾隆五十七年岁次壬子三月初六日吉时竖柱上梁　贾氏合族公建祠堂三间　伏愿福寿永昌”依然清晰可见。

睹物思人，见贤思齐。在华夏大地广泛传诵《弟子规》的过程中，后人不应忘记200多年前两位山西晋南学者先后编撰及改订该书的杰出贡献。从《训蒙文》到《弟子规》，这部杰出的蒙学经典，曾经融注了两位地方文人——李毓秀和贾存仁的才力心智，使得晚清民国以来一代代少年学子诵读受教，终身有益。斯书虽小，影响深远。

（发表于《山西青年报》2016年10月10日）

从序跋看《弟子规》的传播及内容系统

《弟子规》是清朝出现的一部蒙书，教导童蒙居家、在外、待人接物、求学诸方面应遵循的道德守则和行为规范。此书前身是康熙年间山西绛州学者李毓秀（1647—1729）编撰的《训蒙文》，后经乾隆间山西平阳府浮山县学者贾存仁（1724—1784）删订，并改书名为《弟子规》。传世《弟子规》主体系贾存仁改订李毓秀《训蒙文》而成。清代后期方渐趋流行，成为一部杰出的蒙学经典。

《弟子规》流传后，由于适应性更强，《训蒙文》渐渐湮没无闻，罕见流传。由于无法见到李毓秀《训蒙文》全本，故无法通过比对两书内容、体例得知贾存仁《弟子规》对李毓秀《训蒙文》改订的详细情况。在《弟子规》流传后世的过程中，人们既不追究从《训蒙文》到《弟子规》曾经历过改编这一环节，遂使《训蒙文》与《弟子规》合一；也不区分贾存仁之后的编订者也曾对贾存仁《弟子规》作过局部改动，从而忽略了传世的《弟子规》存在不同的内容系统；再加上传世的《弟子规》多数仅署作者名为“李子潜”（李毓秀字子潜），遂使《弟子规》作者就是李毓秀几乎成为共识，忽视了贾存仁的改订之功。这些都是对《弟子规》认识不够深入的表现。传世《弟子规》版本甚多，但主体是贾存仁改订本。过去研究《弟子规》者曾对其流传版本有所罗列①,但收罗齐备相当不易,因此也有人认为梳理《弟子规》的版本困难且无意义,“这样的书如果按照正规目录学的要求去考证其作者和版本流传,不是完全不能做到,而是没有很大的意义,故而学者也少有介入其事的”②。2015 年 12 月 17 日,《新京报》刊登了黄晓丹博士的文章《〈弟子规〉的传播是场骗局》,在近年来《弟子规》流传较为兴盛的情况下,提出了一些不同看法,迅速为多家媒体转载,在文化界引起一定反响。该文谈及《弟子规》在近代的传播,多有不符合历史实际之处。其实,从传世的《弟子规》序跋,仍可看出从《训蒙文》到《弟子规》改订的蛛丝马迹以及清末民国以来《弟子规》传播的一些轨迹,进而可以考究传世《弟子规》不同内容系统的渊源。深入考查《弟子规》的成书、传播与流变,弥补以往研究的缺乏,对于认识和研究《弟子规》有着积极的学术意义,对于深入研究中国传统文化典籍也有一定的参考价值和借鉴意义。

一、贾存仁删订《训蒙文》成《弟子规》

光绪七年(1881)津河广仁堂刊《弟子规》载有同治二年(1863)贺瑞麟序和杨树椿跋。从贺序可知,同治元年,贺瑞麟莅绛,见到绛州名贤李毓秀所撰《训蒙文》及贾存仁改订而成的《弟子规》,比对发现《训蒙文》“特详”,贾存仁“删订”“重订”,适逢绛州重刊《弟子规》约请贺瑞麟作序,他在序中建议绛州有财力者一并刊行《训蒙文》,以有益于

---

①刘雅苓. 清代蒙书《弟子规》之析论及对 E 世代大学生人格建构的七项修炼[D]. 台北:台湾师范大学硕士学位论文,2009;黄灿.《弟子规》研究[D]. 上海:上海师范大学硕士学位论文,2011;周明杰.《弟子规》研究[D]. 长春:东北师范大学硕士学位论文,2014.

②(清)李毓秀编,张志萍注. 弟子规[M]. 上海:上海古籍出版社,2010:1.

世道人心。“此书旧相传为绛州李子潜先生作，同治初元来绛，因求先生诸书，得见所谓《训蒙文》者，其义例、语意即此书所本，而视此特详，则又窃疑是书或先生晚年修改，即得徐州刊本，乃知浮山贾存仁木斋重为删订如此，贾之重订，固不能没先生之实，但其明白简要较便初学，盖为有功于先生者，而改今名亦切事实，正童稚之脚跟，开圣贤之涂辙，殆与原书无异旨也。旧常刻于关中，今复刻于先生之乡，且著其始末，俾读是书者，因木斋不忘先生，而有力者，更能取《训蒙文》并刻之，即于世道人心益有赖焉！此又余之重有望也。先生名毓秀字采三，康熙年间人，讲程朱之学，著述皆甚正，癸亥重阳三原贺瑞麟谨书。”①

绛州本次刊行《弟子规》时，寓居绛州的另一位陕西学者杨树椿也曾得见《训蒙文》及《弟子规》，并对两书内容加以比对，他参与校订《弟子规》，写有跋语。“愚案第四章‘见人善’以下二十四句，贾本在第三章‘莫闲管’之下，文义不属，今据《训蒙文》移之，但不知何以有是误。案‘道人善’八句，《训蒙文》原文在第三章，属言信之事，适与‘见人善’句法相似，贾本或偶因此而互乱欤！但此八句于爱众之义亦合，姑乃其旧。是岁余与贺君共居绛之丽泽精舍，值刻是书，得与订正之意，故识之。朝邑杨树椿。”② 光绪七年津河广仁堂刊《弟子规》正是以同治二年绛州刻本为底本的。

陕西学者贺瑞麟，后来编辑了《西京清麓丛书》，两次收录《弟子规》，为同一底本。《西京清麓丛书续编》包括《养蒙书九种》，是为大丛书中收有小丛书，其中《养蒙书九种》所收同治十二年（1873）开雕《弟子规》，书末有贺瑞麟所撰跋语，“《弟子规》，绛州李子潜先生毓秀著，

---

①弟子规·序[M]. 上海图书馆藏光绪七年津河广仁堂刊本.

②弟子规·序[M]. 上海图书馆藏光绪七年津河广仁堂刊本.

原名《训蒙文》，浮山贾木斋存仁即其原书修删之，改今名。尝疑‘见人善’以下二十四句皆‘亲仁’事，而误入‘谨信’条内，绛州刻板时朝邑杨仁甫移植‘色不媚’下，细按即续‘百事坏’后，与本文上下语意庶不阻碍。又移‘道人善’八句入‘谨信’条，恐当时传写之差，未免惑误后学，故略订正。然皆据《训蒙文》原书，非敢僭妄，识者详之。”①

同治初，绛州刊行《弟子规》时，两位陕西学者贺瑞麟、杨树椿参与其事，且均见到过《训蒙文》及《弟子规》，那么他们参照《训蒙文》编订的《弟子规》与李毓秀《训蒙文》相对应该接近些。但比对《西京清麓丛书续编》之《弟子规》跋语可知，贺瑞麟严格按照《训蒙文》，“然皆据《训蒙文》原书，非敢僭妄，识者详之。”而同治二年绛州刻本《弟子规》成书过程中，杨树椿却作过改动，他自己所言“文义不属，今据《训蒙文》移之……值刻是书，得与订正之意”，贺瑞麟所谓“尝疑‘见人善’以下二十四句皆‘亲仁’事，而误入‘谨信’条内，绛州刻板时朝邑杨仁甫移植‘色不媚’下”，如此看来，《西京清麓丛书》所收的《弟子规》应与李毓秀《训蒙文》最为接近。

二、《弟子规》的成书时间与传播

（一）《弟子规》的成书时间

李毓秀《训蒙文》成于何时，不得而知。据孔夫子旧书网拍卖图录所载《训蒙文》照片②，李毓秀撰序曰“康熙壬午”，可知《训蒙文》成书不会晚于1702年。雍正《山西通志》记李毓秀撰有《训蒙文》一书。贾

---

①弟子规·跋[M].中科院图书馆藏西京清麓丛书本.

②笔者历时两年寻访，目前仅知存世的三种《训蒙文》，其中刻本两种、抄本一种，均为一册。也仅见书影若干页，其中下栏为《训蒙文》正文（文字与《弟子规》大多不同）及注文，上栏小字，为《训蒙文》注释。《中国古籍总目》未著录《训蒙文》，足见该书存世之少。

存仁修订《训蒙文》成《弟子规》究竟起始于何时、完成于何时？也不得而知。贾存仁去世于1784年，次年，洪洞人范鹤年曾撰《余田贾老先生懿行碑记》[①]，所记其学术成就有教授童蒙的《弟子规》，“又订正《弟子规》《正字略》，以课童蒙”。那么，贾存仁改订《训蒙文》成《弟子规》最晚应在贾存仁去世的1784年。但从其墓志记其生平经历推测，极有可能是他在京师、家乡附近从事私塾教育之时，时间大致在他乡试中副榜的1771年稍后入京到1782年家居之间。[②]

（二）《弟子规》的传播

李毓秀和贾存仁一生主要活动在家乡一带活动，他们编订的《训蒙文》与《弟子规》最有可能首先在当地流传开来。而李毓秀的家乡绛州和贾存仁的家乡浮山同处晋南，距离也就200里地。

《弟子规》的传播，从现存版本的序跋及其他版本信息来看，最早始于道光年间，经过咸丰、同治、光绪、宣统到民国，越来越流行；传播区域有华北的北京、天津，中原的开封，西北的关中，江南的南京、徐州、上海，西南的广西，山西西南部的绛州、解州；传播中也出现了满汉刻本；多作为教材在私塾、义学中使用，甚至多次受到地方官员的推行。在《弟子规》传播过程中，由于收进数种部头或大或小的丛书，成为该书传播的重要途径。清末时，随着推行新式学校教育，废除科举，《弟子规》被改编成《弟子规教科书》《绘图蒙学弟子规教科书》《改良绘图弟子规》《改良绘图弟子规教科书》等，上图下文，民国时广泛流行，成为适应新时代改良的品德教育读物。

1. 从北京到南京

《复性斋丛书》收《弟子规》，慎修堂藏板，咸丰五年（1855）刊行，

---

①（民国）浮山县志［M］. 浮山：浮山县地方志办公室整理本，1989：764.

②仝建平. 贾存仁与《弟子规》成书［J］. 中国典籍与文化，2016（2）.

从书首所收先后两篇“重刻《弟子规》序”可见，道光乙未（1835）年，江南学者王检心在北京已经见到家塾使用《弟子规》作为教材，后来他购得南归，曾教授儿辈、童蒙，皆有成效；1845 年，王检心于高淳（今南京市高淳区）重加校订，颁行于当地各义学；中经太平天国农民起义，1855 年，王检心又于铜山（今徐州）委托门生戴楫重加校刊《弟子规》以教士民，收入复性斋丛书。“古今大圣大贤自其幼时已不同于人，非独其资质异常，亦由教之有道也。尝见世之为父兄者，姑息其子弟，不肯使守规矩，以为年尚幼稚。其子弟习成骄纵之态，幼时已不受约束于父兄，比长益悖慢无礼，作奸犯科，无所不至。其父兄始欲教训之、督责之，而其子弟狎恩恃爱，怙恶不悛，甚者或与父兄为仇。其父兄始悔前此之姑息养奸也，亦已晚矣。乙未之岁，余计偕入都，与倭艮峰、杨毅斋诸君子订性命之交，见《弟子规》一书，其家子弟多诵之。余观其书，盖绛州李子潜先生即《论语·弟子入则孝》一章撰为韵语，言浅意近，段落分晰。弟子读之，明白易晓；弟子习之，简切易行。推而广之，虽大圣大贤，终身行之不能尽。余购以归，课儿辈、训童蒙，皆有成效。岁在乙巳，视事高淳，悯其俗尚巫鬼，费用无节，而谋所以教之，即取其无益之费，令作为有益之举动。设义学，将次告成，因思教人，首重蒙养，父兄之教，不先子弟之率，不谨古今同慨。乃复取《弟子规》一书，重加校订，付诸梓人，分颁各义学中，意欲使为弟子者诵此书而玩味之，以端其始，庶几习惯成自然，少成若天性，而圣贤教人之道，可次第而施，而弟子希贤希圣之基，亦由此而立。虽不敢自谓化民成俗，而亦未必无小补云尔。大清道光二十五年岁在乙巳长至前二日，后学王检心谨序于淳溪官舍。”[1] 1835 年，距贾存仁去世只有 51 年。既然已经在北京作为家塾教材使用，该书流传应该已有一定规模。而王检

①弟子规·序[M]. 北京大学图书馆藏复性斋丛书本.

心1845年、1855年两次于江南校刊颁行于各义学，其在江南地区的传播规模势必进一步扩大。尤其是1855年王检心编辑的《复性斋丛书》收录《弟子规》，通过该丛书的传播，《弟子规》逐步向各地传播。

2. 从绛州到天津

光绪七年（1881）津河广仁堂所刻书收录《弟子规》，是以同治二年绛州刊《弟子规》为底本，"清少失学，及冠从余孝惠先生游，先生授绛州李氏《弟子规》，口诵心维，服其立言显豁，深俾童蒙，每一展卷，爱不忍释。窃思朱子《小学》之辑，详且精矣。而立教之意，乃欲为人立终身范围，故所载兼成人之礼，不尽便于童蒙也！李氏是编，则语语浅近，垂髫读之，易知易行。先儒谓《近思录》，《四书》之阶梯；《小学》，《近思录》之阶梯。清谓《弟子规》，即《小学》之阶梯也。愿为父师者以此教，为弟子者以此学。庶始基即端，则读《小学》以后之书，更可即知即行矣！己卯秋，清赴晋助赈，得贺复斋、杨仁甫两先生订正绛州刊本，如获拱璧，慨岁月之已逝，惧根本之未培，执是编而益用兢兢。光绪辛巳秋，于役津门，爰以是本。商诸恒斋主人，重付剞劂，工竣志之，以告世之读是书者，无锡薛景清跋于广仁堂。"① 这个绛州刊本再次流传天津，进而通过《津河广仁堂所刻书》这套丛书传播各地。

3. 向满族子弟的传播

同治二年（1863）成书的《满汉弟子规》一书，目的是教导满族子弟。从书序可知，满洲贵族、学者崇绮（字文山，1864年中状元）向同年好友、翰林院检讨、学者徐桐推荐《弟子规》适宜教导弟子，徐桐读后大为赞赏，遂选为家塾读本，塾师吴芗林愿意刊印此书，约请徐桐作序。"余与崇文山同年为道义交，善相劝、过相规也。一日出《弟子规》一册，见示谓余曰：'此绛州李子潜先生所著也。语虽浅近，实无一字

①弟子规·序[M]. 上海图书馆藏光绪七年津河广仁堂刊本.

不从圣经贤传中来。弟子良规,诚不外是。'余受读竟喟然曰:'此岂惟弟子所当奉为圭臬者哉。吾人自少小以至成人,所言所行,漫不加察,其大悖乎此者。盖已不可胜计矣。方为弟子时,犹赖有贤父兄之教,稍就范围,及其壮也,腼然以成人自命,不复于伦常日用之间,求躬行实践之谐,略门内之修,而驰情于域外,忽身心之事,而役志于功名,其号称淹雅者,徒以口耳记诵为学,非相尚以浮夸,即相习于刻险,正学不讲,真性日漓,犹诩诩然曰:吾儒也,吾儒也。抑知风俗人心之坏,皆此自名为儒者,所酝酿而成之者乎。吾人幸读圣贤书,稍知义理之所在,即是书之旨,犹有终身行之不能尽者,而敢以成人自居乎?苟有志于圣贤,虽终身守弟子之规可也。'文山重题余言,余遂录为家塾读本,愿人人子弟知行本文末之旨,且当童蒙伊始,尤贵先以善言入乎中而为主也。塾师吴芗林孝廉以为培养幼学,无逾于此,愿付剞劂。公同好,且嘱余为叙,余为遂获见是书之由,并以语文山者质之芗林,当不以余言为河汉也夫,是为叙。"[①] 吴芗林刊行的《满汉弟子规》,从徐桐之序到内容都是满汉两种文字一一对应,无疑是提供给满族童蒙学习的读物。这样,《弟子规》进入了满族子弟的家塾。

4. 其他:关中、徐州、开封、广西、北京、上海等

光绪七年(1881)津河广仁堂刊《弟子规》载有同治二年(1863)贺瑞麟序"旧常刻于关中,今复刻于先生之乡",可见1863年之前的关中,常有《弟子规》刻本流传。之后贺瑞麟在关中主持编纂《西京清麓丛书》,两次收录《弟子规》,《西京清麓丛书外编》收同治丙寅(1866)传经堂藏书重刊《弟子规》,《西京清麓丛书续编》收《养蒙书九种》,同治十有二年癸酉(1873)开雕,这样,贺瑞麟在关中刊行的《弟子规》首先得以流传关中,随着《西京清麓丛书》及《养蒙书九种》的印行而传

①满汉弟子规·序[M]. 北京大学图书馆藏同治二年刻本.

播各地。其中,清代后期,《养蒙书九种》曾在关中多次印行,至今容易见到。

光绪七年(1881)津河广仁堂刊《弟子规》载有同治二年(1863)贺瑞麟序"即得徐州刊本,乃知浮山贾存仁木斋重为删订如此",可知贺瑞麟于绛州见到徐州刻本《弟子规》,那么徐州刊行此书定在此前。

光绪戊戌(1898)汴省鲍乾元书铺重镌《弟子规》,书首李慎之序作于同治十三年(1874),"同治十有三年甲戌孟夏之月后学李慎叙于西安郡斋",书尾有记曰"戊寅(1878)小阳月盱眙金静观堂重镌,戊戌(1898)春三月又刊于大梁"[①]。1898 年,鲍乾元书铺重镌《弟子规》刻于开封,而使用的底本是 1878 年盱眙金静观堂重刻本,盱眙治今江苏省淮安市盱眙县盱城镇。有意思的是,汴省鲍乾元书铺重镌《弟子规》封面署有"版存汴省鲍乾元书铺　有印者每本价■文",向愿意印行《弟子规》者提供书版收费服务,无疑该书是有市场需求的,而这种收费服务亦有利于此书的发行传播。

光绪九年(1883),武昌书局校刊《童蒙必读书》收书 6 种,即《弟子规》《小儿语》《续小儿语》《林氏集训蒙诗》《性理字训》《千字文》,丛书小引作于光绪三年(1877),曰:"此余家塾训蒙旧本也,童子知识初开,先入之言为主,以日用常行之理教之,便终身不忘。粤西僻远之乡,风俗椎鲁,现饬各州县添设义学,俾贫民子弟就学其中,爰取旧本刊发给。读所愿塾师尽心讲解,使蒙稚之民咸知大义,遵循弗忘,其亦推广教化之一助云。光绪三年暮春月抚粤使者六安涂宗瀛书于署斋"[②]。光绪三年,涂宗瀛担任广西巡抚,为了教导童蒙子弟,饬令州县增设义学,招收贫民子弟,并把其家塾训蒙旧本刊行颁发,这样,《弟

①弟子规[M]. 光绪戊戌汴省鲍乾元书铺刻本.

②童蒙必读书·序[M]. 北京大学图书馆藏光绪九年武昌书局刻本.

子规》作为广西各地义学教材使用，就在广西各地传播开来。1883 年，武昌书局重刊《童蒙必读书》，其中的《弟子规》又通过此小丛书向各地传播。

光绪丁酉（1897）春，中和堂捐刻《增刻弟子规》，封面标有“版存京都前门外杨梅竹斜街路北永盛斋刻字铺”①，京都即北京，合《弟子规》与《小儿语》《朱子家训》《文昌帝君蕉窗训》四书为一册，上下两栏合刻，书尾附录光绪后期某某堂印送若干本，时间多在光绪二十三年（1897），印送数量多为 100 本，以中和堂最多，达 7 次，数量达 900 本。不得不提到的一点是，《中和堂增刻弟子规》在“文化大革命”时被大量翻印，有线装本、平装本，多是 16 开，作为批判用书，通过这种非常态的方式大量传播，现今仍能方便找到。

清末民国，上海广益书局发售印行蒙学堂各种书籍就包括《改良绘图弟子规教科书》，上图下文；上海校经山房总发行所印行石印本《绘图蒙学弟子规教科书》，上图下文。可见 20 世纪初，上海成为印行《改良弟子规》的中心之一，均上图下文，便于童蒙学习使用。由于印行数量大，流传广泛，故现在仍容易见到。

从上引诸种《弟子规》序跋看出，至晚从 1835 年以来，《弟子规》始有传播，已经出现在北京，1845 年出现于南京，尤其是 19 世纪的后 50 年，流传范围逐渐扩大，涉及多次印行的关中、最初作者的家乡晋南、文化中心京津、江南的徐州和武昌、西南边陲广西，20 世纪初，上海成为印行《弟子规》的一个中心。显而易见，《弟子规》的传播呈现出扩大趋势，所以清代民国以来的《弟子规》版本传世甚多。《〈弟子规〉的传播是场骗局》一文涉及近代《弟子规》的传播，认为《弟子规》过去传播不广、流传甚少，明显不符历史实际。

①中和堂增刻弟子规[M]. 批判用书，无出版地.

三、《弟子规》的内容系统

流行的《弟子规》，内容三字一句、两句一韵，总共 360 句、1080 字。以《论语·学而篇》中的"弟子，入则孝，出则悌，谨而信，泛爱众，而亲仁。行有余力，则以学文"为总纲，内容编排，大多依次分为"总叙；入则孝，出则悌；谨而信；泛爱众，而亲仁；行有余力，则以学文"五部分，贺瑞麟和杨树椿称为五章，实际内容包括"总叙；入则孝；出则悌；谨；信；泛爱众；而亲仁；行有余力，则以学文"八部分。其文句，研究者认为主要辑自《论语》《礼记》及《童蒙须知》三书。[①] 其内容主旨是对儒家伦理道德的简易化宣扬。

《弟子规》最初由贾存仁删订《训蒙文》而成，但贾存仁改订的《弟子规》在其后的流传过程中，也曾出现过被后代编订者局部改动的情况，致使传世的《弟子规》形成了不同的内容系统。尽管书名均作《弟子规》，内容均是 360 句、1080 字，通过仔细比对仍会发现，除却一些文字差异外，区别也是明显存在的。而《西京清麓丛书》《津河广仁堂所刻书》和《复性斋丛书》三种丛书里的《弟子规》，恰好代表了传世《弟子规》的三种内容系统。

前述贺瑞麟《西京清麓丛书》所收的《弟子规》严格依照《训蒙文》，因而与李毓秀《训蒙文》最为接近。同治二年绛州刊行《弟子规》时，参与校订的杨树椿曾比对《训蒙文》作了一定文字位置改动，而《津河广仁堂所刻书》之《弟子规》正是以杨树椿改订本为底本。比对这两种丛书的《弟子规》，主要的内容差异有三处：一是"亲仁"部分"能亲仁　无限好　德日进　过日少　不亲仁　无限害　小人进

①刘雅苓. 清代蒙书《弟子规》之析论及对 E 世代大学生人格建构的七项修炼[D]. 台北：台湾师范大学硕士学位论文，2009：47—60.

百事坏”8句24字的排列位置。《西京清麓丛书》之《弟子规》为：

同是人 类不齐 流俗众 仁者希 果仁者 人多畏 言不讳 色不媚

能亲仁 无限好 德日进 过日少 不亲仁 无限害 小人进 百事坏

见人善 即思齐 纵去远 以渐跻 见人恶 即内省 有则改 无加警

惟德学 惟才艺 不如人 当自励 若衣服 若饮食 不如人 勿生戚

闻过怒 闻誉乐 损友来 益友却 闻誉恐 闻过欣 直谅士 渐相亲

津河广仁堂刊《弟子规》则为：

同是人 类不齐 流俗众 仁者希 果仁者 人多畏 言不讳 色不媚

见人善 即思齐 纵去远 以渐跻 见人恶 即内省 有则改 无加警

惟德学 惟才艺 不如人 当自励 若衣服 若饮食 不如人 勿生戚

闻过怒 闻誉乐 损友来 益友却 闻誉恐 闻过欣 直谅士 渐相亲

能亲仁 无限好 德日进 过日少 不亲仁 无限害 小人进 百事坏

二是“道人善 即是善 人知之 愈加勉 扬人恶 即是恶 疾之甚 祸且作”8句24字，《西京清麓丛书》在“信”部分，而《津河广仁堂所刻书》在“泛爱众”部分。三是《西京清麓丛书》之“信”部分的“多易错 少易好”，津河广仁堂本也在“信”部分，却作“惟其是 勿佞巧”。

上述前两条差异与前述贺瑞麟所谓“尝疑‘见人善’以下二十四句皆‘亲仁’事，而误入‘谨信’条内，绛州刻板时朝邑杨仁甫移植‘色不媚’下，细按即续‘百事坏’后，与本文上下语意庶不阻碍。又移‘道人善’八句入‘谨信’条，恐当时传写之差，未免惑误后学，故略订正”是吻合的。

与《西京清麓丛书》《津河广仁堂所刻书》两种丛书的《弟子规》相比，《复性斋丛书》之《弟子规》，除却文字屡有不同外，最为明显的差异是“亲仁”部分只有16句48字：

同是人　类不齐　流俗众　仁者希　果仁者　人多畏　言不讳　色不媚

能亲仁　无限好　德日进　过日少　不亲仁　无限害　小人进　百事坏

另两种丛书均为40句120字；“见人善　即思齐　纵去远　以渐跻　见人恶　即内省　有则改　无加警　惟德学　惟才艺　不如人　当自励　若衣服　若饮食　不如人　勿生戚　闻过怒　闻誉乐　损友来　益友却　闻誉恐　闻过欣　直谅士　渐相亲”24句72字在“信”中，恰恰与杨树椿所谓“第四章‘见人善’以下二十四句，贾本在第三章‘莫闲管’之下”是吻合的；“道人善　即是善　人知之　愈思勉　扬人恶　即是恶　疾之甚　祸且作”8句24字，在“泛爱众”部分，与《津河广仁堂所刻书》相同，杨树椿所谓“‘道人善’八句，《训蒙文》原文在第三章，属言‘信’之事，适与‘见人善’句法相似，贾本或偶因此而互乱欤！但此八句于‘爱众’之义亦合，姑乃其旧”，意思是沿袭了贾本，而《西京清麓丛书》却在“信”部分，贺瑞麟所谓“又移‘道人善’八句入‘谨信’条，恐当时传写之差，未免惑误后学，故略订正”。综上可以推知，《复性斋丛书》之《弟子规》与贾存仁改订本最为接近。此外,《复性斋丛书》之"信"部分的"多易错　少易好"2句6字,与《西京清麓丛书》相同。

尽管如此，上述"见人善　即思齐　纵去远　以渐跻　见人恶　即内省　有则改　无加警　惟德学　惟才艺　不如人　当自励　若衣服　若饮食　不如人　勿生戚　闻过怒　闻誉乐　损友来　益友却　闻誉恐　闻过欣　直谅士　渐相亲"24句72字，从内容文字来看从属于"亲仁"比"信"更为合理,"尝疑'见人善'以下二十四句皆'亲仁'事,而误入'谨信'条内"。加上《西京清麓丛书》和《津河广仁堂所刻书》这两种丛书的《弟子规》内容除"总叙"(弟子规　圣人训　首孝弟　次谨信　泛爱众　而亲仁　有余力　则学文)外,其余各部分内容编排较为匀称,还有当时的编订者均参照过李毓秀《训蒙文》。因此,《西京清麓丛书》和《津河广仁堂所刻书》这两种丛书所收的《弟子规》内容系统似乎相对合理些。

但从现今尚存的清代民国《弟子规》刻本、印本以及现代出版的《弟子规》内容系统来看,基本都与《复性斋丛书》本相同,最明显的就是"亲仁"部分仅有"同是人　类不齐　流俗众　仁者希　果仁者　人多畏　言不讳　色不媚　能亲仁　无限好　德日进　过日少　不亲仁　无限害　小人进　百事坏"16句48字，这种内容系统与贾存仁改订本最为接近。贾存仁缘何如此改订,尚且不知,但经他改订的《弟子规》恰恰成为后代最为通行易见的《弟子规》内容系统。

(发表于《图书馆杂志》2020年第8期)

《弟子规》新探

《弟子规》是清代前期始编撰出现的一部蒙书。通行版本为三字一句、两句一韵，共计360句、1080字。依据《论语·学而篇》中的“弟子，入则孝，出则悌，谨而信，泛爱众，而亲仁。行有余力，则以学文”为总纲，内容编排，大多依次分为“总叙；入则孝，出则悌；谨而信；泛爱众，亲仁；余力学文”五部分，也有分为“总叙；入则孝；出则悌；谨；信；泛爱众；亲仁；余力学文”八部分者。从《弟子规》的内容可知，此书主旨是教导童蒙在居家、外出、待人、接物、求学诸方面应遵循的礼仪规范和行为准则，是对儒家伦理道德的简易化宣讲与弘扬。由于符合社会各阶层的意愿，故而自产生以来，流传越来越广泛，成为最为杰出的清代蒙学经典。时至今日，仍然被奉为儿童及成人首选的行为规范教科书之一。

《弟子规》的成书与流传，曾经历过一个嬗变过程。此书原名《训蒙文》，是由清初康熙间绛州（今山西省运城市新绛县）知名学者李毓秀（1647—1729）所撰。乾隆年间，平阳府浮山县（今山西省临汾市浮山县）知名学者贾存仁（1724—1784）将《训蒙文》进行改编，改编文字、文句押韵，并更改书名为《弟子规》，传世的《弟子规》主体是贾存仁改定本，而后代通行的《弟子规》多是只署“绛州李子潜”（李毓秀字子潜），只有少数几种同时署有“贾存仁”，排名在李子潜后，尚未发现单独署名“贾存仁”者。

《弟子规》尽管成书于清代前期,但其逐渐流传是在清代后期,乃至风行于世却是晚清民国了。在《弟子规》流传后世的过程中,曾有多人对其内容适当进行过改编,遂使流传的《弟子规》有数种内容系统。通过比对《训蒙文》与《弟子规》,不难发现两书差异是非常明显的,尽管《弟子规》参照其篇章分类、承用部分内容,但现今传世的《弟子规》,贾存仁的贡献是显著的,他是《弟子规》隐于幕后的重要功臣。关于《弟子规》系依据《训蒙文》改编而成,研究《弟子规》者多有论及[①],但传世的《弟子规》存在数种内容系统,以往未见指出;《训蒙文》极其少见,比较它与《弟子规》的内容、体例沿革,过去不曾论述,这两点正是本文的用力之处。

一、李毓秀与《训蒙文》

据《旭华堂文集》卷十一《例监李子潜先生墓志铭》[②],李毓秀(1647—1729),字子潜,号采三,绛州名儒,长于"四书"之学,有著述多种。著有《四书正讹》《四书字类释义》《学庸发明》《读大学偶记》《宋儒大文约》《水仙百咏》《训蒙文》。他生活于文化故里,终身在家乡绛州当塾师,从事教育工作,培养生徒甚众。在当地较为有名,被后人誉为"河东四先生"。

据好不容易见到的《训蒙文》刻本,该书成书于1702年之前。雍正《山西通志》卷一七五《经籍》收录《训蒙文》为"字学"类,"李毓秀《训蒙文》一卷,《四书字类释义》六卷。"[③]

---

①刘雅苓.清代蒙书《弟子规》之析论及对E世代大学生人格建构的七项修炼[D].台北:台湾师范大学硕士学位论文,2009;黄灿.《弟子规》研究[D].上海:上海师范大学硕士学位论文,2011.

②(清)王奂曾.旭华堂文集[M].山西省祁县图书馆藏乾隆十六年刻本.

③(雍正)山西通志[M].北京:中华书局,2006:2835.

《训蒙文》传世甚少,《中国古籍总目》及《山西文献总目提要》均未著录。目前笔者见到的《训蒙文》部分图像,大致包含一半内容稍多。书版分三截,中和下截为《训蒙文》内容,上截是对《训蒙文》的注解,总体有数百字。《训蒙文》分为“总序”“入则孝出则弟”“谨而信”“泛爱众而亲仁”“余力学文”“总结”六部分,部分内容文字之下有小字注文,多为注音,每部分内容之后均有小字注文数十字。目前所能看清的正文有 114 句、342 字,与通行《弟子规》相同者仅为 17 句、51 字,“过能改　归于无　倘掩饰　增一辜”“类不齐”“将入门　问孰存　将上堂　声必扬”“待婢仆　慈而宽”“势服人　理服人　方无言”“读书法　有三到　心眼口”。书首有李毓秀序,曰“《易》曰:‘蒙以养正,圣功也。’夫蒙而曰养正,一朝一夕之故哉。所以涵育其良知良能之天者,无庸忘也,亦无庸助也。养而必曰正,其不可以奇邪误也明矣。养正而极之曰圣功,其不可以浅近期也又审矣。虽然语之奥者,非童蒙所与知也。事之巨者,非童蒙所与能也。毓秀不揣暗劣,谨依圣言次第,而取世俗显切条件浸为衍说,敢谓当乎?作圣之旨要于养正之易知者、易能者,或劝或戒,莫有微补。由此而入小学,庶几得导。夫先路焉,若夫义理之谬误、情事之疏阔、字句之俚率,惟高明博雅君子损益裁正,不胜翘企云。康熙壬午莫春之吉绛州李毓秀敬启”。卷首书名后作“绛州李毓秀述　门人阎廷玠、阎有光重刊”。①

从李毓秀序可知,《训蒙文》为其草创,目的在于养正童蒙有所助益,尔后入读小学。该书明显为训蒙读物。序作于康熙壬午(1702),既为门人重刊,那么此书应在此前编撰成书。目前所见《训蒙文》内容,开头讲大道,然后讲具体细节,最后讲读书,罗列具体书名若干。而《弟子规》整体是讲具体细节,更生活化,两书区别还是明显的。

---

①(清)李毓秀. 训蒙文[M]. 康熙四十一年刻本.

二、《弟子规》的流传

据《贾存仁墓志》及《余田贾老先生懿行碑记》，贾存仁（1724—1784），字木斋，号余田，平阳府浮山县人，他一生主要活动于家乡浮山一带，曾参加乡试得中副榜，随后进京城，在名士周永年家中担任家塾教师，短期参加过《四库全书》编撰工作，与名学者戴震、周永年有交集。在小学音韵方面有专长，撰有《等韵精要》（收入《续修四库全书》）传世。贾存仁改编《训蒙文》成《弟子规》完成于何时，不得而知。但至晚应在他去世的1784年。他的墓志撰成于1799年，其中列举他的著述有《四书千一录》《等韵精要》《音汇》三种，不提《弟子规》。他去世的次年，范鹤年所撰《余田贾老先生懿行碑记》提到他的著述有《韵诗考源》《等韵精要》《音汇》，订正《弟子规》《正字略》。[①]

目前所能见到最早的《弟子规》为1855年复兴斋丛书本，但书序提及该书的底本源于1835年，当时在北京的家塾已有《弟子规》作为教材，其时距离贾存仁去世刚好50年。从现存数种《弟子规》的序跋可以清晰看出，此书多作为教材在私塾、义学中使用；最早始于道光年间，经过咸丰、同治、光绪、宣统到民国，越来越流行；传播区域有华北、中原、西北、江南、西南；收进丛书，成为该书传播的重要途径。

贾存仁改编而成的《弟子规》“以其便于诵读讲解，而皆切于实用”，被誉为“开蒙养正之最上乘者”。周保璋《童蒙记诵编·节增三字经》曰“近李氏《弟子规》盛行，而此书（《三字经》）几废。”民国《山西献征》卷五《儒行·贰尹李子潜先生事略》曰“遗著有《弟子规》，风行于世”[②]。尽管《弟子规》也并非传世数量众多，但不难找寻，为通行易见

---

①仝建平．贾存仁与《弟子规》成书［J］．中国典籍与文化，2016(2)．

②常赞春．山西献征［M］．台北：山西同乡会，1980：4．

的一种蒙书。

晚清民国时,《弟子规》广为流行是不争的事实。“文化大革命”期间,《弟子规》曾被作为批判用书大量刊印,尽管这种形式的流传并非常态,但也反映出这本蒙书特殊的教化功能和社会影响。最近 10 年来,《弟子规》被海内外华人世界广为提倡,使用者涉及社会各个阶层,成为现今最为流行的行为规范书,是该书问世以来最为流行的时期,不可小觑,褒奖者甚众,商榷者也有,内中缘由值得深入探讨。

三、《弟子规》有数种内容系统①

贾存仁改编《训蒙文》成《弟子规》后,《弟子规》得以面世。在《弟子规》逐渐流传以至风行的过程中,多人对《弟子规》的内容或多或少做过修改加工,遂使传世的《弟子规》内容有数种系统,以往的研究者少加注意。

传世的《弟子规》,收入丛书的,主要的版本有 1855 年《复兴斋丛书》本(底本是 1835 年北京家塾课本《弟子规》)、1873 年《西京清麓丛书》续编《养蒙书九种》本(贺瑞麟 1863 年在绛州见过《训蒙文》和《弟子规》,自称依照《训蒙文》编订)、1881 年《津河广仁堂所刻书》本(底本是 1863 年绛州刻本《弟子规》,其时主持修订《弟子规》的陕西学者杨树椿也见到过《训蒙文》)。单行的版本甚多。由于底本不同,或是编印者略加改动,使得传世《弟子规》文字内容差异明显存在,无法一一统计清楚。

光绪七年(1881)津河广仁堂所刊《弟子规》,书首载有同治二年(1863)三原(今咸阳市三原县)人贺瑞麟(1824—1893)所作序,“此书旧相传为绛州李子潜先生作,同治初元来绛,因求先生诸书得见。所

①仝建平.从序跋看《弟子规》的传播及内容系统[J].图书馆杂志,2017(待刊).

谓《训蒙文》者，其义例、语意即此书所本，而视此特详，则又窃疑是书或先生晚年修改，即得徐州刊本，乃知浮山贾存仁木斋重为删订如此，贾之重订，固不能没先生之实，但其明白简要，较便初学，盖为有功于先生者，而改今名亦切事实，正童稚之脚跟，开圣贤之涂辙，殆与原书无异旨也”[①]。《西京清麓丛书》续编之《养蒙书九种》，所收《弟子规》，书末有贺瑞麟所写跋语，“《弟子规》，绛州李子潜先生毓秀著，原名《训蒙文》，浮山贾木斋存仁即其原书修删之，改今名。尝疑‘见人善’以下二十四句皆‘亲仁’事，而误入‘谨信’条内，绛州刻板时朝邑杨仁甫移植‘色不媚’下，细按即续‘百事坏’后，与本文上下语意庶不阻碍。又移‘道人善’八句入‘谨信’条，恐当时传写之差，未免惑误后学，故略订正。然皆据《训蒙文》原书，非敢僭妄，识者详之。”[②] 1863 年绛州刻本《弟子规》成书过程中，杨树椿也作过改动，他自己所言“文义不属，今据《训蒙文》移之……值刻是书，得与订正之意”[③]。由上可见，《西京清麓丛书》续编之《养蒙书九种》所收《弟子规》和《津河广仁堂所刻书》本《弟子规》均是主持者参照《训蒙文》编订而成的。这两种《弟子规》内容均为五部分，后四部分比例较为均衡。

《津河广仁堂所刻书》本《弟子规》之末，杨树椿跋曰“‘道人善’八句，《训蒙文》原文在第三章，属言‘信’之事，适与‘见人善’句法相似，贾本或偶因此而互乱欤！但此八句于‘爱众’之义亦合，姑乃其旧”[④]，意思是沿袭了贾本，而《西京清麓丛书》却在“信”部分，贺瑞麟所谓“又移‘道人善’八句入‘谨信’条，恐当时传写之差，未免惑误后学，故略订正”。可知“道人善　即是善　人知之　愈加勉　扬人恶　即是

①（清）李毓秀．弟子规［M］．津河广仁堂所刻书，光绪七年刻本．

②（清）李毓秀．弟子规［M］．《西京清麓丛书》续编《养蒙书九种》，同治十二年刻本．

③（清）李毓秀．弟子规［M］．津河广仁堂所刻书，光绪七年刻本．

④（清）李毓秀．弟子规［M］．津河广仁堂所刻书，光绪七年刻本．

恶　疾之甚　祸且作”8 句 24 字，贾存仁改订本应在“泛爱众”部分。而上引贺瑞麟所谓“尝疑‘见人善’以下二十四句皆‘亲仁’事，而误入‘谨信’条内，绛州刻板时朝邑杨仁甫移植‘色不媚’下，细按即续‘百事坏’后，与本文上下语意庶不阻碍。”可知“见人善　即思齐　纵去远　以渐跻　见人恶　即内省　有则改　无加警　惟德学　惟才艺　不如人　当自励　若衣服　若饮食　不如人　勿生戚　闻过怒　闻誉乐　损友来　益友却　闻誉恐　闻过欣　直谅士　渐相亲”24 句 72 字，贾存仁改订本应在“谨信”部分。由以上贺瑞麟、杨树椿比对《训蒙文》与贾存仁《弟子规》两条依据可以推知，《复性斋丛书》之《弟子规》与贾存仁改订本最为接近。再比对三种丛书的《弟子规》发现，《复性斋丛书》本《弟子规》的“亲仁”只有“同是人　类不齐　流俗众　仁者希　果仁者　人多畏　言不讳　色不媚　能亲仁　无限好　德日进　过日少　不亲仁　无限害　小人进　百事坏”16 句 48 字，而另两种丛书均为 40 句 120 字。这样各部分内容文字比例有失均衡。

综上，大致可以确定，“亲仁”只有“同是人　类不齐　流俗众　仁者希　果仁者　人多畏　言不讳　色不媚　能亲仁　无限好　德日进　过日少　不亲仁　无限害　小人进　百事坏”16 句 48 字的《弟子规》正是贾存仁改定本。通过普查清代民国及现代出版印行的《弟子规》，尤其是现代印本，发现绝对大部分《弟子规》多是贾存仁改定本。尽管这一内容系统各部分之间比例并非均衡，且有内容文字和章节亦有不尽相符之处。

可见，《弟子规》的流行是晚清民国以来的事，此书在当时甚为流行。有学者撰文所谓《〈弟子规〉的传播是场骗局》是不符合历史实际的，应予纠正。

四、《弟子规》作者的认定

从目前收集的几种《弟子规》序跋及书首所标可知，贾存仁将李毓秀《训蒙文》节订、重订、删订、修删成《弟子规》，书名为贾存仁新取。1862 年，贺瑞麟和杨树椿在绛州均见过李毓秀《训蒙文》，既然所言“删订”“修删”，那么《训蒙文》内容似乎应比贾存仁《弟子规》多。但目前仅见的《训蒙文》部分内容，正文无疑不足 1080 字，如果加上每部分后面的注文及上截的注释，大概总体字数就要超过 1080 了。

比较《训蒙文》和《弟子规》，从两书内容和李毓秀《训蒙文》序可知，均是蒙书，三字一句，大致适用于进入小学之前的学习；内容章节均大体依照《论语·学而篇》中的“弟子，入则孝，出则悌，谨而信，泛爱众，而亲仁。行有余力，则以学文”为总纲，大体分为“总叙；入则孝，出则悌；谨而信；泛爱众，亲仁；余力学文”五部分（《训蒙文》最后有“总结”，成为六部分），从内容分类编排来看，《弟子规》依照了《训蒙文》。

从《训蒙文》可见的正文 342 字与《弟子规》重复的仅有 51 字，约为七分之一。其中“过能改　归于无　倘掩饰　增一辜”，《训蒙文》与 3 种《弟子规》均在“谨而信”部分；“类不齐”和“待婢仆　慈而宽”“势服人　理服人　方无言”，《训蒙文》与三种《弟子规》均在“泛爱众而亲仁”部分；“读书法　有三到　心眼口”，《训蒙文》与 3 种《弟子规》均在“有余力则学文”部分；唯独“将入门　问孰存　将上堂　声必扬”，《训蒙文》在“泛爱众而亲仁”部分，3 种《弟子规》则均在“谨而信”部分。

通过分析比对不难看出，《训蒙文》为初创，尽管均是三字一句，但《弟子规》是两句一对，《训蒙文》在对仗押韵方面远不及《弟子规》。当然我们不知道《训蒙文》是否也会有前后版本的不同（比如李毓秀曾对《训蒙文》进行过修订，后起的《训蒙文》更接近现今流传的《弟子规》),而贾存仁在从事私塾教育的过程中,依据见到的《训蒙文》,发挥其音韵学专长,将《训蒙文》删订成《弟子规》,用于教授童蒙。北京大学图书馆所藏《复性斋丛书》所收《弟子规》署名“绛州李子潜先生元著　浮山贾存仁木斋节订”,慎修堂藏板,咸丰五年(1855)刊行,底本是1835年北京家塾课本《弟子规》,这是目前所能见到最早的《弟子规》刻本。1835年距贾存仁去世的1784年只有51年,既然已经同时署有李子潜、贾存仁姓名,大概乾隆年间贾存仁修订《训蒙文》成《弟子规》时,不会独占其功,仍署名“李子潜”第一,他则署名第二。这也反映出贾存仁为道德君子,受《训蒙文》启发或依据《训蒙文》修订成《弟子规》,没有掠人之美。目前所能见到的清代刻本《弟子规》中,署有两人姓名者均为“绛州李子潜(先生)原(元)本(著)　浮山贾存仁(木斋)重(节)订”,单独署名只有“李子潜先生”,尚未见到单独署名“贾存仁(木斋)”者。

传世的《弟子规》系贾存仁改编李毓秀《训蒙文》而成,这一事实明确无疑,但传世的《弟子规》却大多只署“李子潜”,造成了人们认为《弟子规》作者就是李毓秀的简单且错误认识。《弟子规》得以传世,李毓秀《训蒙文》是基础和前提,但浮山贾存仁改编之功不可埋没,他是《弟子规》编撰成书及流传后世的重要功臣。理应史籍有载,后人有记。

贾存仁作为基层文士,墓志所记他是儒家伦理道德的践行者,晚年在京城、家乡一带设帐教学约10年,他容易见到绛州李毓秀所编《训蒙文》,出于教授童蒙需要,加上他有音韵学专长,于是乎将《训蒙文》压缩、改编押韵为《弟子规》一书。两相比较,《弟子规》更适合童蒙记诵,于是在他去世后流传渐广,而《训蒙文》却越来越少见,至今难以寻觅。

(刊登于金滢坤主编《童蒙文化研究》第三卷,人民出版社,2018年)

同治初年三原贺瑞麟绛州之行的文化影响

贺瑞麟(1824—1893),名均,字角生,号复斋,西安府三原(今陕西省咸阳市三原县)人,晚清关中地区杰出的理学大家,关学杰出代表人物。一生在科举方面未有多大功名,但坚持研读儒学典籍,积极提倡程朱理学,著书立说,且躬行实践。他认为"世道人心,端由学术,世之非毁正学者,未见其书也。风气转移,必刻正学书,以程朱为最宗",积极倡导刊印濂、洛、关、闽遗书。先是,关中贺瑞麟门人刘昇之与其父刘映菁、刘昇之族子刘质慧、武文炳、王梦棠、柏森、强济川、周宗钊等分别刊行程朱理学及贺瑞麟、杨树椿著述,"虽及门校正,要皆先生鉴定而为之序"①;为弘扬程朱理学,历时数十年主持编辑、刊印大型丛书《西京清麓丛书》,收书178种、装订716册;聚徒讲学,培养省内外弟子上万人。在清末的关中孜孜不倦推广程朱理学,进行了不懈努力,做出了突出贡献。其著述有《清麓文集》《清麓日记》《三原新志》等多种。今人整理出版《贺瑞麟集》见其大概。

同治元年(壬戌,1862),39岁的贺瑞麟携带家眷东赴山西绛州。经蒲城、韩城,六月末方渡过黄河到达绛州,直到后年(甲子,1864)年初才返回三原,在绛州居留了一年半。"现居绛,异乡不易,亦无可如

①(清)马鉴源.贺复斋先生行状[A].王长坤,刘峰.贺瑞麟集·附录[M].西安:西北大学出版社,2015:1075.

何。今岁但有学子数人相从讲读,得以温习故书,粗此遣日。"[①] 贺瑞麟居绛期间收徒讲学、为绛州刊行《弟子规》撰序及西归后对绛州名士李毓秀著作的搜求及刊行,使得数种绛州地方文献由此得以保存,点播文化种子,对李毓秀研究、绛州文化、《弟子规》由来及清代蒙学均有着重要的作用。时隔一个半世纪后,这位关中名士自觉的文化行为仍对晋南关中地域产生着影响。

同治初年贺瑞麟留居绛州一事,在其行状、年谱中均有提及。其事产生的后代影响,在研究贺瑞麟的成果中未曾有过关注。笔者在近年研究《弟子规》成书过程中,有过引用,略有思考,故此粗撰小文,以期引起黄河两岸晋南、关中地域文化及清代蒙学研究者关注。

一、贺瑞麟绛州行迹

据《清麓年谱》,同治元年五月,贺瑞麟举家先赴韩城,六月末渡过黄河到达晋南名邑绛州。是年冬季,薛仁斋(名于瑛)、杨损斋(名树椿)到绛州看望贺瑞麟,相聚五六日,一同北游到太平县北柴村,薛于瑛返回家乡芮城。贺瑞麟与杨树椿、李勉之(名生彬)赴太平、襄陵,路过平阳府城,到洪洞县看到范彪西先生碑,因与杨树椿谈论范彪西《广理学备考》、黄梨洲《明儒学案》、孙夏峰《理学宗传》均"不能纯宗朱子","多不当于人心"。返回时由太平县入山,从马鼻峪而出,杨树椿返回蒲州,临行,贺瑞麟嘱咐他路过猗氏县杨庄拜访杨起之(名师震)及其徒孙应文(名凤德)。八月,贺瑞麟三哥贺域由粤东归解州,随后赴绛州兄弟团聚。十月朔日,撰《绛州告诸祖文》,"麟读书之志终不

①(清)张元勋. 清麓年谱[A]. 王长坤,刘峰. 贺瑞麟集·附录[M]. 西安:西北大学出版社,2015:1094.

敢废"[①],心志不改。

同治二年,贺瑞麟继续居留绛州,从其学者数人,当时李勉之延请杨树椿教其子,于是贺瑞麟与杨树椿同舍聚讲,名其居舍为丽泽精舍,制定了《丽泽精舍规约》八则,《清麓文集》有载。贺、杨二人校正《小学》《近思录》,加以句读;又汇集读《小学》《近思录》的诸说,由孙应文刊于猗氏。秋八月,贺瑞麟到临晋看望仲兄贺圻。先前贺瑞麟与贺圻一同离乡,当年冬季,其兄贺圻赴临晋访友,暂时客居临晋,在药店行医。将近一年未曾见面,故而前行探望。据《清麓年谱》,三原刘季昭(名质慧)时亦在晋,听闻贺瑞麟抵晋,急来相见,趁机请求刊刻贺瑞麟所辑《养蒙书》,嗣后又刻《复斋录》《四忠集》《朱子纲目》等书,此处所言,似乎刘季昭刻《养蒙书》是在临晋一带。但据《养蒙书十种》贺瑞麟序,"是书……吾乡刘季昭质慧刻于成都"[②]。贺瑞麟随后去看望薛仁斋,经由解州过中条山,刚好在曹庄遇到薛仁斋,然后一同渡过黄河至河南灵宝之雾崖,刚好遭遇雨天,在阎孝先家寄宿了五六天。薛仁斋趁机请贺瑞麟讲《西铭》《太极》,互相赋诗唱和。离开时,阎孝先、任宝三、阎克己等人相送数十里。可见其时薛仁斋讲学于雾崖精舍。当年冬天,任道泰在解州刊刻《养蒙书》,但据《养蒙书十种》贺瑞麟序,"是书山西任生道泰刻于绛州",可能《年谱》所记解州有误。

同治三年二月十八日,贺瑞麟西归。路过杨损斋寓居的杨庄,相见一别,待回到三原后寄书杨损斋曰"杨庄别后,三日行风雨中,五日行泥水中,二十二日抵耀,又二日抵原,凡此苦况,某终无所怨"[③]。可

①(清)贺瑞麟撰. 王长坤,刘峰点校整理. 贺瑞麟集[M]. 西安:西北大学出版社,2015:512.

②(清)贺瑞麟. 养蒙书十种[M]. 光绪三十二年仲春凤翔周正谊堂重刊本.

③(清)张元勋. 清麓年谱[A]. 王长坤,刘峰. 贺瑞麟集·附录[M]. 西安:西北大学出版社,2015:1095.

见归乡心切。但钻研学问始终未曾搁浅，读书、访友、切磋、讲学，在晋南播下了文化的种子。

二、为绛州刊行《弟子规》作序初步理清了该书的由来

同治二年（癸亥，1863），寄居绛州的杨树椿、贺瑞麟参与校订据称绛州乡贤李毓秀所撰《弟子规》一书，大概由杨树椿主持，书成后贺瑞麟作序，杨树椿有跋。由他们主持的丽泽精舍刊印。此书原本今已不知是否尚有存世。光绪初年，山西发生了大旱灾，史称丁戊奇荒。己卯（1879）秋，薛景清赴晋省赈灾，见到了贺瑞麟、杨树椿订正的绛州刊本《弟子规》，他年少时曾从师学过此书，甚为喜爱，“口诵心维，服其立言显豁，深俾童蒙，每一展卷，爱不忍释。”“如获拱璧，慨岁月之已逝，惧根本之未培，执是编而益用兢兢。”[①] 后两年（辛巳，1881），天津编印《津河广仁堂所刻书》，收录了杨树椿校订本《弟子规》，附有薛景清所撰跋语，“光绪辛巳秋，于役津门，爰以是本。商诸恒斋主人，重付剞劂，工竣志之，以告世之读是书者”。《津河广仁堂所刻书》本《弟子规》以杨树椿校订本《弟子规》为底本，书首有贺瑞麟序，书尾有杨树椿跋、薛景清跋，可见贺序、杨跋应照录原书。

《津河广仁堂所刻书》本《弟子规》因收有一序二跋，成为传世《弟子规》的一种重要版本。尤其是贺瑞麟序，提供了从李毓秀《训蒙文》到贾存仁《弟子规》变迁的重要信息。“此书旧相传为绛州李子潜先生作，同治初元来绛，因求先生诸书得见。所谓《训蒙文》者，其义例、语意即此书所本，而视此特详，则又窃疑是书或先生晚年修改，即得徐州刊本，乃知浮山贾存仁木斋重为删订如此，贾之重订，固不能没先生之实，但其明白简要，较便初学，盖为有功于先生者，而改今名亦切

---

①（清）李毓秀．弟子规·跋[M]．津河广仁堂所刻书，光绪七年刻本．

事实,正童稚之脚跟,开圣贤之涂辙,殆与原书无异旨也”[①]。寄居绛州的贺瑞麟先后见到了李毓秀《训蒙文》及徐州刻本《弟子规》,对比后方明晓了《弟子规》系贾存仁改订李毓秀《训蒙文》而成,提出《弟子规》脱胎于《训蒙文》。在《训蒙文》长期存世不详的情况下,这篇序文对于廓清两书的关系提供了重要信息,有助于理清两书及两位作者的功劳所在,有着珍贵的文献价值。当时绛州刊行《弟子规》,贺瑞麟在序中建议把《训蒙文》并刻,认为对世道人心也是有益的,“旧常刻于关中,今复刻于先生之乡,且著其始末,俾读是书者,因木斋不忘先生,而有力者,更能取训蒙文并刻之,即于世道人心益有赖焉!此又余之重有望也。先生名毓秀字采三,康熙年间人,讲程朱之学,著述皆甚正。”[②]

杨树椿在绛州校订《弟子规》时,也曾见到并利用过《训蒙文》,《津河广仁堂所刻书》本《弟子规》之末,杨树椿跋曰“‘道人善’八句,《训蒙文》原文在第三章,属言‘信’之事,适与‘见人善’句法相似,贾本或偶因此而互乱欤!但此八句于‘爱众’之义亦合,姑乃其旧。”[③]

多年以后,贺瑞麟在关中编辑大型丛书《西京清麓丛书》,先后两次收录《弟子规》。其中《西京清麓丛书续编》之《养蒙书九种》,是大丛书中的小丛书,其中第一种收的就是《弟子规》,书末有贺瑞麟所写跋语,“《弟子规》,绛州李子潜先生毓秀著,原名《训蒙文》,浮山贾木斋存仁即其原书修删之,改今名。尝疑‘见人善’以下二十四句皆‘亲仁’事,而误入‘谨信’条内,绛州刻板时朝邑杨仁甫移植‘色不媚’下,细按即续‘百事坏’后,与本文上下语意庶不阻碍。又移‘道人善’八句入

①(清)李毓秀. 弟子规[M]. 津河广仁堂所刻书,光绪七年刻本.

②(清)李毓秀. 弟子规[M]. 津河广仁堂所刻书,光绪七年刻本.

③(清)李毓秀. 弟子规[M]. 津河广仁堂所刻书,光绪七年刻本.

‘谨信’条，恐当时传写之差，未免惑误后学，故略订正。然皆据《训蒙文》原书，非敢僭妄，识者详之。”[①] 可见1863年绛州刻本《弟子规》成书过程中，杨树椿作过改动。

《西京清麓丛书》内容以辑录正学书籍为主旨，两次收录《弟子规》，可知贺瑞麟认为《弟子规》是一部弘扬正学的好教材，且为“极纯正者”。而《养蒙书》所收九种书第一种便是《弟子规》，足见贺瑞麟对《弟子规》启蒙意义的首肯和重视。

三、自编教材《养蒙书九种》最早刊行于绛州

《易》曰“蒙以养正”。贺瑞麟编辑的养正书籍中，有一种名作《养蒙书》，最初收录九种书，故也称为《养蒙书九种》，是一种小丛书，依次收录《弟子规》《教子斋规》《程董学则》《童蒙须知》《训子帖》《白鹿洞揭示》《敬斋箴》《训蒙诗》《性理字训》及《增广性理字训》（后两种合为一种）。其选编原意，“间取古人教童子诸书，而择其极纯正者得九种，窃谓益加亲切。真可以导《小学》之先路。苟由此而进之，亦骎骎乎入圣贤之域不难矣，岂徒革世俗之弊已哉？尝以授从游诸生，而诸生愿锓之木，为之说如此。”[②] 乙丑（1865年），又续补编辑朱熹《感兴诗》，成《养蒙书续编》。贺瑞麟《题养蒙书续编》曰“同治初元，李君勉之有刊布正学诸书之举，而《感兴诗》蔡注本乃借渭南赵君元中，书甫成而遭火，惟此本仅存，今复续刻于《养蒙书》之后。原书并附《棹歌注》，亦仍之。虽其所注不敢谓尽有当于朱子之意，然由此而求之，亦庶乎其不远矣。乙丑十月。”[③] 成为十种书。以《养蒙书九种续编附》或

---

①（清）李毓秀.弟子规[M].《西京清麓丛书续编·养蒙书九种》，同治十二年刻本.

②（清）李毓秀.弟子规[M].《西京清麓丛书续编·养蒙书九种》，同治十二年刻本.

③（清）贺瑞麟撰.王长坤，刘峰点校整理.贺瑞麟集[M].西安：西北大学出版社，2015：6.

《养蒙书十种》为名流传于世。随后收入《西京清麓丛书续编》,有同治十二年刻本。贺瑞麟《养蒙书》是一种小丛书,收录的主要是宋人所撰的童蒙教材,其中《教子斋规》《程董学则》《童蒙须知》《训子帖》《白鹿洞揭示》《敬斋箴》《训蒙诗》《性理字训》为宋人所作,《增广性理字训》为元人所作,只有《弟子规》为清人所作。《养蒙书》是贺瑞麟教授童蒙主张优先使用的教材,他自己在教学实践中反复使用,成为清人编辑的知名蒙书之一。

上述贺瑞麟所作《养蒙书九种》序,署有"同治癸亥重阳三原贺瑞麟甫谨书",同治癸亥即同治二年(1863),九月重阳日,他当时在绛州。而前述贺瑞麟居留绛州期间,癸亥年冬天,山西任道泰曾在绛州刊刻贺瑞麟所辑《养蒙书》,"是书山西任生道泰刻于绛州"。这篇序文正是贺瑞麟在绛州期间为任道泰刊刻《养蒙书九种》所作。贺瑞麟对《养蒙书》寄以较高期望,"家无孝弟,国鲜忠良,此余《养蒙书》所以不容已于辑也""虽不敢自以为是,然皆先儒成书,正恐未能家传而户晓也",此书原是他收徒讲学的讲义教材,或许编成于寄居绛州之前的关中,但不曾刊行,他居绛期间,很可能使用《养蒙书》教授生徒。上述《年谱》所谓"刘季昭来见,季昭名质慧,亦三原人,性情敦谨,无世俗态,富而好义者也。时亦在晋,闻先生至,急来见之,因求刻先生所辑《养蒙书》,嗣又刻《复斋录》《四忠集》《朱子纲目》等书,惜不永年,丙子卒。"[①] 似乎亦在晋的刘季昭应刊刻《养蒙书》在临晋一带。但贺瑞麟却言"诸生既刻板绛州,而吾乡刘君季昭又欲刻于成都",讲的是刘季昭刻于成都。且甲子(1864年)九月又一次提及此前刻于成都,"是书山西任生道泰刻于绛州,吾乡刘君季昭质慧刻于成都,而刘君毓英今

①(清)张元勋.清麓年谱[A].王长坤,刘峰.贺瑞麟集·附录[M].西安:西北大学出版社,2015:1095.

又刻于吾乡……甲子九月既望。”[①]那么大概刘季昭刻《养蒙书》于成都在任道泰刻于绛州之后、刘毓英刻于三原之前。于是乎可以推导出贺瑞麟所辑《养蒙书》极有可能首次刊行正是在贺氏居留绛州期间。任道泰于绛州所刻《养蒙书》是否尚有存世不得而知。既然在绛州刊行,那么此绛州刊本《养蒙书》也算山西刊本,过去未曾注意过。

加上传世的《养蒙书》第一种便为《弟子规》,末有一段跋文曰“右《弟子规》,绛州李子潜先生毓秀著,原名《训蒙文》,浮山贾木斋存仁即其原书修删之,改今名。”前述贺瑞麟居绛期间方明晓了《训蒙文》与《弟子规》的关系。此书跋语已经说明两书递嬗关系。那么传世《养蒙书》刻本肯定成书于贺瑞麟抵绛稍后,这样也可证明传世《养蒙书》首次刊行于绛州。

四、搜求及支持刊行李毓秀著述功劳显著

李毓秀(1647—1729),字子潜,号采三,绛州(今山西省运城市新绛县)名儒,长于“四书”之学,有著述多种。著有《四书正讹》《四书字类释义》《学庸发明》《读大学偶记》《宋儒大文约》《水仙百咏》《训蒙文》及《〈训女三字文〉注》[②]。他生活于文化故里,终身在家乡绛州当塾师,从事教育工作,培养生徒甚众。在当地较为有名,被后人誉为“河东四先生”。李毓秀的著述,多是训蒙的教材讲义,多与四书有关。《中国古籍总目》仅载有《四书字类释义》一种。据笔者所作普查,上述几种除却《学庸发明》《读大学偶记》是否尚有存世情况不明,其余六种均有存世。

---

①(清)贺瑞麟撰. 王长坤,刘峰点校整理. 贺瑞麟集[M]. 西安:西北大学出版社,2015:4.

②(清)王奂曾. 例监李子潜先生墓志铭[A]. 旭华堂文集[M]. 山西省祁县图书馆藏乾隆十六年刻本.

贺瑞麟为《养蒙书》之《弟子规》所作跋语曰“先生名毓秀字采三，康熙年间人，讲程朱之学，著述皆甚正。”李毓秀著述的主旨与贺瑞麟毕生孜孜倡导的正学即程朱理学吻合。居绛期间，他便搜求李毓秀著述，“同治初元来绛，因求先生诸书”；在以前编辑的讲义《养蒙书》中，为源于李毓秀《训蒙文》的《弟子规》新撰了跋语，于绛州首次刊行。回到关中后，贺瑞麟仍不忘收集李毓秀著述，并积极支持其著述刊行流传，或撰写序跋，或亲自参与校订，或收入其编辑的《西京清麓丛书》，为李毓秀著述保存做出了突出贡献。

《水仙百咏》是李毓秀写的100首歌咏水仙的诗歌汇集，用意在于言志，也曾作为教材教授学生使用，教导学生如何持身处事。此书由李毓秀门人阎廷玠手录。传世版本甚少，今有正谊书院光绪庚寅(1890)刻本零星存世。据贺瑞麟撰写《水仙百咏小引》，“子潜先生学本程朱，其所著述类皆纯正笃实，《水仙百咏》又借以明持身处世、崇正黜邪之意，即以此为先生讲学之书也可。向寓绛阳访求未获。光绪戊子友人姚琴南绍虞以此本寄予，丁生树铭爱之甚，醵金镌版，庶学者知先生所学精深，与世之流连一草一木者迥异，岂寻常之吟讽哉！庚寅春三月朔三原贺瑞麟。”[①] 方知贺瑞麟居绛期间搜求未获，25年后其友人姚绍虞将此书转赠，由丁树铭凑资，贺瑞麟在三原主持的正谊书院刊行，贺瑞麟作刊行小序。从而使得这部书得以扩大流传。

明朝李春芳所著《训女三字文》，是一部女教著述。清初李毓秀曾为此书注释，成《训女三字文注》，内容依次分为总起、女道、妇道、母道、总结5部分。清末时《训女三字文注》已经少见流传。贺瑞麟在绛州时，曾搜集到此书，西归时带回三原，大概才流传到三原县。光绪丙

①(清)贺瑞麟撰．王长坤，刘峰点校整理．贺瑞麟集[M]．西安：西北大学出版社，2015：60.

戌(1886),惜阴轩李氏重刻但数量有限,流传不广。戊子(1888)夏,三原刘氏传经堂重加刊印,贺瑞麟作序、写跋。据《训女三字文小引》,“李子潜注释李文定公《训女文》,世不多见。自余从绛阳搜购原板,吾乡始有此书。前岁惜阴轩李氏重刻之,而摹印未广。今传经堂以原版漫漶复锓以行。古今相传《女学》《闺范》诸书固多善本,然理纯词雅句短音谐,尤便幼稚记诵,如此书真不易得,欲正家教女者,岂可以浅近而忽之。光绪戊子夏季复斋贺瑞麟。”书尾跋语曰“子潜先生名毓秀,自号采三,绛州人,康熙间监生。学宗朱子,为其邑党冰壑成门人。生平著述甚多,《四书字义类释》(按,《四书字类释义》之误)、《训蒙文》最切童稚。《训蒙文》,浮山贾木斋存仁重加改定,即今《弟子规》,尤与此书相发云。”[①] 查阅各种古籍书目,明人李春芳所著《训女三字文》均未见著录。正是有了康熙间李毓秀为其注释,成书《训女三字文注》,才使得该书扩大了流传,而《训女三字文注》正是因为贺瑞麟从绛州带回三原,最后由传经堂再次刊行,贺瑞麟撰写序和跋,才得以流传至今。根据笔者的版本普查,现存的数本贺瑞麟《训女三字文注》均是光绪间传经堂刊本。这样方知贺瑞麟居留绛州时搜集及20多年后支持刊行《训女三字文注》的突出贡献,同时因为《训女三字文注》存世,变相也保存了明代女教著述李春芳《训女三字文》原文。

《四书字类释义》是李毓秀所编的一部教授童蒙研读四书的工具书,“绛州李子潜先生取四书中字有实义者类而释之,精确明畅”,内容依次分为理气类、德行类、学问类、善恶类、圣贤类、治教类,各为1卷,共6卷。常见版本是《西京清麓丛书续编》本,即柏经正堂光绪十六年(庚寅,1890)刻本,有贺瑞麟《四书字类释义重刻序》“使朱子见之,叹赏又何如。柏子余刻之家塾,其裨于读四书者岂浅鲜。予故乐为

①(清)贺瑞麟.训女三字文注[M].光绪戊子传经堂刻本.

序之。光绪庚寅季冬望日三原贺瑞麟。”[①]柏经正堂为关中泾阳县书坊，泾阳为三原临县。贺瑞麟既为《四书字类释义》出版作序，又收入《西京清麓丛书续编》。既是对该书价值的认可，又是对其传播的有力助推。

综上可见，绛州名贤李毓秀著述现存者6种，其中3种传世至今均与贺瑞麟有直接关系。《水仙百咏》系贺氏于绛州寻访未得，20余年后友人相赠，由贺瑞麟主持的三原正谊书院刊行，贺瑞麟作序；《训女三字文注》系贺瑞麟居留绛州期间获得带回关中，先有三原李氏惜阴轩刊行，流传未广，后由三原刘氏传经堂重加刊印，贺瑞麟作序跋；《四书字类释义》由三原临县泾阳柏经正堂重刻刊行，贺瑞麟作序，并将该书收入其主编的《西京清麓丛书续编》。贺瑞麟自发对绛州李毓秀著述搜求及支持刊行，使得三种李毓秀著述得以扩大流传乃至保存至今，对李毓秀、绛州文化起到了非常重要的作用，对清代蒙学文献存藏亦是功劳显著。

贺瑞麟是晚清关中地区杰出的理学大家，《行状》称其“关中自横渠以来未之有”。尽管其科举之途不太幸运，但一生中却能多次拒绝关中地区官员举荐出仕为官，毕生致力于研读儒家经典，聚徒讲学、编著，传播正学即程朱理学。经历过“同治中兴”，在中国逐渐融入世界的早期近代化过程中，仍然心存理想，孜孜不倦地全身心致力于传播弘扬程朱理学，培养省内外生徒上万，主持编印大型丛书《西京清麓丛书》，泽被后世，终究成为关中杰出的理学大家，在清末社会转型中依然散放出一丝耀眼的光亮。贺瑞麟在中年居留绛州及随后搜集传播清初绛州名贤李毓秀著述的自觉文化行为，对李毓秀研究、绛州文化及清代蒙学起到了显著的文献存藏作用，有益后代，影响至今。

（发表于《地域文化研究》2019年第6期）

---

①（清）贺瑞麟. 四书字类释义·重刻序[M]. 光绪庚寅柏经正堂刻本.

《弟子规》前身《训蒙文》考析

《弟子规》是清代一部有名的蒙书，也是流传至今杰出的蒙学经典。《弟子规》并非原创之作，它是乾隆年间山西平阳府浮山县学者贾存仁依据康熙年间山西绛州学者李毓秀所撰《训蒙文》压缩、改编而成。关于《弟子规》与《训蒙文》的递嬗关系，《西京清麓丛书续编·养蒙书九种》之《弟子规》跋及《津河广仁堂所刻书》之《弟子规》序跋均有提及[①]，传世数种《弟子规》均署名“绛州李子潜先生原本/元著　浮山贾存仁木斋节订/重订”。由于《弟子规》比《训蒙文》更适合童蒙诵读记忆，以至于《弟子规》越来越流行，而《训蒙文》却逐渐少见流传，甚至认为该书已经亡佚。《中国古籍总目》及《山西文献总目提要》等古籍书目均未著录，足见罕见存世。

据《旭华堂文集》卷十一《例监李子潜先生墓志铭》[②]，李毓秀（1647—1729），字子潜，号采三，绛州名儒，长于“四书”之学，有著述多种。著有《四书字类释义》《四书正讹》《学庸发明》《读大学偶记》《宋儒大文约》《水仙百咏》《训蒙文》。他生活于文化故里绛州，终身在家乡当塾师，从事教育工作，培养生徒甚众。在当地较为有名，被后人誉

①仝建平.《弟子规》新探[A].童蒙文化研究(第三卷)[C].北京：人民出版社，2018：172.

②(清)王奂曾.旭华堂文集[M].山西省祁县图书馆藏乾隆十六年刻本.

为“河东四先生”。关于李毓秀所撰《训蒙文》,雍正《山西通志》卷一七五《经籍》收录《训蒙文》为“字学”类,“李毓秀《训蒙文》一卷、《四书字类释义》六卷”。[①]

关于李毓秀及其《训蒙文》,过去少见研究。由于《训蒙文》未曾现身,在研究《弟子规》的成果里[②],追溯渊源时也仅能提及两书先后的因袭关系,具体的联系与区别不得而知。经过数年的坚持寻访努力,笔者在有关人士帮助下通过旧书拍卖系统终于找到《训蒙文》大部分内容照片[③],证明《训蒙文》尚有传世。现将《训蒙文》大致内容述略如下,以补充学界对该书的陌生及对《弟子规》来源的认识。

一、《训蒙文》的体例及内容编排

目前见到的《训蒙文》有三种,刻本两种、抄本一种。由于仅能见到部分照片,只能就此进行比较和研究。两种刻本文字内容相同,区别是一种李毓秀序在书首,另一种李毓秀序在书尾,大概是重新装订

①(雍正)山西通志[M]. 北京:中华书局,2006:4465.

②刘雅苓. 清代蒙书《弟子规》之析论及对E世代大学生人格建构的七项修炼[D]. 台北:台湾师范大学硕士学位论文,2009;黄灿.《弟子规》研究[D]. 上海:上海师范大学硕士学位论文,2011;于翠玲. 童蒙读物:传播系统中的《弟子规》阅读史[A]. 于翠玲. 印刷文化的传播轨迹[C]. 北京:中国传媒大学出版社,2015:159—186;蓝法典. 经典复兴中的时代反思——论《弟子规》的传播影响及其意义[A]. 颜炳罡,李琳. 国际儒学发展报告(2014—2015)[C]. 济南:山东友谊出版社,2017:97—119;仝建平. 贾存仁与《弟子规》成书[J]. 中国典籍与文化,2016(2);仝建平. 从序跋看《弟子规》的传播和内容系统[J]. 图书馆杂志,2020(8).

③孔夫子旧书网“在线拍卖”区曾出现三种《训蒙文》,其中刻本两种、抄本一种,各为一册。2014年6月成交一册康熙刻本《训蒙文》(http://www.kongfz.cn/14910286),此本现存西安某收藏家手中,李毓秀先生直系后裔李铠曾阅看过此本,李铠先生编印《中华弟子规》(中华龙族文化艺术出版社,2016)收录书影两半叶;2015年1月成交一册康熙刻本《训蒙文》(http://www.kongfz.cn/16776176);2014年6月成交抄本一册《章氏三字经 训蒙文》(http://www.kongfz.cn/14762630)。

所致；书版所刻文字排列略有不同，可见非同一书版。抄本无李毓秀序，“出则弟”首句，刻本“兄与弟　本一气”，抄本作“兄与弟　本一生”；刻本之“《训蒙文》释义”内容与抄本多处不同。

就刻本《训蒙文》而言，书首有李毓秀序，作于康熙壬午(1702)年；正文之首署有“绛州李毓秀述门人阎廷玠阎有光重刊”，既为“重刊”，那么《训蒙文》成书定在1702年之前。书版分为三截，中、下为《训蒙文》正文内容，上为“《训蒙文》释义”。正文，大字，分为总叙、入则孝出则弟、谨而信、泛爱众而亲仁、学文、总结六章或六部分，每章之后有一段小结该章的话，字体比正文变小，由于“入则孝出则弟、谨而信、泛爱众而亲仁”形式上三章，实为“入则孝、出则弟、谨、信、泛爱众、亲仁”六部分，所以小结内容包括本章内容的二级分类及三级分类，如“自‘我有气’至‘酒肉绝’衍孝之事，先说母之恩，见不可不孝也之所以然”，既分类总结，也适当推演，目的帮助使用者理解文意；正文中尚有一些小字注文，处于正文文字正下方，标注音调如“易去声”和读音如“惇音敦”“抗苦浪反”，也有并注“省星上声”。“《训蒙文》释义”，小字注文，与正下方的正文文句基本是一一对应，把正文分段(每段若干句)进行注释，既解释字词义，也适当阐发，也是为了帮助阅读正文理解文意。

从刻本《训蒙文》的形式来看，下文上注，上下对应，便于文化程度较低者阅读使用，属于当时常见的编排形式。

二、《训蒙文》的文句内容[1]

以刻本《训蒙文》为底本，参照每章小结对《训蒙文》文句进行的

---

①文句来源于三种《训蒙文》的部分照片，努力拼合复原而成，由于存在多处文句内容缺损或图片不清晰，本节所录《训蒙文》文句定有错误，请使用者务必注意。录文中，凡是照片文字不清晰处，标作“□”，内容暂时缺损者以标注“(此处缺字不详)”。

适当阐释,并对照通行易见本《弟子规》之相应部分,看看两书的因袭关系。

(一)李毓秀序

《易》曰:“蒙以养正,圣功也。”夫蒙而曰养正,一朝一夕之故哉。所以涵育其良知良能之天者,无庸忘也,亦无庸助也。养而必曰正,其不可以奇邪误也明矣。养正而极之曰圣功,其不可以浅近期也又审矣。虽然语之奥者,非童蒙所与知也。事之巨者,非童蒙所与能也。毓秀不揣暗劣,谨依圣言次第,而取世俗显切条件浸为衍说,敢谓当乎?作圣之旨要于养正之易知者、易能者,或劝或戒,莫有微补。由此而入小学,庶几得导。夫先路焉,若夫义理之谬误、情事之疏阔、字句之俚率,惟高明博雅君子损益裁正,不胜翘企云。康熙壬午莫春之吉绛州李毓秀敬启。

按,李毓秀序指出对童蒙进行养正教育社会意义重大,鉴于童蒙年幼无知,自己所撰《训蒙文》依据圣言次第,选取世俗生活事例,切合童蒙实际,或许对日后升入小学有所助益。《训蒙文》为草创之作,希望后人加以完善。

(二)总叙

天生人,各有命。人受之,是曰性。性即理,初无形。浑然善,莫减增。

富气质,□有间。清浊分,厚薄辨。惟圣等,天为一。中□下,类分失。

物欲蔽,习俗移。苟不教,善白漓。母教先,择恭□。父教继,用义方。

幼骄爱,任意顽。心既野,欲教难。近八岁,□入学。习幼仪,主根脚。

师严正,道□尊。杂名利,童志昏。教□道,问讹师。学之事,己莫辞。

教学方，无他觅。论语编，圣言训。入则孝，出则弟。谨而信，言行制。

泛爱众，而亲仁。有余力，则学文。弟子职，备于斯。为童蒙，衍俚辞。

按，本章认为天命决定人性，人性受气质、物欲、习俗三者牵累，有上中下三等之分。所以教育很重要，教育包括母教、父教、师教。学习全靠自身努力。指出《论语》之“入则孝，出则弟。谨而信。泛爱众，而亲仁。有余力，则学文”是全书的教学大纲，正文以此依次展开叙述。

又，与《弟子规》“总叙”全部相同者仅“泛爱众，而亲仁。有余力，则学文”，基本相同者为“入则孝，出则弟，谨而信”。可见《弟子规》已经非常简化，直奔主题即《论语·学而》“弟子，入则孝，出则弟，泛爱众而亲仁。行有余力，则以学文。”

(三)入则孝出则弟

立人道，曰仁义。言其实，惟孝弟。我有气，本诸父。我有体，成诸母。

时拊畜，时长育。顾复勤，出入腹。父德天，母德地。爱敬心，忍不至。

父母呼，应勿缓。父母命，行勿懒。父母教，语勿抗。父母责，色勿怏。

冬则温，夏则凊。晨则省，昏则定。无私藏，无私取。无擅假，无擅与。

出必告，反必面。居有常，业无变。亲所好，力为致。亲所恶，谨为避。

内养志，外养体。勿俭奢，守法礼。亲有疾，药煎尝。假人手，恐多妨。

遭大故，必诚信。附身棺，莫遗恨。丧三年，常悲咽。不入内，酒肉绝。

丧尽礼，祭尽诚。事死亡，如存生。

兄与弟，本一气。母或殊，父无异。食传器，衣传服。别出游，相追逐。

人誉兄，弟荣生。人辱弟，兄许诺。一体亲，无我汝。内□精，外御侮。

教言道，骨肉怠。财物争，手足轻。兄及弟，式相好。施不报，无相扰。

友为恭，业斯融。宽为忍，怨斯泯。□□□，□□□。长者先，少者后。

长呼人，接声叫。人不应，己即到。称尊长，勿呼名。对尊长，勿见能。

长□□，仰承受。幼进拜，勿左右。路遇长，疾趋揖。明称呼，退拱立。

父之伍，事如父。兄之行，事如兄。侍大人，审应对。谨坐起，严进退。

按，本章首四句言人道最重要的是孝悌。从“我有气”到“如存生”讲“入则孝”，言父母恩重，作为人子，应对父母极尽孝道，从生活日常到生病伺候再到丧葬祭祀。从“兄与弟”到“事如兄”总体讲“出则弟”，言兄弟手足，血脉亲情，要友爱忍让，不计报答，少言财物；其中“□□□，□□□。长者先”到“严进退”实际讲的是如何对待大人长辈，言动要符合礼法，长幼有序。

又，与《弟子规》完全相同的文句有“父母呼，应勿缓。父母命，行勿懒。父母教。父母责”“冬则温，夏则清。晨则省，昏则定。无私藏”

“出必告,反必面。居有常,业无变。亲所好。亲所恶”“亲有疾”“丧三年,常悲咽。酒肉绝。丧尽礼,祭尽诚”“长者先”“长呼人。己即到。称尊长,勿呼名。对尊长,勿见能”“路遇长,疾趋揖。退拱立。”大致相同的有“力为致。谨为避”“药煎尝”“事死亡,如存生”“少者后”“人不应”“事如父。事如兄”。两书对比不难发现,“入则孝出则弟”,《弟子规》因袭《训蒙文》很明显。

(四)谨而信

惇大伦,要守身。守身法,始于勤。朝起早,夜眠迟。光易过,惜此时。

(此处缺字不详) 险勿寻。话过多,(此处缺字不详) 大害作 勤洒扫

(此处缺字不详) 疑以妄 有心失 (此处缺字不详) 过能改,归于无。

倘掩饰,增一辜。

按,目前所能见到的照片,此章文句所知最少。依据章后小结,自首句至“险勿寻”讲“谨”,依次分为起居、日用、衣服、饮食、行动诸项。自“话过多”到“大害作”讲“信”,是从言语上来说。自“勤洒扫”到“疑以妄”单说学堂事宜。

又,与《弟子规》完全相同的文句有“朝起早,夜眠迟。惜此时”“过能改,归于无。倘掩饰,增一辜。”大致相同的是“话过多”。从章后小结归纳“谨”下分起居日用、衣服、饮食、行动四目来分析,《训蒙文》的“谨”与《弟子规》之“谨”近似,“朝起早,夜眠迟……冠必正……对饮食……步从容,立端正……”;小结归纳“信”谓自“勤洒扫”至“疑以妄”单说学堂事宜,对照《弟子规》之“信”,没有类似的文句。那么《弟子规》的“谨”因袭《训蒙文》仍很明显,“信”似乎改动较大。

(五)泛爱众而亲仁

既立身,慎接物。类不齐,无可拂。富遇贫,勿骄矜。贫遇富,勿谄附。

人重我,接以敬。人侮我,谢以正。人不闲,勿事搅。人不安,勿话扰。

□□大,善隆小。殊不同,在不□。行高者,名自高。人所重,非貌高。

才大者,望自大。人所服,非言大。己有能,勿自骄。人有能,勿生忘。

己有长,勿自私。人有长,勿轻訾。与人言,□辞色。言不舍,□缄默。

彼争长,此争轻。非因己,慎莫管。甲谤乙,乙谤甲。无传说,勿回答。

人获短,切莫揭。人蔽私,切莫说。我骂人,人回口。我打人,人回手。

被人骂,自骂口。被人打,自打身。与人物,贵分晓。过宁多,勿或少。

取人物,贵通空。过宁大,勿或争。用人物,须明求。倘暗取,即为偷。

借人物,及时还。后有急,借不难。人不与,莫强取。己所无,莫巧图。

世间物,无穷尽。随□家,当安分。人有恩,不可忘。人有怨,不必偿。

将己心,比人心。己不欲,勿入侵。施爱敬,不见报。反求己,勿过挍。

善人交,入兰室。久不闻,香为一。恶人交,入鲍肆。久不闻,臭无二。

正人意，恒□□。不骂打，即隔膜。邪人意，恒亲□。不教防，即搜矣。

惟德学，惟才艺。不如人，当自励。若衣服，若饮食。不如人，勿生戚。

见人善，急求齐。无则勉，有加倍。见人恶(此处缺字不详)皆无亏。

将适舍，求勿固。将入门，问孰存。将上堂，声必扬。将入户，视必下。

侍婢仆，慈而宽。戒嬉戏，须严端。势服人，有何难。理服人，方无言。

按，自“既立身”到“勿过挍”讲“泛爱众”，依次分为接遇、德才、言动、财物四种情况，主旨是与人交往要以厚道、恕道为主，即便遇到横逆，也要自我反省。自“善人交”到“皆无亏”讲“亲仁”，包括结交不同品类人的得失、广取益、受尽言。出外、御下，皆要慎重，以理服人。

又，与《弟子规》完全相同的文句有，“泛爱众”部分有“人不闲，勿事搅。人不安，勿话扰”“行高者，名自高。人所重，非貌高。才大者，望自大。人所服，非言大”“己有能。人有能。勿自私。勿轻訾”“己不欲”；大致相同的是“勿自骄”。《训蒙文》之“泛爱众”文句“类不齐”，在《弟子规》之“亲仁”部分；《训蒙文》之“泛爱众”文句“用人物，须明求。借人物，及时还。后有急，借不难”，在《弟子规》之“谨”部分。《训蒙文》之“亲仁”文句“惟德学，惟才艺。不如人，当自励。若衣服，若饮食。不如人，勿生戚”“见人善。见人恶”，在《弟子规》之“信”部分；《训蒙文》之“亲仁”文句“将入门，问孰存。将上堂，声必扬”，在《弟子规》之“谨”部分；《训蒙文》之“亲仁”文句“侍婢仆，慈而宽”“势服人。理服人，方无言”，在《弟子规》之“泛爱众”部分。对比后发现，此章为《弟子规》沿用有多句，尤其是《训蒙文》之“亲仁”部分，为《弟子规》沿用更多。

（六）学文

凡伦物，须恰当。圣贤书，具成样。读书法，有三到。心眼口，充为要。

眼头过，口头转。心头运，不相舛。正厥身，对简册。看详缓，读明白。

字勿误。亦勿倒 （此处缺字不详） □□□，功夫足。学之方，功备笔。

文之名，可详叙。列名物，蒙求界。剖性理，字训著。序历代，蒙求读。

详史学，提要纂。正字体，说文读。审字音，等韵熟。累康熙，成字典。

文加详，义加刻。习旧法，观统宗。九数详，名物通。小学编，做人□。

近思录，四子梯。将大学，定规模。次论语，立根栋。次孟子，观茂越。

卒中庸，究微密。古孝经，荀刊读。及六经，详传注。感孝心，惩逸志。

正性情，诗为主。谈事道，道本心。言践事，出理深。天即彰，人事准。

谨节文，理为充。惟仪礼，十七篇。经与传，通解全。惟周礼，具六□。

考工记，补冬残。大小戴，名利□。不公通，家礼备。观□友，访□占。

理与情，易造兼。□乱贼，严笔削。取大义，真秘作。偏事实，左氏详。

公与谷，理为长。经既明，可读史。名资治，通鉴是。纲目书，朱子定。

前后编，广考证。道学统，归宋儒。周与程，张与朱。承学者，多仿佛。

或升堂，或入室。永乐时，类格言。名性理，书大全。说大学，有衍义。

邱氏补，更详备。存文献，有通考。王氏续，宜蒐讨。如骚赋，如诗辞。

如古文，择善治。或投壶，或弹琴。或习射，勿荒淫。学文事，略在然。

欲□览，类而推。□圣书，正美观。（此处缺字不详）

按，本章主要明示童蒙循序渐进的读书书目。从“读书法”到“功夫足”讲读书方法；自“列名物”到“勿荒淫”讲必读书目，依次分类罗列先后读书书名：《小四书》、六书、九数、《小学》、《近思录》、四书、六经、《资治通鉴》、《通鉴纲目》、《性理大全》、《大学衍义》、《文献通考》、《续文献通考》、骚赋、诗辞、古文。

又，与《弟子规》完全相同的文句有“读书法，有三到。心眼口”。本章与《弟子规》之“余力学文”相比对，改动最大，将《训蒙文》所列详细书目全部删除，好处是便于童蒙记忆背诵，但也由此丢掉了一份多年从事私塾教育的学者经过实践提炼出的读书学习书目清单，也有可能贾存仁对此份书单不太认同，或许对初学童蒙有所拔高，不宜采用，塾师可自行选择内容以便童蒙教学使用。

（七）总结

德行本，文艺末。循先后，不疏阔。未敦行，先学文。长浮夸，徒为人。

既敦行，不学文。任己见，昧理真。小子学，是为正。收放心，养德性。

大学基，由此立。格物事，接此入。终朝夕，间□要。省不然，牛与马。

苟能学，无限好。黾勉进，何不早。苟不学，主先败。虑悔迟，宜豫戒。

学之成，教在负。气质化，□□变。皇皇天，日监兹。性有失，罪归谁。

恒言采，琐事集。切日用，资讲习。言易知，事易行。敬勖哉，尔小生。

按，本章总结全篇，重申德行、文艺皆重要，但培养德行、学习文艺要有先后顺序。

又，文句“不学文。任己见，昧理真”，《弟子规》在“余力学文”章，“先学文。长浮夸”，与《弟子规》“余力学文”章“但学文。长浮华”大致相同。尽管《弟子规》没有总结部分，上述《训蒙文》两处文句系来自《弟子规》之“学文”章，仍能看出《弟子规》对《训蒙文》的因袭。

通过比对《训蒙文》六章与《弟子规》五章文句，发现《弟子规》沿用《训蒙文》较明显、较多的是“入则孝”“谨”“泛爱众而亲仁”等部分内容，删除最大的是《训蒙文》之“总叙”“学文”“总结”。从两部蒙书整体来考查，《弟子规》沿袭《训蒙文》是非常明显的，《弟子规》完全脱胎于《训蒙文》，以《训蒙文》为基础作了一定删订改编。

三、《训蒙文》所见李毓秀的蒙学教育主张

李毓秀一生在科举、仕途上没有显要事迹，在家乡绛州一带聚徒讲学，著书立说，培养门生众多，所撰大多是讲义类，如《训蒙文》《四书字类释义》《四书正讹》《宋儒大文约》《水仙百咏》《〈训女三字文〉注》，内中互有关联。其中《训蒙文》为其编撰的训蒙之作，全篇渗透了

他的蒙学教育主张。

（一）德行优先，教学内容要循序渐进

《训蒙文》以圣言即《论语》之“入则孝，出则弟。谨而信。泛爱众，而亲仁。有余力，则学文”为全书的教学大纲，并作为章名，依次先后叙述。认为人性源自天命，人性有不同层面，需要父母、老师教育培养。德行为培养童蒙首要任务，德行以孝敬父母、友爱兄弟、恭敬长辈为先，与外人相处要讲求谨慎、诚信，接遇他人要广施兼爱，但终归还是尽量亲近仁者。先养成良好的品行，再认真读书，学习文献典籍。具体而言，先学“小四书”（《名物蒙求》《性理字训》《史学提要》等），再“六书”类（《说文》《等韵》《康熙字典》），再“九数”（《算法统宗》）；其次“四书”类（《小学》《近思录》《大学》《论语》《孟子》《中庸》）；再次“六经”类（《孝经》、《诗经》、《仪礼》、《周礼》、大小戴《礼记》、《考工记》、《家礼》、《易经》、《春秋》三传）；再次“史书”类（《资治通鉴》、朱子《通鉴纲目》）；再次宋明诸儒“道学”类（周敦颐、二程、张载、朱熹，“格言”《性理大全》、《大学衍义》、《大学衍义补》）；再次“典故”类（《文献通考》《续文献通考》）；再次“诗文”类（《离骚》、赋、诗辞、古文）。最后可以练习投壶、弹琴、射箭诸艺。

教育童蒙先要培养德行，这是根脚基础，然后再学习阅读文献典籍，最后是习学诸项技艺。学习的文献典籍也要有先后次序：小四书、六书、九数、四书、六经、史书、宋儒道学、诗辞文赋。同时强调培养德行和学文尽管应有先后，但不可偏废。这些教授童蒙的主张，来源于李毓秀的教学实践，浓缩了他的蒙学幼教理念，对同时代及后代的童蒙教育者很有启发、助益，贾存仁就是在《训蒙文》的基础上删订而成《弟子规》的，同治年间关中学者贺瑞麟对该书大加赞赏，清代民国广为印行的《弟子规》独署其名也是对其首创之功的默认。

(二)四书是蒙学文教的重心,程朱理学是蒙学文教的主旨

《训蒙文》以圣言“入则孝,出则弟。谨而信。泛爱众,而亲仁。有余力,则学文”为全书的教学大纲,作为章名依次讲授,主张德行优先,随后的学文教育中,更是凸显四书是教育内容的重心所在,如首先是便于记诵的小四书;然后是识字根基的六书;然后是《小学》《近思录》,这两书是学习四书的入门书;然后是先后有序的四书(《大学》《论语》《孟子》《中庸》);然后是六经;然后是《家礼》《通鉴纲目》《性理大全》《大学衍义》及《补》。李毓秀多年致力于四书,因而长于四书之学,著述几乎均与四书密切相关。在《训蒙文》的“学文”章,李毓秀把四书列为重点内容,他的专长与提倡相吻合,彰显了《训蒙文》文教的重心在于四书。四书定名于宋代,朱子功劳甚大,亦称小经,于是四书五经成为中国儒家经典的代名词。

上列学文的文献典籍,绝大多数与朱子、理学有关。《训蒙文》从自序到总结处屡次言及的“正”“养正”,就是儒家一以贯之倡导的伦理道德,在李毓秀生活的清代前期,就是主流思想——程朱理学倡导的道德观,就是时言所称的“正学”。程朱理学终究属于儒学,与儒家创始人孔子《论语》中所言“弟子入则孝,出则弟。谨而信。泛爱众,而亲仁。有余力,则学文”是吻合适应的。加上,宋代以来的《四书章句集注》是程朱理学的重要表达。程朱理学是《训蒙文》学文教育的主旨。既然《训蒙文》主张德育优先,李毓秀所言就是要用生活日常、琐事细节来践行儒家倡导的居家在外、待人接物应遵循的伦理道德,那么放大来看,程朱理学是《训蒙文》贯穿全篇的蒙学教育主旨大概也能说得过去。

四、《训蒙文》的后代接受

李毓秀《训蒙文》最晚成书于 1702 年，依本文所据刻本照片所

见,由李毓秀述、二位门人重刊,内容相当齐整,有序言、总叙、总结,每段有注解、阐释,每章有小结,文字有音注、标声调。从始创到定型,想必经历多次修改打磨。整体内容三字一句,两句一对,数句一段落,若干段落一章,逻辑缜密,排列有序,层层推进,方便记忆背诵,便于落实践行。这是一部优秀的蒙学教材。李毓秀去世不久成书的雍正《山西通志》,已经载有"李毓秀《训蒙文》一卷、《四书字类释义》六卷",可见,编撰者认同《训蒙文》是李毓秀的代表之作。

同治年间,关中学者贺瑞麟居留绛州,见到《训蒙文》和《弟子规》,评价道"贾之重订,固不能没先生之实……殆与原书无异旨也"①,肯定褒扬了李毓秀《训蒙文》的开创之功,后来贺瑞麟在关中刊印《弟子规》,收入《养蒙书九种》,书尾跋语曰"故略订正。然皆据《训蒙文》原书,非敢僭妄"②,仍可看出对《训蒙文》的重视。只是贺瑞麟当时广刊"正学"诸书,《西京清麓丛书》两次收录《弟子规》,却未把《训蒙文》收录刊行,甚为遗憾。

正如李毓秀所言,《训蒙文》为初创,期待后来博雅君子修订完善。这部书,是李毓秀依据自身的蒙学教育实践创作出来的,门人的重刊也是为了扩大影响、增加流传,既供李毓秀及其门徒使用,也提供给众多基层塾师教授童蒙选择。李毓秀身后数十年,晋南的另一位学者贾存仁见到该书、选择了该书并做了较大幅度修改,他也是长期以塾师为业,长于音韵之学,于是以《训蒙文》为基础,沿用其体例框架,遵循其精神主旨,部分采用其文句,最后删订完成,并更改书名为《弟子规》,当时极有可能署名李子潜第一、贾存仁第二。正如贺瑞麟所言"所谓《训蒙文》者,其义例、语意即此书所本,而视此特详……得

①(清)李毓秀. 弟子规[M]. 津河广仁堂所刻书,光绪七年刻本.

②(清)李毓秀. 弟子规[M].《西京清麓丛书续编·养蒙书九种》,同治十二年刻本.

徐州刊本，乃知浮山贾存仁木斋重为删订如此，贾之重订，固不能没先生之实，但其明白简要，较便初学，盖为有功于先生者，而改今名亦切事实，正童稚之脚跟，开圣贤之涂辙，殆与原书无异旨也”①。《弟子规》系删订《训蒙文》而成。

对比《弟子规》与《训蒙文》，不难看出，《弟子规》更为简约，尤其是删除了《训蒙文》“学文”章所列的详细书单，贾存仁有音韵专长，修订而成的《弟子规》尤为便于诵读记忆。从教授童蒙而言，首要任务是培育其德行，《弟子规》无疑更为适宜。于是乎在两书并行流传后，《训蒙文》逐渐湮没，但《弟子规》却越来越流行，最终成为蒙学经典、著名的传统文化典籍。但流传的《弟子规》绝大多数单独署名“绛州李子潜”，只有少数署名李子潜第一、贾存仁第二，正是对李毓秀及其《训蒙文》变相的广为接受。《弟子规》继承了《训蒙文》的外在形式

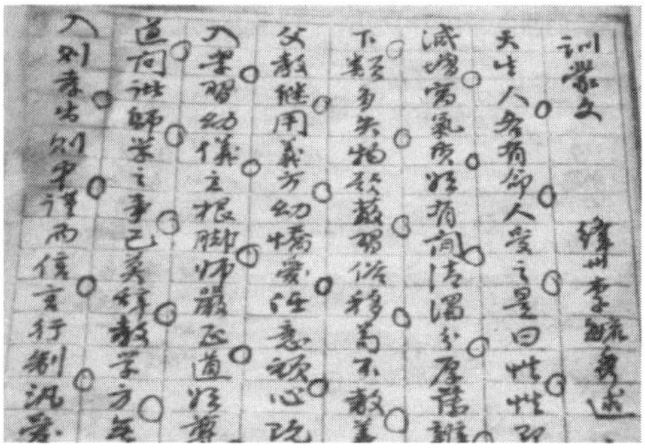

抄本《训蒙文》书影

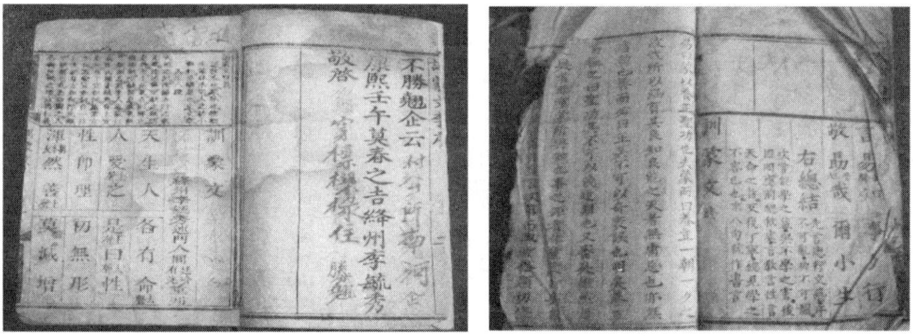

康熙刻本《训蒙文》书影

①(清)李毓秀. 弟子规[M]. 津河广仁堂所刻书，光绪七年刻本.

和内在主旨，其书名、体例、文句内容、教育核心理念是无法逾越《训蒙文》的，所以说贾存仁把《弟子规》署列两人姓名字号是有道理的。没有《训蒙文》就不可能有《弟子规》，但忽略贾存仁的改订之功也是不妥当的，没有贾存仁也不会有今本《弟子规》问世。尽管《训蒙文》流传渐少，以致今人曾长期认为该书已经散亡无存，但传世的《弟子规》正是《训蒙文》的华丽变身。晚清民国以来，伴随着《弟子规》的风行，《训蒙文》逐渐淡出人们的视线，但这仅仅是从书籍流变的表面层次上来说；从教授童蒙的角度而言，《训蒙文》仍在通过《弟子规》变相为社会大众广为接受。随着《训蒙文》再次现身，它的教育功能、文献价值必定能为社会重新评估，《训蒙文》这部湮没多年的蒙学典籍必将再度释放光彩。

（刊登于《中国经学》第 28 辑，广西师范大学出版社，2021 年）

《儒家〈弟子规〉义理探寻》序

《弟子规》是清代出现的一部蒙学读物，也叫蒙书。通行版本为三字一句、两句一韵，共计 360 句、1080 字。依据《论语·学而篇》中的“弟子入则孝，出则悌，谨而信，泛爱众，而亲仁。行有余力，则以学文”为总纲，内容编排，大多依次分为“总叙；入则孝，出则悌；谨而信；泛爱众，而亲仁；行有余力，则以学文”五部分，实为“总叙；入则孝；出则悌；谨；信；泛爱众；亲仁；余力学文”八部分，有的人称为八章。此书主旨是教导童蒙居家、外出、待人、接物、求学诸方面应遵循的礼仪规范和行为准则，是对儒家伦理道德的简易化宣扬。

《弟子规》脱胎于《训蒙文》。《训蒙文》是清初康熙年间山西绛州（今运城市新绛县）知名学者李毓秀（1647—1729）编撰的一部蒙书，至晚成书于康熙四十一年（1702）。此书罕见流传，正文约有 1800 字，也是三字一句、两句一韵。雍正年间已有一定知名度。乾隆年间，山西平阳府浮山县（今临汾市浮山县）知名学者贾存仁（1724—1784）将《训蒙文》内容适当压缩，改编文句押韵，并更改书名为《弟子规》，传世的《弟子规》正是贾存仁改订本。现今所知《弟子规》承用《训蒙文》有 350 字。《弟子规》大概自清代后期以来逐渐流行，清末民国广为流传，成为一部杰出的蒙学典籍。

《弟子规》流行以来，由于更便于践行，加上押韵优于《训蒙文》，以致流传广泛，而《训蒙文》逐渐湮没无闻，被淘汰出局。但后世编印流传的《弟子规》作者几乎只署“绛州李子潜”（李毓秀字子潜），目前知道仅有少数几种同时署有“贾存仁”，排名在李子潜之后，尚未发现单独署名“贾存仁”者。究竟是古人公认李毓秀的原创之功显著，还是图省事省略了改订者姓名，不得而知。但从收集到的一些《弟子规》序跋可知，贾存仁改订功劳甚大。比如光绪七年（1881）津河广仁堂所刊《弟子规》，书首载有同治二年（1863）三原（今陕西省咸阳市三原县）人贺瑞麟（1824—1893）所作序，“此书旧相传为绛州李子潜先生作，同治初元来绛，因求先生诸书得见。所谓《训蒙文》者，其义例、语意即此书所本，而视此特详，则又窃疑是书或先生晚年修改，即得徐州刊本，乃知浮山贾存仁木斋重为删订如此，贾之重订，固不能没先生之实，但其明白简要，较便初学，盖为有功于先生者，而改今名亦切事实，正童稚之脚跟，开圣贤之涂辙，殆与原书无异旨也”。但无论如何，没有贾存仁改订就不会有流传至今的《弟子规》，就连书名《弟子规》也是贾存仁新取的。所以说忽视贾存仁的改订之功是万万不应该的，他至少是《弟子规》的作者之一。2008 年，贾存仁的墓志从浮山县佐村出土，2012 年得到确认，他的生平经历逐渐为人知晓。

过去研究《弟子规》者，不多关注作者和成书过程。现在随着资料的增加，结合李毓秀和贾存仁的生平经历、学术专长，考察从《训蒙文》到《弟子规》的传承和嬗变，对于深入认识《弟子规》有积极意义。但围绕《弟子规》的作者，李毓秀和贾存仁的家乡新绛县和浮山县也在悄然争执，尽管都承认对方的功劳，但内心实质是排他的。我的态度是不能感情用事，要用事实说话。两县联手，共同推进《弟子规》文化研究，才是有前途的出路。

作为一部宣讲道德伦理的蒙书，又是正式入学前的启蒙读物，《弟子规》从清代后期以来越来越流行，民国时也广为流传。成为仅次于《三字经》的著名蒙书。1949 年以来，流传及影响有所衰落，但“文化大革命”后期也曾遭到广为批判。最近的十余年间，《弟子规》在中国甚为火热,研究者认为源于中国台湾地区学者的广为提倡。主体是少年儿童,进家庭,进校园、进课堂,到处诵读,童声朗朗;甚至领导干部、企业员工、犯罪服刑人员也被要求记诵、践行《弟子规》,领导向其学管理,员工向其学经验,犯罪服刑人员向其学德行,于是乎成为中国近期最为火热的传统蒙书。出版的《弟子规》书籍很多,图文并茂,注音、释义,全文白话翻译,也适当阐发。这些书籍,有学者解读的,如钱文忠;也有高僧大德宣讲的;更多的却是民间的文化人士,其中多是传统文化爱好者、提倡者、践行者编著。也有系列文化用品,如连环画、宣传画、扑克牌、扇面、竹板戒尺、笔记本。安徽还曾成立以传播和践行《弟子规》为主题的庐江文化教育中心。甚至寺院也散发《弟子规》以教化人心。当下广为流传之余,也出现了一些质疑和批判,比较代表的是《〈弟子规〉的传播是场骗局》,认为《弟子规》过去影响很小。

《弟子规》在清末民国甚为流行,影响很大。近十年来在中国大陆异常流行,同时也是争议最大的一部蒙学读物。研究者、传播者、质疑者可以见仁见智,讨论有助于认识该书的特质,也反证出该书具有较强的社会教化功能。大概是社会转型发展过程中出现道德滑坡,而适合时代要求的新道德又一时构建不起来,于是人们把寻求的目光伸向从前,作为传统伦理道德教育的蒙书《弟子规》恰恰能适应这种需要、弥补这种空缺,《弟子规》再度流行,直至达成火热程度。突破了"蒙以养正",不仅教育少年儿童,甚至被奉为成人首选的行为规范教科书。

我大概从四年前开始接触贾存仁墓志,由此介入《弟子规》研究,初步研究过贾存仁、李毓秀及《弟子规》的成书与流传;对《弟子规》内容文字及社会教化功能,现在研究成果多有,我未曾下过功夫。贾存仁、李毓秀都是清前期山西晋南学者,他们的家乡浮山、新绛乃至晋南,今天当地的文化人对《弟子规》有着较深的情感。浮山县有一支老干部研究队伍，与我的工作单位山西师范大学合作组建了《弟子规》与传统美德研究中心；新绛县建立过李毓秀研究办公室，退职的文化局局长刘保民先生牵头，召开过全国性的《弟子规》研讨会，成立了李毓秀书画院，复建了李毓秀墓园，联合在各地工作的新绛文化人及李毓秀后人，在《弟子规》研究中做过许多扎实工作，功不可没。

我在开展《弟子规》研究中，收集了一些研究资料。无意中获悉临汾学院的乔五星老师写过《弟子规》文章，后来听说在浮山县电视台录过《弟子规》讲座，但未曾谋面。大概半个月前，乔老师短信约请我为他的书稿写个序，我没有犹豫就答应了。四五天后，乔老师送来了书稿，介绍了自己这些年对《弟子规》的研究和一些想法，才知道他研究《弟子规》已有数年，在临汾当地搞过许多场公益讲座，可谓认真之人。

乔五星和任亚平两位老师的书《儒家〈弟子规〉义理探寻》，分为前后两编，上编是下编阐发《弟子规》义理的文献基础，将360句内容进行了3种层面的分类，先将内容称为360句口诀，分作总叙（8句）、入则孝（56句）、出则悌（44句）、谨（68句）、信（60句）、泛爱众（60句）、亲仁（16句）、余力学文（44句）、立志（4句）九类；又列为113件事，依次分为孝（24件）、悌（13件）、谨（24件）、信（15件）、爱众（21件）、亲仁（4件）、学文（12件）7类；再从探寻义理角度，按8章进行分段，依次为入则孝章（14段）、出则悌章（3段）、谨章（7段）、信章（3段）、泛爱众章（3段）、亲仁（2段）、余力学文章（7段）、立志章（2段）。下编是全书的重点，按释题、总叙、入则孝、出则悌、谨、信、泛爱众、亲仁、余力学文、立志共分10章，下分90细目进行义理阐发，未曾解释字义文意，不对文句进行白话翻译，全是作者的理解，多处引用典故、故事，掺杂儒家经典、佛经、善书，还引用社会主义核心价值观，纲举目张，前后贯通，表达出两位释义者对《弟子规》文本内容分类的视角及其教化功能的自我解读。

《弟子规》改订《训蒙文》而成，其成书还参考过数种典籍，如《论语》《礼记》《童蒙须知》，可能还有其他，学者已有过较详尽的研究。既然部分文句抄录或摘录自他书，我想解读《弟子规》首先应充分理解文句的本意，大概再恰当不过。《儒家〈弟子规〉义理探寻》一书在阐发义理时本来也该这样，但本书并未真正达到如此。比如解释“亲仁”为“要求自己成长为一个有道德人”似乎严重脱离本意，以往解释为“亲近仁者”应准确合理。前言认为《弟子规》成书于1782—1784年之间，根据我的研究，似乎没有材料依据；认为《弟子规》并非仅限于蒙书，也有些武断，《训蒙文》和《弟子规》都是蒙书毫无疑问，大概在进入小学（8虚岁）之前使用，达到“蒙以养正，圣功也”的功效，从清代民国印行《弟子规》的序跋可以清晰看出，加之此书多收入《养蒙书》《童蒙必读书》也是例证，当然古人也可以在8岁以后再学《弟子规》，不能机械地、绝对化理解这个问题。另外，李毓秀长于四书之学，贾存仁潜心于宋五子之学，《弟子规》宣扬的是儒家伦理道德，不要把它和佛经硬行掺杂在一起。

《儒家〈弟子规〉义理探寻》是两位老师多年潜心《弟子规》及国学经典研究的成果，是他们认识到《弟子规》当代价值后自觉的文化行为，希望教人言行有度、家庭和睦、社会和谐，出发点是好的，目的也是美好的。追求美善是构建和谐家国的必然要求，有助于实现美丽中国，接续传统，在创新中发展。

以上所言是我近四年对《弟子规》研究的一些观察和思考。借《儒家〈弟子规〉义理探寻》出版与作者、读者分享。该书的价值，读者可以自行评判。衷心希望两位老师进一步充分借鉴已有研究成果，在《弟子规》研究方面再出新成果。

（乔五星、任亚平著《儒家〈弟子规〉义理探寻》，山西教育出版社，2019年）

书评

山西历史地理研究的大视野与小视野

——从“大晋学”与“介休历史乡土地理”研究说起

山西地理形势特殊，向称“表里山河”，四边有大山、大河、长城环绕，地处中原农耕区和北方游牧区的过渡衔接地带。这种区域环境，使得山西在农业文明时代一直具有重要地位。清人顾祖禹《读史方舆纪要》曾对山西区位形势给予高度评价。1981 年，著名历史地理学家谭其骧在山西大学的演讲稿《山西在国史上的重要地位》正式发表，成为现代学者评价山西历史地位的一把标尺。改革开放以来的 40 年尤其是最近 20 年间，山西境域因历史文化积淀厚重、地上地下遗存丰富备受海内外学者青睐，开展文物考古、田野调查、收集地方文献，山西区域历史研究受到前所未有的关注，在省内外学者大量扎实成果的支撑下，新的“晋学”破土而出。在山西区域历史学术研究整体推进的过程中，沪上晋籍学者安介生是其中贡献杰出的一位。安教授是有名的历史地理学研究中年专家，成果以移民史、历史民族地理、山西地方史最为集中。在山西地方史研究方面，已经出版过《山西票商》《山西移民史》《历史地理与山西地方史新探》《介休历史乡土地理研究》等书籍，发表论文几十篇，对山西移民史、山陕共同体、历史地位、晋学、晋商、介子推与寒食节、明代藩府人口土地等等问题进行过深入且皆有独到的研究。早在 13 年前，葛剑雄教授在书序中就说过，

“他对山西历史地理和地方史的研究，足以与该领域的一流学者比肩”,“论文中差不多一半与山西有关”。2020年年初,商务印书馆出版了山西大学中国社会史研究中心编辑的《田野·社会丛书》第三辑共6册,安教授的论文集《表里山河:山西区域历史地理研究》就是其中之一。该书收录了17篇文章、1篇研究性书评、1篇辑校说明,内容分为5个板块,主要包括晋学研究“区位论”、山西历史地位、唐代河东地位、介休地区山川结构与县治选择、李希霍芬山西考察、民国山西救灾立法、晋中田契“契尾”、《退想斋日记》所见晋中岁时风俗与节庆文化、介子推历史与寒食节风俗演变、张穆《魏延昌地形志》,几乎都是与山西区域历史地理相关的研究成果。

本书中所论及的山西区域历史地理问题，不少学者也有过研究讨论,但安教授的文章充分利用其研究历史地理、民族地理、移民史的专长,以扎实的文献梳理考辨为基础,充分结合时空,通过划分不同时段、文化亚区,凸显历史发展主题,形成对山西历史核心问题、历史地位的新认识，在个案研究推进与整体研究提升两方面对山西区域历史研究贡献突出,代表了晋学研究的较高水平。

“晋学”是21世纪之交伴随着地域文化研究升温而提出的概念,成为地方学诸如徽学、楚学之一种。山西本地学者李元庆、张有智曾多加探讨,出版了《晋学初集》《晋学探微》等书籍,主张“晋学”应由“三晋之学”向山西历史文化实现华丽转身。如李元庆先生认为晋学即晋文化学,其研究客体是山西历史文化,时段从180万年前至今,可以分为三个历史层面:春秋战国晋文化历史发展、之前晋文化的历史渊源、秦汉以后晋文化的历史延续和流变;指出山西历史文化发展存在地区差异,形成山西南部包括临汾、运城、长治三大盆地的中原古文化区(华夏民族农耕文化区)和山西北部包括太原(晋中)、忻定、大同三大盆地的北方古文化区(戎狄民族游牧文化区)。安教授则是山西省外学者疾呼构建“晋学”的第一人，先后发表《晋学研究之“三部论”》《晋学研究之“区位论”》，大力提倡将“小晋学”扩展为“大晋学”。其“三部论”主张晋学研究体系应划分为三个时段，即先秦时期三晋文化研究、秦汉至宋元时期并州区域研究、明清以来山西社会研究；三个时段各有其重点研究对象，如先秦时期的核心课题是华夏文明与山西地区自然地理环境的密切关系、山西区域内华夏民族和其他民族的密切关联、区域内五大亚区的差异与不同发展特征等，秦汉至宋元时期应侧重民族迁移与民族发展中并州的区域地位与影响，明清以来山西社会研究应优先关注移民运动和山西商人群体势力。“区位论”认为山西因地处华夏文明的发源地、农牧交错带、支撑中原王朝延续和发展的“金三角地带”，从而具有特殊的区位价值，山西区域整合经历过并州、河东、山西三个阶段，历史时期山西的区位价值是通过其五个亚区即河东(晋西南)区、上党(晋东南)区、晋中区、吕梁区、雁北及忻代区的区位价值体现出来的。李元庆先生的晋学建构主张以春秋战国晋文化为关注出发点，前后延伸即“源”和“流”，纵向成为三段，开展宏观、中观、微观研究，带有一定哲学性思考。安教授主张建构的晋学研究立足山西历史发展实际，凸显整体区域与亚区在不同时段历史发展中形成的核心问题，充分结合了时段、地域、历史实际，与其他学者大多划分时段却主题不太明确、区分亚区却不再划分时段形成鲜明区别，形成现阶段对晋学研究高水平的深入思考，对推进晋学研究带有一定指向。尤其如潞氏之国曾经成为赤狄族群之盟主，单独划分吕梁亚区且指出吕梁区深受西北边塞文化影响是前此少见的观点，以往山西学者划分山西文化亚区往往把吕梁区并入晋中(太原)区，即是忽略了吕梁区的地缘特殊性；指出民族分布、民族移动、民族融合、移民活动对山西历史发展的重要影响，凸显了民族迁徙、移民活动对山西农牧交错区的非凡作用。均超越前人且启迪后人。但划分亚区也要适当关照自然地理区域与行政区域的交错，尤其是政区衔接地带的文化归属，不妨参照研究山西方言学者的做法把五大亚区所辖县市略加划分，尤其是吕梁区与河东区、晋中区的区分，另外吕梁区南北之间存在着明显的文化差异也是值得注意的。

介子推历史与文化及寒食节起源是山西区域文化研究的一个重要课题。关于介子推归隐地有翼城绵山、万荣孤山、介休绵山三种说法，各有史志文献依据，尤其是介休说在民间文化影响最大。持翼城绵山说的有清代著名学者顾炎武、当代考古学者田建文，万荣孤山说的有民国知名学者卫聚贤、当代山西学者艾斐。多数学者认为，晋文公时代，晋国疆域北向未能越过霍山，今介休灵石一带为狄人活动地区，介子推不大可能背负老母逃隐介休绵山，讲绵山与介子推的关联大概为后代演绎成的文化现象。安教授所撰《寒食节缘起与介休乡土地理新论》《介子推"焚死"故事与先秦田猎制度》《"禁火""改火"与历史时期寒食节风俗之演变》3 篇文章，对与介子推隐居地、晋文公封山相关的绵上和介山做了迄今为止最为详尽的文献梳理，认为介子推随从重耳流亡过程中曾多年居留霍山以北的狄人地区，从而熟悉该地风土人情，其随后隐居于绵上（今介休绵山一带）"有着较为充分的理据，完全否认是不可取的"。但文献所记晋文公"环绵上山中而封之"，既然介休绵山当时不为晋国疆域，晋文公将此处封给介子推似乎不大可能，介子推文化随着晋国疆域扩张越过灵石口，传到介休一带，正如卫聚贤所谓"汉时无言子推地为界休者，至晋时犹分两派"。寒食节作为一种文化现象，其起源与流变，正如安教授所言"寒食节如何起源、如何形成，是一个问题；而后世人如何选择、如何传承寒食节文化，则是另外一个问题"。抛开介子推究竟隐居于何地，抛开寒食节究竟如何起源，民众长期普遍认同的介子推归隐介休绵山，寒食节与介子推焚死关系密切，太原盆地是寒食节文化传承的典型区域，于是乎介休成为“中国寒食清明文化之乡”是完全成立的。这些论断足见安教授对介子推与寒食节文化现象的精准把握。另外,翼城绵山与介子推的关联目前能找到最早的文献是明成化十八年《重修介先生祠碑记》所记“延祐元年重修”,现存最早的县志是明嘉靖《翼乘》,其中提到的覆釜山,乡人俗称“小绵山”,这或许已是后起的说法,那么与“小绵山”相对应的理应有“(大)绵山”,不知究竟是指晋南某处的绵山抑或是介休绵山,这点也值得研究介子推和绵山者注意。

《表里山河:山西区域历史地理研究》一书中对晋学建构的思考,代表了安教授对山西区域历史地理研究的大视野,拉长视域看山西;对介休与介子推、寒食节的密切关联,以及介休地区山川结构与县治选择的研究,代表了他对山西区域历史地理研究的小视野,聚焦视域看山西。整体与亚区兼顾,大视野与小视野皆具,体现出安教授对山西区域历史地理的精深探索。

安教授关于山西地方史研究的几本书及几十篇论文,源于他对家乡山西厚重文化的由衷热爱,代表了他对山西区域文化的专题深入及总体思考。关于并州、河东、山西名称之先后整合,“大晋学”之“区位论”和“三部论”,历史地看待五大文化亚区,多是发前人之未发,代表了21世纪以来山西地方史研究的新水平,对山西区域研究有着重要的启发作用,对建构晋学功劳显著。《表里山河:山西区域历史地理研究》出版,值得所有关注山西历史地理、区域文化者学习参考,可喜可贺。

(发表于《学术评论》2020年第8期)

晋城建市 20 余年历史的全面写照

——《晋城市志》(1985—2008)读后

晋城古为泽州,地处晋东南、太行山南段,太行、太岳、中条三山于此交会。历史悠久,人文荟萃,生态环境较优,矿产资源丰富。史传炎帝神农氏曾在此活动过,留下多处文化遗迹;战国时秦赵长平之战声名远播,令人生畏;唐代成为拱卫京师、遏制强藩的战略要地;宋金元时,地方信仰发展迅速,广建寺庙宫观,现今保存数十处相对较为完整的宋金元木构建筑,加上内设的彩塑、壁画、戏台及碑碣,成为全中国该时期木构建筑遗留最为集中的地区,令海内外学人顶礼膜拜;明清时,煤铁冶铸、蚕桑纺织较为发达,泽商盛极一时,产品行销海内外,颇有声誉;抗日战争时期,这里曾是太岳区、太行区的重要组成部分,书写了晋冀鲁豫根据地的不朽篇章;解放战争后期,一大批晋城儿女南下八闽大地,为福建新政府组建及革命建设作出了卓越贡献;新中国时期,晋城因煤炭资源富厚成为重要的能源供给地,支援晋豫两省生产建设。原隶属晋东南地区,1985 年设立地级晋城市,现辖城区、泽州县、高平市、沁水县、阳城县、陵川县 6 县(市、区)。

晋城的地方文化研究和史志工作一直走在全省前列。市三晋文化研究会出版的《年鉴》最为厚重,整理出版晋城历史名人文集几十种,为全省最突出者,《三晋石刻大全》丛书的晋城六县(市、区)最先全部出版。《晋城历史文化丛书》和《晋城文物通览》展现了晋城丰厚的历史文化和文物遗迹。雍正《泽州府志》线装排印本和点校整理本、万历《泽州志》先后问世，一轮志的六县（市、区）志书均已正式出版，《晋城市志》和《晋城市志》续编集中展现晋城全貌，部门、专业志及地情资料书编纂近百种，蔚为大观。

1999 年，历时 3 年编修，一轮志系列的《晋城市志》由中华书局出版发行，16 开，精装 3 册，40 卷 370 多万字，详今略古，依照志书基本体例，记述了晋城 6 县（市、区）从有史以来至 1996 年底的地情史实，成为第一部集中展现晋城新中国时期市情市貌的鸿篇巨著，改写了晋城自雍正《泽州府志》以来 260 年间再未编修全区志的历史。2011 年 7 月，历时 4 年编修审定，二轮志系列的《晋城市志》续编由中华书局出版发行，16 开，精装 3 册，42 卷 330 万字，记事始于晋城设立地级市的 1985 年，下限 2008 年底，体大思精，内容全面，成为晋城建市 20 余年来历史的真实写照。

与 1999 版的《晋城市志》（以下简称“前志”）相比，《晋城市志》续编（以下简称“后志”）具有如下特点：

第一，编撰体例基本相沿，体现了两书的一脉相承。

结合内容，前志与后志编撰体例大致均为卷首（综述、市情数据表）、大事记（大事编年、要事本末）、建置沿革、地理自然、县区概况、人口、城乡建设、环境保护、交通、邮电、经济综述、工业、乡镇企业、农业、林业、水利、商贸、财税、金融、经济管理、党派（中国共产党、民主党派）、群众团体、政务、政法（公安、检查、审判、司法行政）、民政、军事、教育、科技、文化、出版广电、文物、卫生、体育、民情风俗、人物、艺文、图表索引等。两书编撰体例基本相沿，体现了一脉相承、前后相继。

后志记事绝大部分内容都严格遵循始于 1985 年。两书尽管卷目相同，但后志大多是 1985 年晋城设立地级市以来的新市情市貌，如

“民情风俗”卷的“生活习俗”，增加了世纪之交西餐、洋快餐流行，春节全家在酒楼饭店聚餐，染发焗油者渐多，拆平房盖楼房，大酒店门柱的对联，反映了新时代居民在“饮食”“服饰”“居住”“酒俗”方面的新变化；“居民生活变化”节，更是以理财方式转变、健身意识增强、旅游成为时尚、种花养鱼增多、私车迅速增加、城乡电话普及、电脑越来越多凸显了世纪之交民众的生活时尚。

第二，后志单独设置卷目和增加内容，体现了与时俱进的特色。

前志“旅游”与商贸合为“商贸旅游”一卷，只有四页内容，主要是列举了几处主要旅游区。后志“旅游”单独为一卷，三十多页，第二章“景区景点”细分为自然山水景区、原始生态景区、古文化遗存、古建筑景观、现代建筑景观、景区建设，增写了“旅游服务”和“旅游管理”两章，体现了现代晋城自然生态资源与文化遗迹资源丰富厚实，极具旅游开发的特色。前志“党派群团”“政权”两章内容，后志增扩为“中国共产党”“人民代表大会”“政府”“人民政协”“民主党派”“人民团体”六卷，体现了六卷内容主题同等重要，坚持中国共产党的领导，人民代表大会是最高立法机构、权力机关，人民政协与民主党派的政治协商、民主监督、参政议政功能，人民团体是确保各阶层人民群众利益的基本组织。前志“政法”一卷，后志扩为“公安”“检察”“审判”“司法行政”四卷，体现了现代社会法制建设对社会长治久安的重要性，且公安、检察、审判、司法诸部门平行并立，共同营造良好的法制秩序。

后志将前志的“邮电”卷改设为“邮政电信”卷，其实以往“邮电”的“电”主要指电话电报，电话也是有线电话；现代的“电信”更多指手机电话、互联网络，新志增设“互联网业务”和“通信服务”两节，其中“通信服务” 内容包括城乡电话普及率与通信服务四大机构网通、联通、移动、电信。新志“经济综述”卷增设“经济开发区建设”“高新技术开发”和“社会保障”等节，“农业”卷增设“农业综合开发”章，“商贸”

卷增设“石油 煤层气”章，“经济监管”卷增设“食品药品监管”“安全生产监督”两章，“综合政务”卷增设“劳动和社会保障”“政府法制工作”“机关事务管理”“城市执法管理”，“军事”卷增设“国防动员”“国防教育”两节，“教育”卷增设“民办教育”“教育技术”两章，“文化”卷增设“非物质文化遗产”一章，“文物”卷增设“古村镇”一章，均为反映出新时代市情的新内容，体现出后志与时俱进、紧贴时代发展与社会需要的特点。另外，后志将前志的卷目“乡镇企业”改为“民营企业”，“水利水保”改为“水务”亦是适应新时代的史志新名目。

第三，部分卷目编排分类更趋合理，内容增订更为详尽。

前志“文物卷”共设遗址、建筑、墓葬、文物管理四章，除“文物管理”章外不再分节，“建筑”章大致依照国保、省保、市保、县保分类编排，“遗址”和“墓葬”章按时代先后编排。后志“文物卷”共设遗址、建筑、墓葬、古村镇、文物管理五章，其中，“遗址”章下分古人类遗址、古城寨古战场遗址、近现代革命纪念地三节；“建筑”章下分寺庙、楼阁、古城堡、古民居、书院·会馆·故居、古桥·古渠、石窟、塔八节。内容分类编排更趋合理。“文物管理”章增设“文物普查”一节，吸收了2008年7月晋城市启动第三次全国文物古迹普查工作的最新成果，附录晋城市境域内的国保、省保、市保、县保单位名录，详列县域、名称、年代、地址，成为后志截稿时最新的一份晋城全市文保单位统计表，令使用者一目了然。就“文物”卷的“遗址、建筑、墓葬”三章而言，后志并非续写，而是在基本沿用前志内容基础上充实完善，比如增加了文物古迹列为各级文物保护单位的具体年月，以及上面所述分类更细更合理；新增的“古村镇”一章，凸显了晋城现存多处明清古村镇建筑群的鲜明地域特色。

前后两志“民情风俗”卷的“宗教信仰”章，大致分为佛教、道教、伊斯兰教、基督教、天主教等节。前志简述上述五种教派在晋城境内的发展史,分县罗列宗教建筑寺院、宫观、教堂的名称、创建年代、具体地址。后志在前志基础上大为改写,如“佛教”部分,先以活动于晋城的历代名僧梳理全市佛教发展状况,然后分县叙述各县区的佛教史,内容包括寺院名称、佛教建筑、佛教节日、当代复修重建佛寺情况;“道教”部分重写类似于“佛教”;“伊斯兰教”内容有所扩充,尤其是增加了一些20世纪末本世纪初的新情况;“基督教”和“天主教”,后志内容最为扩充,分县叙述两种教派发展情况、集中分布地域、信徒人数、当代状况;前志所列天主教堂只有五所,后志增为十二所,补充晋城伊斯兰教杰出代表、民国晋省官员马骏为政及抗日事迹。体现了后志增订前志内容更为详尽。

此外,“民情风俗”卷的“庙会”部分,后志罗列六县(市、区)庙会次数比前志多有增加,同样反映出后志对前志的拾遗补阙。

笔者出于文献学专业习惯,对两志所列的“艺文”内容仔细翻阅,前志分为“文献目录”“文征”两卷。前志的“著述”与后志的“著述目录”相加,删除重复者,实为一份晋城文献书目,既有晋城籍贯人士的著述,也有外籍人士描述晋城历史文化的著述。但今人著述未罗列港台地区出版社出版以及内部印行的书籍。其实晋城六县(市、区)籍贯人士的著述还有许多尚待收集齐备,记述晋城历史社会的著述尚有多种遗漏。仅笔者所藏,就有如下几种可以补充:潘小蒲著《兽医广禅侯》,山西科学技术出版社,1993年;童小苏主编《郝经研究集》,山西古籍出版社,1998年;安新鲜编《高平民间艺术》,今日中国出版社,1999年;谷峰编著《神农乡纪》,中国文联出版社,2000年;王思治、阎守诚主编《陈廷敬与皇城相府》,北京燕山出版社,2002年;杜正贞著《村社传统与明清士绅——山西泽州乡土社会的制度变迁》,上海辞书出版社,2002年;王小圣选注《海会寺碑碣诗文选》,山西人民出版社,2002年;谷峰编著《高平发现炎帝陵》,远方出版社,2004年;王良主编《柳氏民居与柳宗元》,中国文联出版社,2004年;乔欣主编《历史名人与泽州》(先祖帝王太后篇、太子将相篇、鸿儒文豪大师篇),山西人民出版社,2004年、2006年、2007年;田同旭、马艳编《沁水历代文存》,山西人民出版社,2005年;《郝文忠公陵川文集》,山西人民出版社,2006年;杨平著《人文晋城》(上下),中国旅游出版社,2006年;《晋城历史文化丛书·旅游卷》,山西古籍出版社,2007年。此外,后志"著述目录·古籍类"所列"《晋城历史名人文存》,吴广隆、马甫平主编,山西古籍出版社2006年出版"实为晋城市三晋文化研究会整理晋城历史名人别集汇编成的一套丛书,与下列的"《庄靖集》……《陵川集》……《常评事集》……《泊水斋集》……《西北文集》……《六砚草堂集》"重复,且出版社在此期间经历了名称变更。"《万历泽州志》……2009年出版",已经溢出后志下限的2008年底。晋城六县(市、区)正式出版的中国共产党组织史资料明显没有收录。前志罗列的晋城古人著述也未必全部可靠,有的可能只是一篇文章而非著作,有待进一步考证核实。看来,提供一份详尽准确的晋城文献书目还需要继续努力。

瑕不掩瑜。后志内容丰富,体大思精,优点显而易见,不一一列举,上述所及,挂一漏万。后志无疑成为晋城市建市20余年历史的全面写照。前志与后志珠联璧合,成为全面记录晋城全市六县(市、区)从古至今历史社会的鸿篇巨著,定能藏之名山,流传后世。

(发表于《沧桑》2013年第6期)

瑜瑕互见的学术著作

——十卷本《山西通史》读后

山西是中华民族的主要发祥地之一，民族融合的大舞台，统一王朝时期是腹里之地，分裂割据时期又是兵家必争之地，革命战争年代处于前沿阵地的位置，中华人民共和国成立后是全国能源重化工基地，在中国历史的发展长河中始终居于举足轻重的地位。对山西历史文化的关注和研究，区内区外，代不乏人，出现了一系列成果。在已有专题、区域研究成果的基础上，伴随着近20年来地方文化研究的升温，陆续出现了几种通贯展示山西历史文化的著述。主要有：张玉勤主编《山西史》(中国广播电视出版社，1992年)；乔志强主编《山西通史》(中华书局，1997年)；刘泽民、原崇信、梁志祥、张国祥主编《山西通史大事编年》(山西古籍出版社，1997年)；侯伍杰主编《山西历代纪事本末》(商务印书馆，1999年)；山西省史志研究院编《山西通史》(山西人民出版社，2001年)；降大任著《山西史纲》(山西人民出版社，2004年)。其中部头最大者莫过于山西省史志研究院编十卷本《山西通史》了。

山西省史志研究院编十卷本《山西通史》由刘泽民、原崇信、梁志祥、张国祥主编，4862000字；记事上起远古，下迄20世纪90年代后期；分先秦卷、秦汉魏晋南北朝卷、隋唐五代卷、宋辽金元卷、明清卷、近代卷、辛亥革命至第二次国内革命战争卷、抗日战争卷、解放战争卷、当代卷共10卷，装订成11册，其中当代卷分为上下两册；编写者均为省内学者，主要来自省城太原的高等院校、科研机构、史志部门。

通观全书，笔者认为有如下几个特点应予关注：

一、体例新颖，内容充实

正如编者所言，十卷本《山西通史》"每卷分作上、下两编，上编为记述编，下编为专论编。记述编，亦可称为普及编，侧重于对历史过程的客观描述，全面记述各该时代的山西政治、经济、军事、文化、教育、科技等历史的发展，并运用史论相结合的方法，给予必要的一般的评析。全编着力于通俗性和可读性。专论编，亦可称为提高编，侧重于对富有山西特色又具全国意义的历史专题进行比较翔实而深入的研究。"20多年来，各省的通史陆续出版了一批，像十卷本《山西通史》这种编写体例还是仅见的，其余的各省通史大致是按时间发展先后顺序记述历史，类似于十卷本《山西通史》的上编。十卷本《山西通史》的下编主要是选取了一些足以凸显山西历史文化特色且研究较为成熟的专题，一来可以突出山西特色、山西历史在中国历史长河中的重要地位；二则能够补充上编对某些问题记述的不足，互为补充，相得益彰。十卷本《山西通史》内容相对最全，记事从远古直到20世纪90年代后期，关于山西历史文化的绝大多数方面都已涉及；上述这种上下编互为补充的方式也可以确保内容相对全面、充实。上下编的内容基本覆盖了山西历史的政治、军事、经济、民族、社会、文化、人物等各个领域，可以充分地展示山西从古到今的历史文化。《山西史》记事到1988年，但总体比较简单，只是点到为止，没有详细展开论述，其余几部记事最晚到新中国成立。十卷本《山西通史》在每卷内容的记述方面，并非用墨均匀、等量齐观，而是根据实际历史内容和研究情况进行编写。“在每卷，则根据历史实际，有多有少”。“普及编”与“提高编”可以满足不同文化层次读者的需要，各取所需。

二、部头最大，薄古厚今

与前述几种山西通史类著述相比，十卷本《山西通史》部头最大，装订11册，近500万字。而《山西历代纪事本末》120万字，乔志强主编《山西通史》97万字，《山西史纲》41万字，《山西史》37万字，均装订1册。十卷本《山西通史》记事遵循“薄古厚今”的原则，古代部分共5卷（5册），近现代及当代部分5卷（6册），其中近代（1840—1911年）1卷（1册），现代（1912—1949年）3卷（3册），当代1卷（2册），每册字数大致相当。其他几种山西通史均为“厚古薄今”。《山西历代纪事本末》以纪事本末体形式记述了山西历代的大事，共分249个专题。据有关文章介绍，十卷本《山西通史》的编撰、出版历时近20年，首先是分工编撰、出版了《山西通史大事编年》（上中下三册，山西古籍出版社，1997年），然后在此基础上着手编写、出版了十卷本《山西通史》，所以实际上20年间出了2个重要成果。

三、能适当反映某些学术研究成果

十卷本《山西通史》在注意普及性和通俗性的同时又力所能及地兼顾学术性，适当地反映某些学术研究成果，“全编着力于理论性和学术性”。试举几例：如写“晋阳起兵”，就突破了过去一般认为晋阳起兵和建唐的主要功劳应该归于李世民的陈见，吸收隋唐史研究的成果，主要依据温大雅的《大唐创业起居注》，充分肯定李渊在晋阳起兵和建立唐朝中的决定性作用，“李渊果断的决策，高超的指挥艺术，是南下关中取得成功的决定性因素”。又如写“王通与《中说》”，就引用了前人对《中说》所记内容有失实、夸张之处的辨伪成果，“后世传云唐初名臣房玄龄、魏徵也是王通的弟子,显然是附会”“加进了许多吹嘘王通的不实之词”。再如记宋初名将杨业的籍贯为今陕北神木而非一般所谓的太原,“杨业，原名重贵，祖籍麟州新秦（今陕西省神木县)”,就吸收了宋史学界的研究成果。“近代卷”和“辛亥革命至第二次国内革命战争卷”对1840—1945年山西的经济社会进行了充分的论述,一改过去讲此时段时战争军事篇幅过多的写法,给人耳目一新的感觉,顺应了近年来近现代史研究中经济社会史升温的学术潮流;“近代卷”下编之专论“清代山西大院与中国文化”与近年来山西明清大院旅游热进行学术对接,颇有意味。

四、记述山西历史名人内容较多

十卷本《山西通史》篇幅宏大,与其他山西通史相比,记述山西历史名人内容较多,也较详细。如“春秋时代首屈一指的军事家先轸”“魏末两忠臣（太原王凌、闻喜毌丘俭）”“唐前期政坛上的山西人”“(隋唐五代）河东文人”“金政权中的山西汉人官僚”“元朝山西籍主要政治人物”“嘉靖、万历时期的山西名臣”“‘天下廉吏第一’——于成龙”“孙嘉淦评传”“杨深秀考论”“晚清目录学大家——耿文光”等等。在新的历史时期,研究和宣传山西历史文化名人对于弘扬山西历史文化有积极意义,这是一种有效的方式和途径。

十卷本《山西通史》编撰、出版历时近20年,应该说耗费了组织策划者、编写者、出版者的不少精力。这部书理应尽可能地反映近些年来山西历史文化研究的新成果，同时也能足以代表新时期山西历史文化研究的新水平。试想,随着部头这么大的一套《山西通史》的问世,在近一段时期内不大可能再编写、出版像它这样部头大的山西通史了,否则将会造成人力、资金的浪费,降低学术研究作品的神圣性。因此,编撰、出版这部《山西通史》的责任和意义都是重大的。

当然，十卷本《山西通史》成于众手，且编撰者又并非全部都是专门研究自己所分工负责的该段历史抑或某些章节、题目的行家里手，加之其他方面的原因，问题、不足与错误也就在所难免。

作为独立成行的一套书，参照其他各省的通史，笔者认为明显的不足是：(1)全书之首缺少一篇"总序"。"总序"至少应该包括：对山西从古到今历史的概括性叙述；本书编撰的缘起和简要经过；主要编撰者姓名、工作单位，以记其功。当然编撰经过和作者简况也可以以"后记"形式置于全书之末。各卷之首如果能加上关于本时段山西历史的概述或导言最好，可以帮助读者先行了解该时期山西历史的主要情况及其特点，便于阅读正文内容，也可供读者浏览之用。(2)每卷之末应有该时期的大事年表或简要的大事记。以编年体形式简要罗列该时期山西历史的主要事件，以便于查阅。(3)插图显得有些少。这套书装帧不错，定价不菲，就是插图有些少。像山西历代的政区图，起码是应该附上的。本书其中8卷每卷都有一幅政区图，而"抗日战争卷"和"解放战争卷"却没有。春秋战国、魏晋南北朝、宋辽金、抗日战争和解放战争时期，山西的政区颇为复杂。比如辽与北宋对峙时期，今天山西北部的大同和朔州地区归辽管辖，其余地区属于北宋的地盘，而到南宋时，山西全部领土归入金朝。尽管政区也是动态的，但附上政区图总会令读者更加醒目，彩图与黑白图参用，既经济又实用，而十卷本《山西通史》就没有战国、十六国、辽、抗日战争、解放战争时期山西政区图，实为一点缺憾。在正文中应该适当增加一些图片，图文并茂。表格也可以再酌情增加一些，像书中关于政区、人口、解放战争时期山西各革命根据地情况的一些附表就更有助于说明问题。(4)全书最后应附录"山西历史研究主要论著目录"。这套书主要征引的论著名录可以通过脚注来体现。但增加附录"山西历史研究主要论著目录"一则可以提供研究山西历史研究的主要论著名录，二来可以展示山西历史研究的主要成果，可以为进一步研究山西历史的读者提供方便。以上存在的诸问题势必会影响到这套书的总体质量、知名度和影响力，显得有点缺少大气。当然，见仁见智，上述所谓的“不足”其实也正是笔者所提的建议。

明显的错误也有一些。试以“宋辽金元卷”为例，姑且不计较使用《续资治通鉴》和《宋史纪事本末》文献的问题，单是注释、引文出错就不少。(1)注释校对不精。如P63脚注2“《宋会要辑稿》食盐7”之“食盐”恐为“食货”之误；P158脚注1“王明清《挥尘三录》”应为“《挥麈三录》”；P167脚注1“熊克《中兴小记》”应为《中兴小纪》。(2)注释不规范。P135脚注2《魏公集》，书中本来指的是宋人苏颂的文集，该书应注录为《苏魏公集》或《苏魏公文集》，宋代称魏公的尚有王安石之弟王安礼(文集名《王魏公集》)、魏了翁(文集名《魏文靖公集》)、魏知古、韩侂胄(韩魏公)，因此书名《魏公集》指代不明确，不规范。又“明清卷”P24脚注《续文献通考》也不规范。《续文献通考》本来有两种，同名异书，互有短长：明王圻撰，254卷，有明刊本；清嵇璜撰，254卷，有浙江书局刊本。查此段材料应引自清朝乾隆年间“续三通”之《续文献通考》卷13《户口考》，原文为“籍藏于部，帖给于民。仍令有司岁计其户口之登耗以闻”，书中引文脱漏“户口之”三字。(3)征引书籍不严谨。如P169“关于梁兴起兵抗金的情况，宋人宇文懋昭所著《大金国志》卷11记载道：‘梁小哥有众四十人，时破平阳府神山县(今浮山县)，去帅府五百里远，总管判官邓爽以三千人讨之。’”上引这段材料，60余字竟有3处错误。其一，查宇文懋昭《大金国志》，“邓爽”应为“邓奭”。其二，《大金国志》中所载的“有众四十”，“四十”恐为“四千”之误。从常理判断，金朝派三千官军去对付四十名私人武装，官军居然败绩，这不大可能，梁小哥的军队应为四千人；又，据新近影印出版的清雍正九年抄本《皇朝中兴纪事本末》(北京图书馆出版社，2005

年)卷35所载“梁小哥者,有众四千,破神山县”,即可佐证。其三,“去帅府五百里远”之“五”恐应为“无”。中华书局1986年崔文印校证本《大金国志》(以扫叶山房本为底本)在“五”字处出校勘记曰“天一阁钞本作‘无’,疑是”(P165),影印文渊阁四库全书本也是“无”;又,“平阳府神山县,去帅府五百里远”应指神山县(今浮山县)到平阳府(今临汾市尧都区)的距离,从地理方位判断也应为“无”而非“五”,也就是距离不过一百里之意。上引《皇朝中兴纪事本末》卷35也有明确记载,“梁小哥者,有众四千,破神山县,神山距平阳帅府百里而近,本府遣兵三千付总管判官邓奭将而讨之”。(4)知识性错误。P42—46“河东路经抚使一览表”把979—1126年全部并州知州、太原知府都说成是北宋河东路的经略安抚使是错误的。宋代河东路所有的经略安抚使都是并州知州或太原知府是对的,但绝对不能翻过来说所有的宋代并州知州或太原知府都是河东路的经略安抚使。据现有文献可知,宋代最早设置的安抚使始于真宗咸平三年(1000)十月丙寅,“命翰林学士王钦若、知制诰梁颢分为西川及峡路安抚使”(《长编》卷47);河东路最早设置的经略安抚使是庆历元年(1041)设置的经略安抚招讨使杨偕,“(杨偕)进枢密直学士、知并州……明年(1041),改左司郎中、本路经略安抚招讨使”(《宋史》卷300《杨偕传》)(参见李昌宪著《宋代安抚使考》“代前言”P23,齐鲁书社,1997年)。表中“李允则”应为“李允正”(李允正为李允则之弟)、“王承衎”应为“王承衎”、“郭达”应为“郭逵”、第二个“范纯仁”应为“范纯粹”(范纯粹为范仲淹少子,范纯仁之弟)。据笔者分析判断,此表很可能转引自近人吴廷燮《北宋经抚年表》卷三“河东路”条,承袭吴表“李允则”“王承衎”之误,而“郭达”、第二个“范纯仁”吴表是对的,此书也可能撰写时出错;关键问题是转引时落下了上半页,丢了吴表中排列的七位所谓“经抚”,以致下半页的“经抚”在任年代改错(吴廷燮《北宋经抚年表、南宋制抚年表》

P167,中华书局,1984年),于是十卷本《山西通史》“河东路经抚使一览表”中显示刘综1000—1010在任,时间长达10年;事实上,宋代制度规定知州一般3年一任,任满改任,很显然刘综连续10年在任是不可能的。据《长编》卷65,刘综于1007年六月始知并州,1010年三月已经任满(《长编》卷73),州民上表请求留任,次年改任,张秉继任(《宋史》卷301《张秉传》)。

肯定成绩、指出不足、纠正错误的本意是为了维护学术作品的科学性和神圣性,同时也衷心希望十卷本《山西通史》编撰得更加完善、更加令人满意,以便于使用和流传,而绝非哗众取宠、另有它意。瑕不掩瑜,十卷本《山西通史》对于展示山西历史文化的研究成果、弘扬三晋历史文化毕竟是一次很有益的尝试,功不可没。相信通过热心于山西历史文化研究的专家、学者扎实有效工作,扬长补短,通力合作,山西历史文化的研究会成果不断,研究水平必定能够再上新台阶。

(发表于《社会科学评论》2007年第4期)

后　记

我硕士学的是宋史，粗粗研究了唐宋的宣徽使制度；博士学的是历史文献学，选了一部元代日用类书《新编事文类聚翰墨全书》进行文献研究。大概从2005年开始，一直关注山西地方历史研究。2010年博士毕业后在宋元日用类书方面开展过一定研究，但对山西地方文献、地方历史文化研究关注一直未曾中断，客观地说，这10年来将主要的精力投入其中，竟也乐此不疲。尽管在山西研究山西会有一点小名小利，但正如我在一些场合说过的，主要是出于一种文化自觉，并非有外在的牵引，我对地方文献、地方历史文化的热爱和投入就像20年来周末必逛地摊买点旧书一样，似乎进入一种欲罢不能的状态。尤其是最近3年关注平阳商帮、晋南地域商人群体，深入田野调查，逐渐接触一手民间文献，深感晋南这方沃土在中华早期文明、宋金元明清区域社会研究中的典型意义，一定要倍加珍惜，不能半途而废。今后计划围绕宋金元的山西区域与民间日用类书两个方向开展研究工作，使得研究有持续性。

在山西地方文献及地方史研究过程中，得到不少师长提携帮助。我的硕士导师李裕民先生是著名宋史专家，曾在山西大学工作28年，是名副其实的山西史志研究大专家；山西省地方志办公室原主任、现任山西省晋商文化基金会会长李茂盛老师；临汾市人大常委会原主任、现任临汾市三晋文化研究会会长刘合心先生；大学期间曾给我讲授过地方史相关课程的李孟存教授、史若民教授、张玉勤教授、周征松教授。他们对我或指导业务,或引荐扶持,或帮助鼓励,在此深表谢意。

我是晋北人,1995 年南下平阳就读于山西师范大学历史系,1999 年本科毕业留校工作,包括先后在西安攻读硕士、博士学位的 6 年也是带薪在职,至今已有 26 个年头。2021 年 9 月,根据山西省委省政府高等学校优化整合的工作部署,山西师范大学告别建校 63 年立足的晋南重镇临汾,整体搬迁到太原晋中交界处的校址,我经历了少年在晋北、青年在晋南、中年到太原晋中,离开临汾北上。这部结集的论文全部是在临汾工作期间写就的,大致有 1/3 的资料及议题源于临汾、关乎临汾,也可以说献给平阳大地,这是一方历史文化沃土,有作家曾说抓起一把黄土就能攥出历史的汁液,古老而神奇。我的学术成长也受益于这方土地,尽管北上太原,但对临汾及晋南的研究关注不会因此中止,希望不断再出包括晋南地域在内的山西研究新成果。

这本论文集水平有限,无法面对业师李裕民先生多年来对我的指导和期望。我的研究轨迹,从宋史到文献学(类书),再到地方史。老师是有些看法的,曾当面或电话中建议我一定要多注意问题意识,回归宋史研究,至少已有二十次之多。但思前想后,还是硬着头皮向老师开口,因为他对山西地方文献、地方历史尤其是山西的旧志是下过真功夫的。感谢李老师在校对他的新书过程中拨冗点评,发表了自己对地方史研究、地方文献利用的看法,举的例子都是研究山西的,这是老专家多年研究思考的真知灼见,值得反复阅读,内化于日后的研究当中,提升研究水平。老师的序激励我在学术道路上继续前行。

最后要感谢山西师范大学现代文理学院校级研究课题为论文集出版提供了部分经费,感谢我的同学杨海军帮助联系出版,感谢责任编辑管世献为论文集出版付出的辛劳。